Anna Wilde

WIRKLICH ALLES ÜBER

MÄNNER

rütten & loening

Anna Wilde, geboren 1977, Dating-Queen und Männerflüsterin, brach ein Studium der Kunstgeschichte ab und fand als Mitarbeiterin einer Online-Partneragentur ihre wahre Berufung. Ihre zahlreichen zufriedenen Kundinnen inspirierten sie zu diesem ungewöhnlichen Ratgeber.

Mal ehrlich: Selbst wenn man Karriere bis in die Vorstandsetage gemacht oder innere Werte wie der Dalai Lama hat – im Kampf um den Mann, allzu oft ein Steinzeitmodell, ist das meist ein Handicap. Also aufgeben? Bloß nicht. Man kann jeden haben, auch den ganz persönlichen Traummann. Doch nur die Frau, die als geniale Mogelpackung daherkommt, hat eine Chance auf den Sechser im Liebeslotto. Mit viel Humor und taktisch versiert erklärt Anna Wilde, wie Männer ticken, worauf sie stehen, was sie in den erotischen Wahnsinn treibt – und wie aus dem Flirt eine feste Beziehung wird, in der Frauen selbstbestimmt bleiben, ohne ihre Weiblichkeit zu verlieren.

Alle Dos und Don'ts auf einen Blick – Erfolg garantiert!

Anna Wilde

WIRKLICH ALLES ÜBER MÄNNER

Wie sie kommen – wie sie bleiben

rütten & loening

FSC
www.fsc.org
MIX
Papier aus verantwortungsvollen Quellen
FSC® C083411

ISBN 978-3-352-00861-0

Rütten & Loening ist eine Marke der Aufbau Verlag GmbH & Co. KG

1. Auflage 2013

Umschlaggestaltung und Illustrationen bürosüd, München
Druck und Binden CPI – Clausen & Bosse, Leck
gesetzt in der Garamond Premier Pro und der Helvetica
durch Greiner & Reichel, Köln
Printed in Germany

www.aufbau-verlag.de

INHALT

KAPITEL 3

Lust auf mehr.
Wie das erste Date zum zweiten führt

KAPITEL 4

Spiel ohne Grenzen.
Wie du Männer in den erotischen Wahnsinn treibst

KAPITEL 5

Steak und Fußball.
Wie du zum ultimativen weiblichen Kumpel wirst

EINLEITUNG
Stell dich blond!

Schwestern, irgendwas haben wir falsch gemacht. Wir sind schön, wir sind schlau, wir sind selbstbewusst. Leider sind wir viel zu oft noch was: unbemannt. Liebe? Leidenschaft? Guter Sex? Fehlanzeige.

Millionen Frauen suchen verzweifelt nach dem Richtigen, und dafür tun sie schreckliche Dinge: Sie gehen auf öde Singlepartys, surfen nächtelang durch Partnerbörsen, lassen sich zu Blind Dates überreden. Was für eine elende Baggerei. Eine Garantie für Frust und Peinlichkeiten.

Kennst du das? Klar kennst du das. Am Ende hockst du dann wieder allein auf der Couch. Heulst Rotz und Wasser, weil die Hochzeitsglocken nur in Hollywoodfilmen läuten. Ziehst dir die dritte Tafel Schokolade rein. Und fragst dich: Wieso eigentlich? Bin ich ein hässlicher Alien? Sind die guten Männer alle vergeben? Sind nur noch die Dumpfbacken von der Resterampe unterwegs? Oder passt das eben nicht zusammen – eine Frau und ein Mann?

Ich verrate dir den Grund: Seit der Steinzeit haben sich die Männer nicht einen Millimeter weiterentwickelt. Wirklich nicht. Männer sind so einfach zu durchschauen wie die Gebrauchsanleitung für einen Dildo. Sie lieben Frauen, die supersexy aussehen, ein Steak in die Pfanne hauen können, nicht widersprechen und Granate im Bett sind. So weit, so simpel. Aber welche Frau mit Grips will schon die lächelnde Deko in Straps und Schürze sein?

Genau da liegt der Systemfehler. Du bist stolz darauf, dass du emanzipiert bist. Du möchtest mit Klugheit punkten. Du willst für deine inneren Werte geliebt werden. Was sonst? Dummerweise gibt es so gut wie keinen Mann, der kluge, emanzipierte Frauen mit inneren Werten toll findet. Solche Frauen finden Männer sogar ziemlich anstrengend. Die Kerle wollen immer noch das Steinzeitweibchen: willig, griffig, doof. Und total unkompliziert.

Also aufgeben? Bloß nicht. Du kannst jeden Mann haben. Wirklich jeden. Witzige, kluge, phantasievolle, intelligente, sportliche, attraktive Männer. Deinen ganz persönlichen Traummann. Ja, auch du kannst das. Du musst nur kapieren, wie Männer ticken. Und dann genau das tun, was sie von dir wollen.

Okay, wenn Alice Schwarzer dies liest, beißt sie vor Wut in den Teppich. Aber vergiss mal Alice Schwarzer. Lesben im Omaalter sind nun wirklich kein Vorbild. Ich könnte jetzt natürlich politisch korrekte Sachen absondern wie: Frauen haben es heute nicht mehr nötig, mit dem Po zu wackeln und ihre Fußnägel zu lackieren. Nur: Das ist leider eine fette Lüge. Kein Mann will eine ungepflegte, frauenbewegte Nervensäge im Kartoffelsack.

»Die Frauen machen sich nur deshalb so hübsch, weil das Auge des Mannes besser entwickelt ist als sein Verstand«, sagte Doris Day mal. Wie recht sie doch hatte. Sicher, Männer können durchaus intelligent sein. Doch ihren Verstand knipsen sie aus, sobald es um Frauen geht. Alles zappenduster im Hirn. Also versuche gar nicht erst, die grauen Zellen des Mannes zu stimulieren. Ziele auf sein bestes Stück, auf seinen Hormonhaushalt, auf seine einfachsten Instinkte. Er wird hinter dir herlaufen wie ein hungriges Hündchen.

Gib ihm die Illusion, dass du die Erfüllung seiner Träume bist. Das kannst du nicht? Und wie du das kannst! Es ist der älteste Trick der Welt. Du wendest ihn nur nicht an, weil du denkst, dass du Männer beeindrucken musst. Darauf stehen sie allerdings gar nicht. Sie wollen selber beeindrucken. Sie wollen sich in dem Gefühl sonnen, dass sie die Größten sind und den Größten haben. Warum geben wir ihnen also nicht, wonach sie sich sehnen? Warum erdrücken wir sie mit unserem Wissen, unserer Dominanz und unserer superemanzipierten Rebellentaktik?

Nach einer Umfrage der Zeitschrift *Elle* findet gerade mal ein Drittel der Männer Rebellinnen sexy. Nach meinen Erfahrungen sogar wesentlich weniger. Also unterm Parkett durchkriechen? Nicht nötig, du musst dich nicht verbiegen. Du kannst dein Ding machen, genauso, wie du es willst – und trotzdem einen Mann bekommen, der dich vergöttert. Wie du das anstellst? Es ist geradezu lachhaft einfach, einen Mann für dich zu interessieren. Es ist ein Kinderspiel, ihn im richtigen Moment ins Bett zu beamen. Danach musst du nur ein paar bewährte Methoden beherzigen, um ihn für immer an dich zu binden.

Du wirst feststellen, dass das Spaß macht. Es ist sogar ein echtes Vergnügen, einen Mann nach allen Regeln der Kunst einzusacken. Er wird natürlich glauben, er hätte dich erobert. Die Wahrheit kennst nur du: Er ist dir eins, zwei, drei ins Netz gegangen, weil du alles richtig gemacht hast. Weil du so anschmiegsam bist, so erotisch und so unkompliziert, dass er gar nicht genug von dir bekommen kann.

Dabei bleibst du immer du selbst: schlau, raffiniert, anspruchsvoll. Er wird es anfangs nicht erfahren, und das ist auch gut so. Eines Tages wird er es natürlich merken. Doch dann habt ihr längst das, was man ein Commitment nennt. Seid ihr erst mal unzertrennlich, wird er heilfroh sein, dass er keinen dümmlich grinsenden Garderobenständer zu Hause hat. Dann wird er schätzen, wovor er sich anfangs am meisten gefürchtet hat: deine Klugheit, deine Eigenständigkeit, dein Selbstbewusstsein. Weil das unterhaltsamer und spannender ist. Und weil eure Beziehung sonst so langweilig wie ein Ziegelstein wäre.

Wieso dann der ganze Aufwand? Das ist leicht zu beantworten. Männer sind so schreckhaft wie Rehe auf der Lichtung. Man muss sich vorsichtig an sie ranpirschen, ihr Vertrauen gewinnen. Erst später setzt du die Tarnkappe ab. Mit einem Satz: Sei das perfekte Weibchen, aber behalte die Fäden in der Hand. Stell dich blond! Spiel mit ihm das wunderbare Spiel der Verführung. Dann bestimmst du, ob es eine Affäre bleibt oder die Liaison deines Lebens wird. Ohne Kompromisse wird das nicht abgehen. Dafür wirst du jedoch belohnt: Es gibt einen Mann in deinem Universum, für den du das Zentralgestirn bist. Er wird dich auf Händen tragen, und er wird bei dir bleiben. Versprochen.

KAPITEL 1
Schummeln erlaubt. Wie du eine attraktive Göttin wirst

Befreie die begehrenswerte Frau in dir

In diesem Kapitel verrate ich dir das Geheimnis der Attraktivität. Es ist der Schlüssel zu jener Tür, hinter der dein Traummann steht. Freu dich drauf. Du wirst dich nämlich verwandeln. Aus der grauen Maus wird eine sexy Tigerin werden, eine Frau, nach der sich die Männer umdrehen. Eine, die den Jagdinstinkt weckt. Dann wirst du in den Augen der Männer nur noch zwei Worte lesen: Haben wollen! Anschließend wählst du seelenruhig aus und schlägst zu.

Attraktivität entsteht im Kopf. In deinem Kopf und im Gehirn des Mannes. Das ist so einfach organisiert wie eine Ampel. Meist steht sie auf Rot – nix geht. Wird das Interesse geweckt, schaltet sie auf Gelb. Taucht jedoch eine Frau auf, die dem männlichen Beuteschema entspricht, springt sie sofort von Rot auf Grün. Leuchtend Grün!

Was war noch mal das Beuteschema?

Von Männern wirst du das nicht erfahren, denn sie sind begnadete Lügner. Frag sie, was sie an einer Frau attraktiv finden, und sie schwindeln dir das Blaue vom Himmel herunter. Humorvoll soll eine Frau angeblich sein, einfühlsam, selbstbewusst. Was Männer wirklich denken, sagen sie dir nicht: Sie wollen eine sexy Miss Wonderful. Dann kommt eine Weile nichts. Irgendwo unter ferner liefen würden sie vielleicht noch zugeben, dass sie einen dauergeilen, gutgelaunten Kumpel wollen.

Laut einer Studie von Pamela Regan und Ellen Berscheid nennen 90 Prozent der befragten Männer als wichtigstes Kriterium für weiblichen Sexappeal eine attraktive Erscheinung. Nur 15 Prozent geben an, dass sie auf weibliche Intelligenz stehen. Woran erkennen sie also die Frau ihrer Träume? An schlauen Bemerkungen? Am kultivierten Auftritt? Wohl kaum. Sie erkennen ihre Traumfrau an dem, was sie wirklich schätzen: am optischen Versprechen auf puren Sex. Sorry, das kann man auch etwas vornehmer ausdrücken. Die Wissenschaftler amerikanischer Universitäten wie Queens College und Wake Forest fassen ihre Erkenntnisse so zusammen:

Wenn es um Attraktivität von Frauen geht, urteilen Männer »extrem visuell«.

Was aber bedeutet »extrem visuell«? Dass Männer geschmackvolle Designerkleidung und den perfekten Lidstrich toll finden? Oder dass sie den ausgefallenen Typ bevorzugen? Nö. Und damit sind wir bei den Schlüsselreizen: Busen, Beine, Po, verbunden mit einer verführerischen Körpersprache, wie die Wissenschaftler ebenfalls herausfanden. Klingt primitiv und ist es auch. Die einzige Entschuldigung besteht darin, dass Männer nun mal ihr evolutionäres Erbe mit sich rumschleppen. Sie wollen sich mit dir weder über die Relativitätstheorie noch über die Klimaerwärmung unterhalten. Sie wollen mit dir ins Bett. Am liebsten sofort. Und dann durchrattern, als gäbe es kein Morgen.

Das wäre eine Zumutung, wenn es nicht ein paar Männer gäbe, die es wert sind, das Spiel mitzuspielen und auf williges Weibchen zu setzen. Dass Frauen Herz, Hirn und Gefühle haben, entdecken auch diese Männer erst später. Als Erstes geht es immer um das, was sichtbar ist. Dafür müssen die entsprechenden Signale ausgesendet werden. Warum haben wir Frauen primäre und sekundäre Geschlechtsmerkmale, wenn wir sie nicht einsetzen? Das Beuteschema ist so simpel. Zeig ihnen, dass du eine Frau bist! Vorher musst du ein paar Dinge klären.

{**Schritt 1:** In dir schlummert eine erotische Göttin. Weck sie auf!}

Nobody is perfect. Aber jede Frau kann sexy sein. Entscheidend ist, ob sie es will. Du kannst 100 Kilo auf die Waage bringen und trotzdem jedes Männerherz in Schwingung versetzen. Du kannst zu kurze Beine und zu klobige Hände haben oder eine Brille mit Glasbausteinen tragen, aber trotzdem die Temperatur eines Raums um ein paar Grad erhöhen, wenn du ihn betrittst. Warum? Weil du das hast, was man Sexappeal nennt. Und der besteht nicht nur aus Busen, Beinen, Po, sondern vor allem aus einer umwerfenden Ausstrahlung.

Mentale Sexyness ist leider gar nicht so einfach zu entwickeln, und ich sage dir auch, warum. Kennst du diesen Schock in der Umkleidekabine? Den Moment, in dem du dich aus deinen Klamotten gepellt hast? Wenn du in deiner Wäsche dastehst und tausend Megawatt deine Schwachstellen ausleuchten? Die Erfinder der Umkleidekabinen sind Sadisten, so viel ist mal klar. Sie machen uns hässlich. Sie zeigen uns so, wie wir nie sein wollten: fett wie eine Schnecke, blass wie eine Made. Mit verrutschter Frisur und gedellter Haut, mit geplatzten Äderchen und Krähenfüßen. Dann zerbröselt das letzte Bisschen Selbstbewusstsein. O nee, denken wir. Wer soll sich denn für so einen Notfall interessieren?

In diesen Momenten musst du stark sein. Und dir eins schwören: Nie wird ein Mann dich so sehen. Nie wird er deine Cellulitis entdecken, das Wellfleisch an deinen Oberarmen, die Speckschürze unterm Bauchnabel, den nicht mehr ganz taufrischen Busen. Nicht mal den Pickel am Kinn. Natürlich wird er all das irgendwann zu Gesicht bekommen. Aber er wird es gar nicht bemerken. Weil er restlos fasziniert ist von dir, von einer rasend begehrenswerten Frau. Jetzt jammerst du vielleicht: Och, ich bin doch gar nicht begehrenswert. Typisch. Frauen sind Weltmeister in Sachen Selbstkritik. Ja, liebe Schwestern, wir haben den Zweifel erfunden. Männer hingegen kennen so was nicht. Wissen wir doch: Selbst Typen mit Bierbauch und Halbglatze halten sich für unwiderstehlich. Welche Frau wurde nicht schon mal von einem schmalbrüstigen Vorstadtcasanova angemacht, der denkt, er sei Brad Pitt reloaded?

Manchmal kann man sogar von Männern lernen – nämlich die unbeirrbare Überzeugung, attraktiv zu sein.

Schau sie dir an, wie sie ein Restaurant betreten. So siegessicher. So selbstbewusst. Ihr Ego quillt aus jeder Pore. Sie können zu klein, zu dick, zu mickrig, zu prollig sein, aber das macht ihnen gar nichts aus. Sie haben das Ich-bin-ein-Knaller-Gen. Den Du-willst-es-doch-auch-Blick. Bei Frauen ist das weniger verbreitet. Wenn die ein Restaurant betreten, drücken sie sich meist schnell an den Tischen vorbei und werden rot, sobald man sie ansieht. Weil sie denken, dass die Wimperntusche verlaufen ist. Weil sie Angst haben, dass man ihre Speckröllchen sieht. Weil sie sich am liebsten unsichtbar machen würden. Deshalb rennen sie schon vor dem Salat auf die Toilette und meinen, sie müssten irgendeinen optischen Totalschaden beheben. Sie leben sozusagen auf ewig in der Umkleidekabine – unsicher, demoralisiert und verschüchtert.

Seit sich die Wissenschaft mit solchen Schicksalsfragen beschäftigt, haben wir es amtlich: Männer neigen zur Selbstüberschätzung. Gemeinerweise kommen sie damit oft gut an. Forscher vom Williams College in Massachusetts stellten fest: Beim Speed Dating tendieren Frauen dazu, das erotische Interesse der Männer zu unterschätzen. Sie haben keinen Schimmer, wie attraktiv sie wirken. Ganz anders die Herren. Komplett irre, aber wissenschaftlich belegt: Je attraktiver die Frau ist, die einem Mann gegenübersitzt, desto höher stuft er seine eigene Anziehungskraft ein. Mach es genauso!

Denk dich sexy

Wer mit Selbstzweifeln beladen durch die Welt schleicht, kann einpacken. Wenn du dir Stress machst und das auch zeigst, bist du uninteressant für Männer. Das glaubst du nicht? »Persönlicher Stress wirkt sich negativ auf den Sexappeal aus«, schreibt Schlaumeier Andreas Nawrocki in seinem Essay »Sexappeal: Das gewisse ›Etwas‹, das den Verkäufer erfolgreicher macht«. Auch wenn du keinen Gebrauchtwagen oder eine Lebensversicherung verkaufen willst, bist du letztlich ein Verkäufer, denn du bietest das Beste an, was du hast: dich selbst. Deshalb liegt nahe, dass du an deiner Ausstrahlung arbeitest. Nennen wir es ein Attraktivitätstraining.

Ob du attraktiv und sexy wirkst, hängt von deiner inneren Einstellung ab!

Es sind nämlich gar nicht die offensichtlichen Sexbomben, die bei Männern gut ankommen. Attraktivität und Sexappeal sind eine ziemlich subtile Angelegenheit. Eine attraktive Ausstrahlung ist eine Frage des Bewusstseins: »Sexyness ist eine Haltung, kein äußerliches Merkmal. Genauso wie wahre Schönheit kommt auch der Sexappeal von innen«, sagt Doris Katheder, die Mädchenbilder in Jugendzeitschriften untersucht hat. Wer glücklich, selbstbewusst und mit sich im Reinen sei, wirke daher automatisch sexy.

Und wie sieht es bei dir drinnen aus? Tiefschwarz und depressiv? Bist du enttäuscht und entmutigt, weil du das Gefühl hast, der einzige Single auf der Welt zu sein? Dann wird das auch so bleiben. Wenn dein Herz eine Mülltonne voller Verbitterung ist, und deine Seele ein sterbender Schwan, wirst du damit niemals anziehend wirken. Männer sind nicht Mutter Theresa. Wenn sie überhaupt eine Frau retten wollen, muss sie unwiderstehlich sein. Kein Mann schwingt sich freiwillig zum Depressionsbetreuer auf, mit stundenlangen Problemgesprächen.

Jedes Attraktivitätstraining ist erst mal ein mentales Training.

Danach kannst du dein Äußeres pimpen, und ich sage dir auch, wie. Vorher solltest du klar Schiff in deinem Herzen machen. Du darfst dich von Zeit zu Zeit bei deiner besten Freundin ausheulen, aber bald wirst du bemerken, dass dich das nicht weiterbringt. Du kannst dich ein Leben lang in deinen Zweifeln wälzen und bis Unterkante Oberlippe in Selbstmitleid paddeln. Doch dann stempelst du dich zum Opfer ab. Willst du das? Okay, vergiss das Projekt Männer. Ach, das willst du nicht? Na, dann los!

Komm mit dir ins Reine. Schließ mit deiner Vergangenheit ab.

Zieh einen Schlussstrich unter verpasste Chancen, versemmelte Dates und untreue Lover. Das ist Geschichte. Jetzt beginnt eine neue Ära. Die begrüßt du am besten mit irgendetwas, das dir gute Laune macht. Trink ein Glas Prosecco oder leiste dir ein Stück deiner Lieblingstorte, besser gleich zwei. Zelebriere den Beginn einer neuen Phase! Dafür musst du dich coachen. Ist gar nicht so kompliziert, wie es klingt. Leg den Schalter um und erwecke die Göttin in dir!

{ **Schritt 2:** Programmiere dich neu! }

Die gute Nachricht ist: Ab heute bestehst du nur noch aus Schokoladenseiten, ganz ohne Botox und Beauty-OPs. Das Zauberwort heißt Illusion. Aber wie geht das? Dafür musst du dich neu programmieren. Mit anderen Worten: Erfinde dich neu! Drück die Resettaste. Vergiss deine elenden Selbstzweifel. Und dann sag dir: Ich bin schön. Ich bin sexy. Ich bin einfach atemberaubend. Sobald ich einen Raum betrete, stehe ich im Mittelpunkt. Keiner kann sich meiner umwerfenden Ausstrahlung entziehen. Innerlich betteln die Männer schon um Gnade.

Übertrieben? Blödsinn. Hast du mal ein Foto von der ungeschminkten Pamela Anderson gesehen? Im grauen Jogginganzug, mit Adiletten an den Füßen und diesem verlebten Zug um die Augen? Bestimmt hast du gedacht: Holla, und das soll ein Sexsymbol sein? Zwei Tage später siehst du ein Foto von ihr, auf dem sie vor lauter geballtem Sex kaum laufen kann. Plötzlich ist sie zur Göttin geworden, sie hat einfach den Schalter umgelegt. Und das kannst du auch.

Also raus aus der Umkleidekabine und rein ins Leben, wo du genau das sein kannst, wovon du immer geträumt hast. Hock nicht länger im Windschatten herum, wo du mit großen Augen zusiehst, wie die anderen Frauen einen Mann nach dem anderen erobern. Lerne von den Männern! Licht aus, Spot an!

Der entscheidende Fehler besteht darin, dass sich die meisten Frauen verstecken. Genauer gesagt: Sie verstecken ihre Weiblichkeit.

Viele Frauen sind so verunsichert, dass sie nicht auffallen wollen. Denn dann könnte man ja ihre Schwachstellen sehen (siehe oben). Sie ducken sich weg. Wir leben in einem Land, das nicht gerade für sexy Frauen berühmt ist. Im Süden ist das ganz anders, da lautet das Motto: Gib alles! Zeig, was du hast! Mach die Männer verrückt! Das ist nicht billig, das ist das Ticket für jede Menge Spaß. Es ist ein uraltes Spiel: Verführung. Doch das funktioniert nicht, wenn du dich versteckst, wenn du ängstlich bist und deiner Ausstrahlung nicht traust.

Also dreh den Spieß einfach um: Fall auf! Bevor du jetzt vor lauter Panik vom Sofa kippst: Keine Sorge, das wird dir gefallen. Du wirst süchtig danach werden. Am Anfang steht das mentale Ich-bin-eine-Göttin-Programm. Attraktivität heißt nichts anderes als Anziehungskraft. Du kannst zum Magneten werden, wenn du willst. Die Männer werden auf dich zutaumeln wie Motten ins Licht. Es ist ein Reflex, glaub mir. Also geht es jetzt darum, deine mentalen Hanteln auszupacken und deine Attraktivität zu trainieren.

Trainiere deine Attraktivität

Setz dich auf die Couch, schließe die Augen und denke an eine Frau, die du glühend beneidest. An eine Frau mit jener erotischen Magie, bei der Männer unruhig werden. Das könnte zum Beispiel Scarlett Johansson sein. Oder Penelope Cruz, wer auch immer: Sie hat das gewisse Etwas. Diesen Blick, der ein Versprechen ist. Diesen Augenaufschlag, der Männer um den Restverstand bringt. Diesen Hüftschwung, der bei den Herren Pupillenstarre auslöst.

Präge dir ein, wie die Frau aussieht, wie sie sich bewegt, wie sie Männer anschaut. Und jetzt anschnallen und Schlüpfer festhalten: Versetze dich selbst in diese Frau! Geh in deinem Tagtraum spazieren. Stell dir vor, wie du ein Restaurant betrittst. Als Frau mit dem Wow-Faktor. Alle Blicke sind auf dich gerichtet. Und du? Nein, du wirst nicht rot. Du ziehst nicht die Schultern hoch. Du drückst dich auch nicht schnell auf einen Stuhl. Du genießt es! Bewege dich aufreizend langsam in deinem Tagtraum. Heb das Kinn. Mach den Rücken gerade und drück die Brust raus. Sieh den männlichen Gästen in die Augen. Kurz nur, aber in der Gewissheit, dass sie feuchte Hände bekommen. Sehr gut. Na, wie fühlt sich das an? Soweit der Tagtraum. Jetzt heißt es:

Runter von der Couch und rein ins Göttinnenprogramm.

Dafür brauchst du ein Trainingsoutfit. Du weißt ja, jeder Sport erfordert spezielle Klamotten. Auch für dein mentales Training brauchst du sie. In deinem Tagtraum hast du bestimmt keinen ausgeleierten Jogginganzug angehabt, sondern ein rattenscharfes Kleid. So ein Teil, das du dir nie kaufen würdest. Weil es ja nicht passt zu einer intelligenten Frau wie dir. Weil Mami es dir verboten hätte. Weil Papi ausflippen würde. Weil deine beste Freundin den Daumen senkt. Na und? Hallo, Tigerin! Geh shoppen!

{ **Schritt 3:** Verwandle dich! }

Kauf dir für kleines Geld ein Kleid, das mehr zeigt als verhüllt. Trau dich. Ein roter Mini mit Spaghettiträgern wäre super. Jaja, ich weiß, so was trägst du nicht. Du magst Funktionskleidung und figurferne XXL-Sweatshirts. Die musst du nicht gleich verbrennen. Aber denk dran: Du brauchst nun mal ein Übungsoutfit. Also schlag zu. Glaub nicht dem Spiegel in der Umkleidekabine. Glaub nur deiner Vision: dass du absolut begehrenswert bist.

Und? Hast du jetzt dieses gewagte Teil? Dann ab nach Hause. Leg es an, wenn du allein und ungestört bist. Stell dich vor den Spiegel. Was siehst du? Die Speckröllchen? Die Cellulitis? Den Pickel am Kinn? Schnell abhaken. Das ist das Negativprogramm. Stell dich gerade hin. Wackel ein bisschen mit den Hüften. Entspann dich. Und dann richte dich auf, bis du mindestens einen Zentimeter größer bist. Straffe deine Schultern. Sieh dir zu, wie du dich verwandelst. Spüre die imaginären Blicke auf dir. Gefällt dir, was du siehst? Nein? Dann beame dich noch mal in Scarlett oder Penelope oder wen auch immer. Wie würde sie sich bewegen? Wie würde sie in den Spiegel schauen?

Zieh dein Programm durch. Hol in jeder ruhigen Minute das Trainingskleid raus und lass dich in das Gefühl fallen, dass du ein Vollweib bist. Entdecke deinen Körper. Nein, nicht die Schwachstellen. Jede Frau hat ihre Stärken. Einen Pfirsichteint. Strahlende Augen. Einen schönen Busen. Schöne Hände oder perfekt geformte Beine. Das alles muss keinem Schönheitsideal entsprechen. Es muss einfach nur ein Blickfang sein.

Ganz wichtig: Erzähle niemandem von deinem neuen Mentaltraining. Behalte es für dich. Du wirst noch feststellen, dass deine Wandlung zur Göttin einiges Misstrauen hervorruft. Vor allem Neid. Denn obwohl sie es nicht zugeben, wollen alle Frauen sexy Prinzessinnen sein. Da sie sich das nicht zutrauen, dürfen es auch die anderen nicht. So schlicht, so fies. Lass nicht zu, dass sie dich abwürgen. Du kennst dein Ziel: Du willst einen Mann erobern! Wirklich beste Freundinnen werden dich dazu beglückwünschen.

Merke: Der größte Feind der Göttin in dir sind Frauen, die Probleme mit ihrer eigenen Weiblichkeit haben.

Nach etwa einer Woche Training wirst du feststellen, dass du Lust bekommst, dein neues Körpergefühl im Echtzeittest auszuprobieren. Nur Mut, du hast nichts zu verlieren. Es hilft, wenn du einen Mann dabeihast. Einen guten Freund zum Beispiel, mit dem nichts läuft, auf den du dich aber verlassen kannst. Die ersten Schritte ins ultimative sexy Frausein sind so ungewohnt, dass ein Beschützer keine schlechte Idee ist. Geh mit ihm irgendwohin, wo man dich nicht kennt, probier was Neues aus. In dieser Phase kannst du keine dummen Kommentare alter Bekannter gebrauchen wie: Äh, was ist denn mit dir passiert?

Es bleibt dir überlassen, ob du bei diesem Test dein Übungsoutfit anlegst oder eine entschärfte Variante. Der Punkt ist: Es sollte ein Kleid sein, es sollte körperbetont sein, und man sollte nicht übersehen, dass du eine Frau bist. Bereite dich gut vor, wie für ein Date. Wasch dir die Haare oder geh zum Friseur. Schminke dich sorgfältig, aber nicht maskenhaft. Lass die praktischen Bequemschuhe im Schrank. Stell dich vor den Spiegel und sage dein Mantra auf: *Ich bin schön. Ich bin sexy. Ich bin einfach atemberaubend. Sobald ich einen Raum betrete, stehe ich im Mittelpunkt.*

Bereit? Dann los. Verabrede dich mit diesem guten Freund. Geht zusammen ein Glas Wein trinken oder essen oder tanzen. Während du die Bar, das Restaurant oder von mir aus auch die Frittenbude betrittst, wiederhole im Kopf dein Mantra: *Ich bin schön. Ich bin sexy. Ich bin einfach atemberaubend. Sobald ich einen Raum betrete, stehe ich im Mittelpunkt.* Denk es nicht nur, lebe es. Lass zu, dass jede einzelne deiner Zellen Tango tanzt: Ich bin eine Frau! Und ich fühle mich wohl, weil ich es zeige! Man muss kein Esoteriker mit Räucherstäbchen, Gebetsglöckchen und Yogitee sein, um zu wissen:

Wir sind das Produkt unserer Gedanken.
Sie erzeugen die Realität, die wir erleben.

Würdest du jetzt in Sack und Asche rumlaufen und denken: Bitte vergesst mich sofort wieder, ich bin der absolute Ladenhüter im Supermarkt der Herzen – keiner würde sich an dich erinnern. Also: Innerlich schön das Mantra aufsagen. Was du denkst, überträgt sich auf deine Mitmenschen. Hallo, Göttin! Jetzt achte darauf, wie Männer auf dich reagieren. Streife sie mit einem Blick, der sagt: Du darfst mich bewundern. Mehr nicht. Ich bin nämlich im Trainingslager. Noch ist es zu früh für den Nahkampf. Ich übe nur, und das macht einen höllischen Spaß. Dabei nicht das Mantra vergessen: *Ich bin schön. Ich bin sexy. Ich bin einfach atemberaubend. Sobald ich einen Raum betrete, stehe ich im Mittelpunkt.*

Gratulation. Der erste Schritt ist geschafft. Du hast jetzt eine sehr erregende Vorstellung davon, wie es ist, als Frau gesehen zu werden. Nicht als Objekt, wohlgemerkt. Denn in dem Moment, in dem du das Beuteschema bedienst, hast du Macht über die Männer. Sie fressen dir aus der Hand. Sie wollen dich unbedingt haben, mit Haut und Haar. Aber du allein entscheidest, wer der Glückliche ist. Du bist und bleibst selbstbewusst und selbstbestimmt. Mit dem Unterschied, dass du diese Eigenschaften neuerdings schlau verpackst.

Nennen wir die Sache beim Namen:
Ab jetzt bist du eine geniale Mogelpackung.

Dein Äußeres verspricht: Ich bin ein Vollweib und will im Sturm erobert werden. Dein Inneres weiß: Ich spiele nur. Und das Schöne ist: Die Blicke der Männer auf sich zu ziehen ist weit aufbauender, als ein braves Lieschen Müller zu sein. Auf einmal hat alles einen neuen Kick. Du spielst eine neue Rolle. Die Hauptrolle.

Zeige Haut

Kennst du den Spruch: What you see is what you get? Auf Deutsch übersetzt: Du kriegst, was du siehst. Männer sind Augenmenschen, eben »extrem visuell«. Sie fahnden nach dir mit den Augen, sie taxieren dich mit den Augen, sie verschlingen dich mit den Augen. Trotzdem darfst du kräftig schummeln. Ich verrate dir was: Männer glauben immer nur das zu bekommen, was sie anfangs gesehen haben. Im Taumel der Lust checken sie nicht mehr, ob die nackte Wahrheit hält, was die bekleidete versprochen hat. Sind sie erst mal im Bett und auf Testosteron, haben sie das Bild im Kopf, das du für sie arrangiert hast.

Es gibt herrliche Studien zu dem Thema. Sie besagen, dass der Sehsinn des Mannes versagt, sobald es zur Sache geht. Dann hat er sowieso nur noch die paar Quadratzentimeter Haut im Blick, denen er sich gerade widmet. Hauptsächlich tastet, riecht und schmeckt er im Bett. Dein Vorteil. Es ist deshalb auch egal, falls deine Wimperntusche am Kinn hängt oder dein Bauch wie ein schlapper Luftballon rumbaumelt, wenn du auf deiner Eroberung sitzt. Er ist wie betäubt. Nutz es aus! Was lassen sich daraus für Schlüsse ziehen?

Du darfst vor dem Liebesspiel jeden Trick anwenden.

Du darfst tarnen und täuschen, was das Zeug hält. Leg dir Push-up-BHs zu und zaubere dir das Dekolleté, das du immer wolltest. Das wird er im Kopf haben, wenn er dir den BH vom Körper reißt. Trage figurformende Wäsche, auch wenn du vor lauter Hitzestau fast kollabierst. Er wird deine schlanke Taille und deine wohlgeformten Hüften vor Augen haben, wenn die Wurstpelle längst in deiner Handtasche verstaut ist, weil du sie vor dem ersten hautnahen Körperkontakt noch schnell auf der Toilette ausgezogen hast.

{ **Schritt 4:** Verpass ihm eine Dosis nackter Haut! }

Damit der Mann wie festgetackert an dem Bild hängt, das du, nur du entwirfst, musst du ihm natürlich was bieten. Gib ihm das Beste, das Vielversprechendste, das Erotischste, was du hast: deine Haut! Deshalb gilt die oberste Regel: Habe Mut zu einfachen Reizen. Je naturbelassener du wirkst, desto besser. Männer mögen keine aufwendigen Roben, keinen fetten Schmuck oder pfundweise Make-up. Gib ihnen einen Vorgeschmack auf das, was sie erwartet: deinen wundervollen Körper, deine warme, sinnliche, weiche Haut!

Ich sehe schon den Zweifel im Blick, wenn du dies liest: O Gott, ich will doch nicht halbnackt durch die Gegend laufen! Musst du auch nicht. Aber raffiniert freigelegte Haut ist nun mal der Bringer. Nicht nur, weil das erotisch wirkt. Ein gewichtiger Grund kommt hinzu: Männer haben Angst vor Frauen. Kein Witz – sie haben Angst, nicht anerkannt zu werden, zu versagen, überwältigt zu werden. Vor allem Letzteres. Seit sich der Feminismus bis ins kleinste Dorf herumgesprochen hat, zittern Männer vor dominanten Mannweibern. Sie haben Angst, dass Frauen sie überrollen. Nach einer Umfrage der Zeitschrift *Elle* finden nur 18 Prozent der Männer selbstbewusste und unkonventionelle Frauen attraktiv. Ganz schön wenig, oder?

Wenn du das verstanden hast, begreifst du auch die Sache mit der nackten Haut. Eine Frau, die Arme, Beine, Schultern, Dekolleté zeigt, wirkt angenehm schutzlos. Der Beschützerinstinkt wird geweckt. Männer wollen Helden sein, keine Pantoffelhelden. Sie wollen gebraucht werden. Nichts gefällt ihnen besser als eine Frau, die Schutzinstinkte anspricht. Eine Frau in Hosenanzug und weißer Bluse sieht aus wie eine Konkurrentin, der er Paroli bieten muss. Gibt sie jedoch Haut preis, ist sie das zarte Wesen, um das er seinen starken Arm legen möchte und dem er schützend sein Jackett umlegt – fast schon eine Umarmung.

Klar, wir leben nicht in Breitengraden, die Lust auf freizügige Kleidung machen. Der Frühling ist oft kühl, die Sommer sind verregnet, von Herbst und Winter wollen wir erst gar nicht reden. Dabei wird aber leicht vergessen, dass die meisten Dates in Lokalen stattfinden und die meisten Liebesnächte im Bett. Trotzdem tun viele Frauen so, als ob sie zu einer Polarexpedition aufbrechen, wenn sie sich mit einem Mann verabreden. Sie tragen wetterfeste Schuhe, geländegängige Hosen und dicke Wolljacken. Fehlt nur noch die Pudelmütze.

Es gibt nichts Abtörnenderes als eine Frau, die sich vermummt.

Die sich verhüllt, weil man ja frieren könnte. Die sich mit Angoraunterwäsche auspolstert, weil man ja eventuell zu Fuß im Eisregen nach Hause stapfen müsste. Wahrscheinlich ist das nicht. Viel wahrscheinlicher ist es, dass du in einem überhitzten Restaurant oder in einer brüllend heißen Disco landest. Verlass dich drauf: Selbst bei Minusgraden überlebst du die paar Minuten vom Auto zum Restaurant leicht bekleidet. Auch wenn Oma immer von Nierenbeckenentzündung gemurmelt hat. Oma hatte vermutlich nicht viele Optionen bei der Partnerwahl. Aber du hast sie, und je attraktiver du rüberkommst, desto mehr Männer stehen dir zur Auswahl.

Also runter mit den ewigen Winterklamotten und rein in diese verführerischen Kleider aus Seide und Satin, die sich wie eine zweite Haut an den Körper schmiegen. Was bedeutet, dass die Haut, die großzügig gezeigt wird, im Bestzustand sein sollte – Moment, auch hier darf selbstverständlich geschummelt werden. Die Tricks sind simpel, aber wirkungsvoll:

Beginnen wir bei den Beinen. Abgesehen von Strapsen und halterlosen Strümpfen – dazu kommen wir später – stehen die meisten Männer auf nackte Beine. Warum? Weil sie die Phantasie anregen. Mehr als ein Mann hat mir gestanden, wie aufregend er es findet, wenn er weiß, dass ich unter meinem Kleid nur einen Slip trage. Wenn überhaupt. Die Beine einer Frau sind sozusagen der Highway zum Zentrum der Lust. Einfach in nördliche Richtung abbiegen, et voilà.

Jeder Mann hat eine hormonelle Sonderausschüttung, wenn man ihm mit nackten Beinen gegenübertritt.

Dummerweise sind die Beine vieler Frauen Notstandsgebiet. Ich muss an dieser Stelle ganz deutlich werden: Eine professionelle Pediküre ist Pflicht. Und das ist nur der Anfang. Auch Enthaarung ist Ehrensache. Ob wachsen oder rasieren: Seidenweich und haarlos sollten sie sein, die Waden und die Schenkel. Ein weiterer einfacher Trick ist Selbstbräuner. Macht die Beine komischerweise schlanker und weckt Erinnerungen an Sand und Sonne. Besenreiser kann man übrigens wegspritzen lassen, eine brillante Investition. Ist so erfreulich wie eine Wurzelbehandlung und kostet auch was, ist jedoch ungeheuer effektiv.

Kommen wir zu den Händen und zu den Armen, und wieder offenbart eine Studie aufschlussreiche Erkenntnisse. Darin wurde festgestellt: Männer schließen aus perfekt gepflegten Händen, dass eine Frau auch mit seinem Körper sorgsam und geschickt umgeht. Bei rauen Händen und eingerissenen Fingernägeln fürchtet er, dass er ruppig behandelt wird. Wer hätte das gedacht? Leiste dir deshalb eine erstklassige Maniküre. Aber bitte keine meterlangen künstlichen Krallen, da bekommt der Mann, das furchtsame Wesen, wieder Angst. Die Arme sollten gepeelt, enthaart und gut eingecremt sein.

Und nun das Dekolleté. Pure Wonne fürs männliche Auge. Aber nur, wenn du es zum sehenswerten Schaufenster künftiger Lust machst. Also auch hier: peelen, cremen, Selbstbräuner benutzen. Gegen Knitterfältchen in der Grube zwischen den Brüsten hilft eine pushende Feuchtigkeitsmaske. Ein Hauch Schimmerpuder lässt seine Augen glänzen. Und immer schön aufrecht sitzen, das strafft ganz ohne OP. Falls du gern Schmuck trägst, dann nur ganz zarte Ketten. Lenk nicht ab von dem, was er begehrt.

Frauen neigen dazu, vor allem die strategisch wichtigen Zonen Hals und Dekolleté zu verstecken.

Sie tragen mit Vorliebe hochgeschlossene Blusen und mehrfach verschlungene Tücher. Am schlimmsten ist der Hang zum Rollkragenpullover. Wer den erfunden hat, gehört bestraft. Da Männer mental in der Steinzeit leben, signalisiert der nackte Hals: Ich mache mich verwundbar. Im Wolfsrudel nimmt der Unterlegene die Demutshaltung ein: Er legt sich hin und präsentiert seine Kehle. Zeig ihm deinen Hals und mehr. Die Botschaft lautet: Ich lege meinen Panzer ab, ich ordne mich dir unter, du musst keine Angst vor mir haben. Sei mein Held! Beschütz mich!

Ich weiß, es ist ungewohnt, Haut zu zeigen. Frauen sind heute Kämpferinnen geworden, die sich im Job und anderswo behaupten müssen. Wer sich verhüllt, fühlt sich sicherer. Doch wenn es darum geht, einen Mann um den Finger zu wickeln, ist nicht Kampf angesagt, sondern Raffinesse. Also abrüsten, auch äußerlich. Du wirst dich wundern, wie gut das funktioniert. Und wie phantastisch es ist, diese Taktik von Date zu Date zu steigern. Als ob du dich in Zeitlupe ausziehst. Wow.

Kümmere dich um dein Haar

Na ja, ich ahne schon, was du zu dem Thema zu sagen hast: Meine Haare sind ein Alptraum. Nie sind sie so, wie ich sie will. Sieben Tage die Woche ist bei mir bad hair day. Spricht man Frauen auf ihr Haar an, hört man meist Verzweiflungssprüche: »Ich bin total unzufrieden. Ich lasse sie gerade wachsen. Ich müsste dringend mal zum Friseur.« Haare sind für die meisten Frauen eine Dauerbaustelle. Am liebsten würden sie Warnschilder mit sich rumtragen: »Haare außer Betrieb.« Was ist denn da los?

Wie bei den Klamotten geht es vielen Frauen vor allem darum, dass eine Frisur praktisch ist. Sie soll bloß keine Arbeit machen. Stundenlanges Fönen und Hantieren mit Lockenwicklern sind ein No-Go. Schon eine Haarkur scheint für viele Frauen eine grässliche Folter zu sein. Also raspelkurz und luftgetrocknet? Oder besser gleich eine Glatze? Deine innere Göttin schlägt die Hände über dem Kopf zusammen. Hast du noch alle sieben Zwetschgen beisammen?, fragt sie. Ist da noch Leben in deinem Hirn? Weißt du denn gar nicht, dass auch Haare ein Schlüsselreiz sind?

Hinter dem gestörten Verhältnis zum Haar steckt in der Regel ein gestörtes Verhältnis zur eigenen Weiblichkeit.

Schwestern, schließt Frieden mit dem, was euch aus der Kopfhaut wächst! Kümmert euch um euer Haar! Macht was draus! Denn Männer sind absolut verrückt danach. Einmal mehr schlägt die Evolution zu. Wie ging es denn zu in der Steinzeithöhle? Neben der Haut informierte das Haar zuverlässig über den Gesundheitszustand und die Fruchtbarkeit der Frau. Bevor ein Mann das Steinzeitweibchen besprang, schaute er deshalb sehr genau hin. Alles tiptop auf dem Kopf? Dann nichts wie ran. Schließlich wollte er sein wertvolles Sperma nicht an irgendwen verschleudern. Das Ganze trägt den wenig charmanten Namen »sexuelle Selektion«.

Da Männer mental nach wie vor mit Bärenfell und Keule rumlaufen, checken sie auch heute noch das Haar der Frau. Und was sehen sie bei dir? Strohhaufen? Wischmob? Streichholzschnitt?

Haarsprayorgien? Wenn Haare sprechen könnten, würden sie dir ganze Romane erzählen: Ich fühle mich vernachlässigt. Ich darf nicht schön sein. Keiner will mich anfassen. Auch einem Mann erzählen sie eine ganze Menge: Rühr mich nicht an! Vorsicht, Drahtwolle! Achtung, kratzbürstige Rebellin!

Nichts ist so aufschlussreich wie Männer am Nebentisch zu belauschen. Neulich, in einem Restaurant: Zwei Männer unterhalten sich über Frauen. Der eine sagt: »Du, die neue Sekretärin, die ist ja total verzickt mit ihrer asymmetrischen Kurzhaarfrisur.« Es folgte eine lange Debatte über Frauen und Haare. Was dabei herauskam, war Folgendes:

Männer mögen weder kurzes Haar noch Frisuren, die an abstrakte Gemälde erinnern. Sie stehen auf weich fallendes Wallehaar, in dem sie enthemmt wühlen dürfen.

Dazu passt, was in einer dieser wundervollen Studien rausgefunden wurde: 79 Prozent der Männer fühlen sich von romantischen, mädchenhaften Frauen angezogen. Wenn man weiß, dass Männer vor Frauen Angst haben, überrascht das nicht mehr. Romantisch und mädchenhaft bedeutet: weich, anschmiegsam, weiblich. Nichts betont das besser als eine Frisur, die genau das ausstrahlt. Damit erledigt sich das asymmetrische Kunstwerk genauso wie der wilde Wischmob. Gib deinen Haaren einen neuen Text für ihren Auftritt: Ich bin weich und seidig. Ich bin so gesund und vital wie die Frau, zu der ich gehöre. Und ich will, dass du deine Hände und deinen Mund darin vergräbst!

{ **Schritt 5:** Mach dein Haar zum Blickfang! }

Ab jetzt sind deine Haare Chefsache. Behandele sie so, wie du behandelt werden willst: liebevoll und respektvoll! Sie sind wichtiger als Klamotten, Make-up oder Schmuck. Deine Haare sind dein schönster Schmuck! Lass sie mindestens bis auf Schulterlänge wachsen, ideal ist es, wenn sie die Schlüsselbeine bedecken. Hege und pflege sie. Kauf dir zwei Paar Schuhe weniger – die bekommt ein Mann sowieso nicht mit – und investiere in Friseurbesuche, Spülungen und Haarkuren!

Für diesen ganzen Krempel habe ich keine Zeit, höre ich oft. Richtig? Falsch! Du bist doch auch sonst ein Organisationsfreak. Also denk mal nach. Ein gutes Buch und eine schlaue Zeitung kannst du auch beim Friseur lesen. Oder auf dem Smartphone im Salon deine Mails beantworten. Eine Haarkur kann man über Nacht einwirken lassen, gut verpackt in einem Handtuch. Und die kostbare Zeit vor einem Date musst du nicht damit vergeuden, dich zehnmal umzuziehen, wenn auf deinem Kopf alles stimmt.

Bevor du die Chefsache Frisur in Angriff nimmst, sollitest du einen Augenblick über deine Haarfarbe nachdenken.

Ist es überhaupt eine Farbe? Oder ein dezentes Straßenkötergrau? Das ist mehr als eine Geschmacksfrage. Ein bisschen Nachhilfe schadet nämlich nicht. Aber Vorsicht mit Trendfarben wie Aubergine oder Hennarot – zu künstlich, zu gewollt, zu zickig. Arbeite an der Illusion, dass alles Natur ist. Also nie extrem färben, lieber tönen. Und zwar nicht mehr als zwei Nuancen abseits der Ausgangsfarbe. Sonst ist das Ergebnis oft der Perückeneffekt: wie draufgedonnert.

Verwegene entscheiden sich übrigens für blond. Warum? Die meisten Männer fahren darauf ab. Das hat unter anderem der Psychologe und Attraktivitätsforscher – ja, so was gibt's! – Ronald Henss rausgefunden. »Frauen mit blonden Haaren ziehen die Blicke auf sich«, sagt er. Und er muss es wissen. Denn blonde Haare stehen bei Männern in der Rangliste der beliebtesten Haarfarben auf Platz eins. Echte Schlauköpfe haben die Ursachen erforscht, und ihre Ergebnisse kommen einem bekannt vor: Blonde Haare lassen Frauen kindlicher erscheinen, denn viele Menschen sind im zarten Alter blond. Die Blondinenwitze zeigen außerdem, dass blond gleich doof immer noch ein gängiges Vorurteil ist. Mit anderen Worten: Eine blonde Frau wirkt jünger, naiver, mädchenhafter. Das macht Männer an, weil sie sich vor herrischen Dominas gruseln. Ob du erblonden willst oder nur deine Haarfarbe intensivieren, bleibt dir überlassen. Etwas an der Haarfront unternehmen solltest du aber auf jeden Fall.

Haare gut, alles gut, lautet die Formel.

Wie soll der Mann deiner Träume deine inneren Werte entdecken, wenn er sich vorher aus dem Staub gemacht hat, weil er deine Haare abstoßend findet? Umgekehrt schwillt den Männern der Kamm, wenn sie mit einer Frau unterwegs sind, die schon allein wegen ihres Haars im Mittelpunkt der Aufmerksamkeit steht. Er will stolz auf dich sein. Lass ihm den Spaß.

Womit wir bei der Frisur angelangt sind. Auch hier ist wie überhaupt beim Styling Natürlichkeit Trumpf. Wobei sich von selbst versteht, dass diese Natürlichkeit meist hart erkämpft werden muss. Volles, dichtes, seidiges Haar beschert uns das Set unserer Gene nur im Ausnahmefall. Die meisten Frauen klagen über dünnes, stumpfes Haar, das den Charme von welkem Schnittlauch hat. Aber auch hier gilt: schummeln erlaubt! Du darfst Heißwickler benutzen und eine Goldmedaille im Toupieren gewinnen, um das verheißungsvolle Volumen herzustellen. Glanzsprays sorgen für schimmernde Reflexe.

Denk immer dran: Haare müssen betttauglich sein. Oder zumindest so aussehen.

Warnen muss ich vor Frisuren, die die Stirn freilegen. Also straff gezurrte Pferdeschwänze, Knoten und gegelte Schmalzwellen vermeiden. Das wirkt streng. Es erinnert ihn an Mutti oder an die verspannte Englischlehrerin, die ihn immer genervt hat. Außerdem ist es weder mädchenhaft noch romantisch. Eine hohe Stirn heißt nicht umsonst Denkerstirn. Dass du denken kannst, solltest du ihm nicht optisch auf die Nase binden. Tiefstapeln ist in dieser Hinsicht oberstes Gebot. Nichts ist unwiderstehlicher als ein paar Fransen, die an den Augenbrauen enden – was für einen Pony spricht.

Wenn Männer den Eindruck haben, dass die Frau beim Sex mehr Wert auf die korrekt sitzende Frisur legen könnte als auf hemmungslose Hingabe, zucken sie zurück. Deshalb sollte die Frisur so wirken, als würde sie danach schreien, sich unter Lustgestöhn aufzulösen. Komplizierte Aufsteckfrisuren, Hunderte Spangen im Haar oder eine festbetonierte Fönwelle aus dem Windkanal hemmen seinen Appetit. Also locker schwingen lassen, ein paar Strähnen herauszupfen und in die Stirn fallen lassen. Dann kann er gleich weitermachen.

Betone deinen Mund

Was Frauen alles mit ihrem Gesicht anstellen, ist abenteuerlich. Schlag eine beliebige Frauenzeitschrift auf, und du denkst, 365 Tage im Jahr ist Halloween: gelbe Lidschatten, silberne Highlighter, pinkfarbenes Rouge. Dabei muss man nur den heimischen Spiegel bei Tageslicht konsultieren, um zu wissen: Make-up, das sich für Laufstege und rote Teppiche eignet, ist im wahren Leben ein Killer. Nichts törnt Männer weniger an als eine Frau, die ihr Gesicht in dicken Schichten überschminkt.

Ein Mann will dich berühren. Er denkt dauernd daran, 24 Stunden am Tag, sieben Tage die Woche. Selbst dann, wenn ihr noch kein Wort gewechselt habt. In seiner Phantasie wandern seine Hände schon über deinen Körper ab dem Augenblick, in dem er dich zum ersten Mal als begehrenswert wahrnimmt. Aber die Vorstellung, dass er dabei in einen Farbtopf greifen könnte, ist unangenehm für ihn. Ganz zu schweigen von bräunlichen Make-up-Schlieren auf seinen Klamotten oder lila Lippenstift auf der Unterhose – kommt gar nicht gut. Würdest du eine zarte Kinderwange streicheln, wenn du dir danach die Hände waschen musst?

Erst spachteln, dann malen, das kann man sich für die nächste Wohnungsrenovierung aufheben.

Außerdem: Smokey Eyes wie ein Vampir, Lidstriche dick wie Bretter und unnatürlich geformte Augenbrauen machen alt und hässlich. Im schlimmsten Fall siehst du aus wie ein pensionierter Zirkusclown. Lass dir nicht einreden, es gäbe Make-up-Moden, die du mitmachen musst. Bunte und dunkle Lidschatten zum Beispiel, künstliche Wimpern oder dunkelbraune Lippenstifte – viel zu viel Tamtam. Du bist eine Mogelpackung, aber du darfst um Himmels willen nicht so aussehen! Wirke so unbehandelt wie möglich, aber tu alles, was dich unauffällig optimiert.

Viele Frauen finden sich zu blass. Männer stört das gar nicht, sie schrecken eher vor sonnengegerbten Gesichtern zurück, die an Krokodillederhandtaschen erinnern. Blass ist das neue Braun. Ähnelt dein Teint einem Mehlwurm, hilft Selbstbräuner. Benutze einen transparenten Puder, damit du nicht glänzt wie eine Speckschwarte. Die Augen betonst du am besten mit etwas Kajal, dazu benutzt du normale Wimperntusche. Bei abendlicher Beleuchtung darfst du unter die Augenbrauen einen Hauch hellrotes Rouge tupfen, das macht frischer. Und du darfst abends auch die Augenbrauen etwas nachziehen, ohne die natürliche Form zu verändern. Sind deine Augen gerötet, zieh am Lidinnenrand einen Strich mit weißem Kajal.

Blankgeschrubbt und kosmetikfrei ist leider keine ernst zu nehmende Alternative, denn das steht nur den wenigen Frauen, die im Genlotto den Jackpot erwischt haben. Verschiedene Studien zeigen, dass geschminkte Frauen als gesünder, klüger und umgänglicher beurteilt werden, außerdem als attraktiver und sexuell anziehender. Das fand unter anderem der amerikanische Psychologe Osborn heraus. Er zeigte seinen männlichen Probanden Fotos von Frauen: mal ungeschminkt, mal mit Augen-Make-up oder Lippenstift. Zu Favoriten gewählt wurden die Frauen, wenn sie ihre Augen betonten. Rouge veränderte die Attraktivität nicht, aber der Renner war sattroter Lippenstift. Danke für den Tipp, Mr. Osborn!

Schritt 6: Setze deinen Mund in Szene!

Dein Mund ist das Sesam-öffne-dich zur Schatzhöhle der Lust. Lippen sind hocherotisch. Sie erinnern daran: An einer anderen Stelle deines Körpers existiert ein weiteres Lippenpaar, das ihn in Ekstase versetzen wird. Ob er will oder nicht: Sobald er auf deinen Mund schaut, denkt er daran. Also mache deine Lippen startklar, um den Mann ins Nirwana zu beamen!

Frauen aller Epochen wussten schon, was Peter Kraus in einem Schlager besang: »Rote Lippen soll man küssen, denn zum Küssen sind sie da.« Nofretete benutzte roten Zinnober. Auf dem Balkan sollen junge Mädchen vor dem Rendezvous Läuse zerbissen haben, um ihre Lippen rot zu färben. Dem Himmel sei Dank, heute haben wir es leichter. 1883 präsentierte ein Pariser Parfümeur auf der Weltausstellung in Amsterdam den ersten Lippenstift und nannte ihn sinnigerweise »Zauberstab des Eros«. Seitdem können wir uns Zinnober und Läuse sparen.

Das Ding mit der Farbe ist in null Komma nix geklärt: Rote Lippen – kein Pink, kein Orange, kein Rosa! – waren für unseren guten, alten Steinzeitbuddy ein Zeichen für gute Durchblutung. Er dachte: Wow, die Frau hat den richtigen Blutdruck. Dachte er natürlich nicht, aber sein Instinkt sagte es ihm. Also in der Klatschmohnpalette bleiben, damit es nicht wie geronnenes Blut aussieht oder wie blaugefroren. Das klassische Rot eben. Experimente kannst du dir für einen Mädelsabend aufheben.

Lippen werden komplett unterschätzt im Spiel der Verführung. Und das betrifft bei weitem nicht nur die Farbe. Je voller, desto besser, heißt das Rezept, sagt der Psychologe Michael Cunningham, der sich an der Universität von Louisville mit dem weiblichen Mund beschäftigt hat. Was nicht heißt, dass du dich aufspritzen lässt, bis du mit Winterbereifung rumläufst. Erst mal pflegen: mit der Zahnbürste rubbeln, um die Durchblutung anzuregen, mit Lippenbalsam geschmeidig halten, mit Lippenstift verschönern. Dann aber folgt, was kaum eine Frau weiß:

Du kannst die sinnliche Wirkung deiner Lippen aktiv beeinflussen: durch deine Mimik.

Es geht darum, dass du dir die Sprache deiner Lippen bewusst machst. Die meisten Frauen geben mit ihren Lippen Stresssignale. Sie pressen sie aufeinander, beißen darauf rum, verziehen sie zu einem Strich. Probier's mal vor dem Spiegel aus: Sag »Eeem« mit weit auseinandergezogenen Mundwinkeln. Jetzt sind die Lippen ganz schmal, und du wirkst verspannt. Viele Frauen geben dieses Signal unbewusst viel zu oft. Denn dummerweise kommt das so rüber, als ob man einen Stacheldrahtzaun um sich zieht. Der schon erwähnte Psychologe Cunningham liefert die Theorie dazu! »Wenn Frauen Lippen verkrampfen, signalisieren sie bewusst oder unbewusst, dass sie sexuell nicht interessiert sind.« Aha. »Auch weibliche Lippen, die eng nach oben gezogen sind, sind kein gutes Zeichen«, warnt der Psychologe. Er muss es wissen: »Lippen transportieren Wärme und Empfänglichkeit, da sie ihre Farbe verändern können. Wenn jemand attraktiv wirkt oder Freude auslöst, werden sie voller und dunkler.« Da Männer ihr Gehirn auf Dämmermodus runterfahren, sobald ein weibliches Exemplar auftaucht, reagieren sie in Nanogeschwindigkeit auf solche Signale.

Männer schauen einer Frau auf den Mund. Je nachdem, was da ausgesendet wird, setzt das Flirtprogramm ein, oder sie schalten auf Durchzug.

Das ist sogar wissenschaftlich belegt durch die University of Southern California. Während Frauen dem männlichen Gegenüber am liebsten in die Augen schauen, fixiert er ihren Mund, so Dr. Laurent Itti, der dieses Phänomen anhand der männlichen Pupillenbewegungen feststellte. Tragisch, oder? Da steht alles bei dir auf Anschlag, einen Mann zu erobern, und er zieht die falschen Schlüsse, weil du den ganzen Druck deines Alltags, deines Jobs oder deiner Unsicherheit buchstäblich auf den Lippen trägst.

Ja doch, liebe Schwestern, wir haben es nicht leicht. Wir sind tüchtig, wir sind tough, und das kostet Kraft. Wen wundert es, dass man es uns ansieht? Attraktiver macht es nicht, im Gegenteil. Es ist sogar ein Liebestöter für unseren Höhlenbewohner. Denn volle Lippen deuten auf einen hohen Östrogenspiegel hin, und das wird sofort in der Instinktschublade des Mannes als Plus abgespeichert. Je höher der Spiegel an weiblichen Geschlechtshormonen ist, desto mehr Lust hat der Mann, seinen Genpool mit dem der Frau zu kreuzen.

Der französische Fotograf Eugène Atget sagte mal: Frauen seien am hübschesten, wenn sie »prune« sagen.

»Prune« – zu Deutsch: Pflaume – wird »prüün« ausgesprochen. Also noch mal der Spiegeltest. Sag »prune« mit viel Luft, die dabei entweicht. Jetzt hast du einen niedlichen Kussmund, deine Lippen sind entspannt und leicht gewölbt. Das kannst du trainieren. Im Büro, in der U-Bahn, wo auch immer. Sag »prüün« und spüre, wie sich deine Lippen entkrampfen.

Wenn du das alles verinnerlichst, verändert sich deine gesamte Mimik. Du wirkst weicher, netter, attraktiver. Kommt es dann zum ersten Kuss, kannst du dich völlig hingeben. Und deinen Lippen trauen, die dir sofort erzählen, ob da was läuft oder ob es nur so eine Oberflächengeschichte ist. »Lippen arbeiten wie Berührungssensoren«, erklärt der Psychologe Roy Levin von der Universität Sheffield den geheimen Liebesmechanismus. »Sie senden Botschaften an das Gehirn. Daher ist es gleich von Anfang an klar, ob es sich um ein freundschaftliches Küsschen oder den Kuss eines Liebenden handelt.« Wieder was gelernt.

Entdecke feminine Kleidung

Ja, ich ahne es: Du hast allmählich genug von all diesen zweckdienlichen Hinweisen zur Attraktivität. Aber halte noch ein bisschen durch. Nicht nur, weil du Männer verführen willst. Was du hier erfährst, ist auch in allen anderen Zonen deines Lebens hilfreich. Wusstest du, dass attraktive Menschen schneller Karriere machen? Dass man sie für gesünder, liebenswerter und intelligenter hält? Sie kommen sogar bei Gericht mit milderen Strafen davon, und hübsche Kinder werden schon in der Schule mit besseren Noten belohnt. Personalchefs sehen sich bei einer Bewerbung immer erst das Foto an. Dann tendieren sie zu Kandidaten, die sie anziehend finden. Bekommt ein attraktiver Bewerber den Job, verdient er übrigens im Schnitt zehn Prozent mehr als unscheinbare Mauerblümchen.

Ungerecht? Sowieso. Aber wozu sich vergeblich dagegen auflehnen? Wissenschaftler haben den hochtrabenden Ausdruck »Attraktivitätsstereotyp« dafür geprägt. Ein Begriff, den man sich auf der Zunge zergehen lassen kann. Er sagt nichts anderes, als dass attraktive Menschen automatisch mit positiven Eigenschaften verbunden werden. Wenn du jetzt auf dem Schirm hast, dass du mit deiner neuen Göttinnenausstrahlung gleichzeitig im Job punktest, sehr wahrscheinlich auch in Freundschaften, verstehst du den Sinn der Verwandlung. Das mit den Männern schaffst du dann ganz nebenbei.

Dein Attraktivitätstraining wird dich rundum zufriedener und erfolgreicher machen.

Dabei kommt es weniger auf eine gerade Nase oder auf perfekte Symmetrie an. Die Ausstrahlung gibt den Ausschlag. Deshalb brauchst du keine Operationen und keine Spritzen, die das finanzielle Ausmaß eines Kleinwagens übersteigen. Arbeite an deiner Ausstrahlung. Und bedenke, dass Attraktivität immer eine sexuelle Note hat. Schönheit ist etwas anderes. Schließlich nennt man einen Sonnenuntergang oder ein Designersofa schön, nicht sexy. Alles, was den Eroberungsinstinkt auslöst, ist wahrhaft attraktiv. Deshalb lohnt es sich, über die Verpackung nachzudenken, an der es allzu oft hapert.

Sieh dich um – im Restaurant, im Coffeeshop, im Job. Lauter Frauen, die die Uniform der Unscheinbaren tragen. Irgendeine alte Jeans. Ein T-Shirt, das zwei Nummern zu groß ist. Kerlige Hosenanzüge. Flache Schuhe, damit sie ihrem Traummann weglaufen können. Es gibt einen Begriff dafür: asexuell.

Viele Frauen kleiden sich praktisch, maskulin, langweilig – als hätten sie vergessen, wie gut sich Frausein anfühlen kann.

Und warum? Wahrscheinlich hat Mami immer gesagt: Mach dich nicht billig, Kind! Und Papi sah es auch nicht gern, wenn seine über alles geliebte Tochter sexy gedresst auf eine Party ging. Hätte ja was passieren können. Was Erotisches. Später übernehmen andere die Kontrolle. Zum Beispiel die angeblich beste Freundin, die sagt: Geht gar nicht, das enge Kleid. Oha, die High Heels machen deine Füße kaputt! Und überhaupt, das ist Anmach-Style!

Vergiss die Bedenkenträger. Also konsultieren wir jetzt mal deinen Kleiderschrank. Die beste Ausstrahlung nützt nämlich wenig, wenn du als Frau auf erotisches Styling verzichtest. Schon gut, du solltest nicht in Dessous im Büro erscheinen. Den Lackmini hebst du dir ebenfalls für gewisse Stunden auf. Viel wichtiger: Kleide dich weiblich!

{ **Schritt 7:** Schluss mit kerligen Klamotten! }

Dies ist ein kleiner Schritt für die Menschheit, aber ein großer Schritt für dich. Wie viele Kleider und Röcke hängen in deinem Schrank? Hol mal alles raus, was explizit für Frauen gemacht ist – und dann zieh es an! Im Job, beim Latte macchiato mit der Freundin, beim Date. Fühl dich als Frau. Überlass den Kerlen die langweiligen Uniformen. Bestimmt gibt es da dieses tolle, enge Kostüm, das leichte Sommerkleidchen, den aufregenden Bleistiftrock. Wieso sind das alles Schrankleichen? Warum greifst du immer wieder zu der rustikalen Klamotte? Im Zusammenhang mit der Aufforderung »zeige Haut« habe ich dir schon erzählt, warum feminine Kleidung wichtig ist. Damit du dich aber nicht verkleidet fühlst, sobald du Bein oder Dekolleté zeigst, solltest du viel öfter Kleider und Röcke tragen. Du wirst verblüfft sein, wie durchschlagend die Wirkung ist.

Eine Ausnahme sind Jeans. Aber die sollten dann auch extrem knackig sitzen. Ausgebeulte Dinger mit hängenden Hosenböden stehen nur Models in Size Zero. Am Rest der weiblichen Welt ist das komplett unattraktiv. Kauf dir messerscharf geschnittene Jeans und achte darauf, dass sie einen schönen Po formen. Oder bring deine sämtlichen Jeans zum Schneider um die Ecke und lass sie enger machen. Dazu trägst du dann als Kontrast eine zarte Seidenbluse oder ein Volant-Top. Geht doch.

Teuer muss das weibliche Styling nicht sein. In Internetshops oder bei großen Modeketten bekommst du tolle Kleider für wenige Euro. Außerdem sind rasend teure Markensachen nicht unbedingt von Vorteil, schon gar nicht die edle Masche mit Seidentuch und Goldkettchen. Damenhafte Stylings verschrecken Männer nämlich oder öden sie schlicht an. Nur mickrige zwölf Prozent der Männer glauben, dass sich unter dem Ladylook eine leidenschaftliche Frau verbirgt. Das hat die *Elle* in einer Umfrage herausgefunden. 80 Prozent der Männer meinen laut dieser Umfrage, dass Frauen, die sich kühl und unnahbar kleiden, einsam bleiben. Ein Date mit hochgebrezelter Dameneleganz – kannst du knicken.

Romantisch und mädchenhaft sollten die Kleider sein, so wie Männer es eben gern haben.

Die Magie ist, dass du dich anders bewegst, eine andere Mimik und eine andere Ausstrahlung hast, wenn du deinen Kleidungsstil auf weiblich drehst. Vermännlichte Klamotten wirken wie ein Panzer, und so bewegen sich deren Trägerinnen dann auch: eckiger, gröber, aggressiver. Power dressing nennt man das. Auf den Vorstandsetagen galt das lange als der dress for success. Doch selbst dort ändert sich das gerade. Seit Frauen nicht mehr Männer imitieren wollen, sondern mit weiblichen Qualitäten auftrumpfen, lockert sich die Regel der Korrektheit. Nur Politikerinnen treten noch wie Jungs auf. Sehen sie nicht irgendwie alle gleich aus? Schwarze Hose, bunter Blazer, flache Schuhe. Naja.

Komm schon, mehr Mut zur Weiblichkeit ist auch dein Ding.

Damit trickst du die Kerle ins Koma. Du wirkst begehrenswerter, attraktiver und vor allem individueller. Frauen gibt es wie Sand am Meer, also unterscheide dich. Die graue Maus war gestern. Bring deine innere Göttin zum Vorschein, indem du ihr huldigst – mit figurbetonten Kleidern, mit Klamotten, die deine Persönlichkeit unterstreichen, deine weibliche Persönlichkeit.

Vermeide Frustkäufe – das zwanzigste Sweatshirt, den hundertsten Seidenschal. Ab jetzt ist Klamottenkauf eine bewusste, gezielte Investition: in Kleider.

Ein kurzer Kleiderschranktest wird dir bestätigen, dass du viel sinnlosen Kram angesammelt hast, irgendwelche Schnäppchen und angebliche Wohlfühlsachen in Übergrößen, lümmeltauglich für die Couch. Gesteh dir ein, dass du immer wieder zu ähnlichen Sachen greifst, die du doppelt und dreifach rumliegen hast, ohne dass deine Garderobe einen nennenswerten Kick bekommt. Schluss und vorbei mit dem hirnlosen Rumgeshoppe! Ab jetzt bist du eine textile Strategin!

Geh nie in einen Klamottenladen, wenn du traurig, genervt oder hungrig bist. Sonst drohen Notkäufe, die bald schon in den nächsten Secondhandshop wandern. Schau dir im Internet oder in Modemagazinen an, was dir wirklich gefällt. Und dann wähle klug aus. Sieh dich mit den Augen des Mannes, der dich gefälligst begehren soll. Und das wird er, wenn du in einem Kleid daherkommst, das dir dieses grandiose Frau-Gefühl gibt. Hau ihn um!

Übe mit High Heels

Über das Thema Schuhe könnte ich ein zehnbändiges Grundlagenwerk schreiben. Wir Frauen lieben Schuhe. Wir möchten mehr davon besitzen, als die halbe Menschheit brauchen würde. Kurz vorm Sabberreflex stehen wir vor Schaufenstern von Schuhgeschäften und räumen in Gedanken schon das Konto ab, während wir die scharfen Leoprintpumps anstarren oder die kleinen

Strasssandalen oder die Overkneestiefel, die wir immer schon mal ausprobieren wollten. All das weckt unsere kühnsten Phantasien, in denen wir zu souveränen Verführerinnen mutieren.

Doch da beginnt auch schon die Schizophrenie. Obwohl jede Frau von extravaganten Schuhen träumt, sieht die Realität des Alltags ganz anders aus: abgelatschte Sneakers, bergtaugliche Schnürschuhe, flache, schiefgelaufene Bequemdinger. Irgendwie greifen Frauen dann doch immer zu dem, was für ausgedehnte Wanderorgien geeignet ist – aber nicht fürs männliche Auge. Auch hier: Praktisch soll es bitte schön sein. Anders die Männer, worauf die stehen, ist leicht zu erraten.

Wer kennt nicht das Glitzern in den Augen eines Mannes, wenn eine Frau in High Heels den Raum betritt?

Dafür gibt es gleich eine ganze Reihe von Gründen. Erst einmal sind solche Schuhe schon an sich ein erotisches Signal. Eine Frau, die sie trägt, erweckt den Eindruck, dass sie ein ausgeprägtes Körperbewusstsein und einen Sinn für den sexy Auftritt hat. Zweitens wirken ihre Beine länger und schlanker. Die Proportionen verändern sich zum Vorteil, der ganze Körper scheint sich zu strecken. Und drittens haben Frauen mit Mörderabsätzen einen unwiderstehlichen Gang – vorausgesetzt, sie wissen, wie sie sich damit bewegen. Bei Männern erzeugt das den Schluckreflex.

Weniger bekannt ist, was Schuhe mit dem Körpergefühl von Frauen anstellen. High Heels machen ihre Bewegungen sinnlicher, bequeme Treter dagegen sind eine Katastrophe für die Körpersprache. Da wird munter vor sich hin gestampft, getrottet, geschlurft, mit der Eleganz von Nilpferden. Setz dich in ein Straßencafé und achte mal darauf, wie Frauen gehen. Meist kannst du schon von weitem am Gang erkennen, was für Schuhe sie tragen. Gazellen in Birkenstocks wirst du nicht entdecken. Eher den Unterschied zwischen plump und verheißungsvoll, denn High Heels haben eine phänomenale Wirkung auf ihre Trägerin.

Scharfe Schuhe sind der erste Schritt zu einer erotischen Selbstwahrnehmung.

Oha, bedenkliches Stirnrunzeln: Jetzt aber mal stopp, denkst du. Ich will in einer Beziehung landen, nicht beim Orthopäden. Was soll dieser ganze Hype mit den High Heels? Ich stöckele nicht auf Filmpremieren rum, sondern marschiere durch einen anstrengenden Alltag. Ich habe auch keinen Chauffeur, der mich genau da abliefert, wo ich hinwill, sondern fahre Bus und U-Bahn. Der ganze Quatsch mit den hohen Absätzen ist nichts für mich.

Moment. Niemand verlangt von dir, dass du in High Heels Gewaltmärsche absolvierst und dir an der Bushaltestelle die Beine plus Zehn-Zentimeter-Absätze in den Bauch stehst. Also lehn dich zurück. Und lass mal auf dich wirken, was unsere Freunde aus der Wissenschaft zu dem Thema sagen. In diesem Fall ist es der Anthropologe Euclid O'Smith von der Emory University in Atlanta: »High Heels verändern die weibliche Silhouette. Sie kreieren eine optische Illusion von kürzeren Füßen, schlankeren Fußknöcheln, längeren Beinen. Vor allem aber erhöhen sie die Frau und verleihen ihr selbst und anderen den Sinneseindruck von höherem Status und Macht.«

Jetzt bist du platt, oder? Ja, der gute Euclid O'Smith ist offenbar nicht nur ein brillanter Anthropologe, sondern hat die Gabe, uns mit überraschenden Erkenntnissen zu verblüffen. Bestimmt hast du erwartet, dass die alte Gleichung »hohe Schuhe gleich sexy« kommt. Das Irre ist, dass beides stimmt: High Heels machen sexy *und* zaubern ganz nebenbei eine Extradosis Selbstbewusstsein herbei. Status und Macht, das bedeutet: Du machst dich größer, statt die kleine Unscheinbare zu sein. Aber eben nicht als dominanter Trampel, sondern als stöckelnde Beauty. Zusammen mit der erotischen Ausstrahlung wirkst du plötzlich auf eine Weise sexy, die dich geheimnisvoll erscheinen lässt. Mann denkt: Wer ist diese große, auffallende, tolle Wahnsinnsfrau? Wie kann ich sie knacken?

Schritt 8: Freunde dich mit High Heels an!

Schuhe mit hohen Absätzen sind ab jetzt deine besten Freunde. Vermeide auch hier Spontankäufe und lege dir, strategisch versiert, genau ein Paar erstklassige High Heels zu, die zu allem passen, zum Beispiel schwarze Lackpumps. Zieh sie zuerst zu Hause an. Bring in ihnen den Müll runter. Gewöhne dich an das Gefühl, wie sie dich vergrößern. Genieße es, dass sie dich herausfordern, deinen Körper neu wahrzunehmen: aufrechter zu stehen, bewusster zu schreiten, die Hüften zu bewegen. Freu dich darüber, dass dein Po ein Stück nach oben rutscht und dass dein Busen besser zur Geltung kommt. Und das alles, weil du High Heels trägst!

Die Verwandlung ist magisch. Aber nur, wenn du übst. Hilfloses Taumeln und Stolpern sind keine Hingucker, sondern Lachnummern. Nimm dir Zeit. Zieh deine neuen Attraktivitätsbeschleuniger immer wieder zu Hause an, fünf Minuten, zehn Minuten, eine Viertelstunde. Stell dich vor den Spiegel und trainiere Schritte. Am besten große Schritte, kein unsicheres Getrippel. Du wirst merken, wie stark du dich dadurch fühlst. Wie du jeden Muskel wahrnimmst. Wie sich deine Pobacken verschieben, wie du dich langsam, aber sicher aufrichtest.

Je selbstverständlicher du dich in High Heels bewegst, desto deutlicher wirst du feststellen, wie das dein Bewusstsein beeinflusst.

Nimm es sportlich, was das Training betrifft. Und dann staune, wie du dich mental veränderst. Deine innere Göttin wird begeistert sein. Ein perfekter, aufrechter Gang in hohen Absätzen lässt dich das Kinn anheben. Tschüss, Mauerblümchen. Außerdem gehst du automatisch etwas langsamer. Männer mögen keine hektischen Frauen, weil sie sich vor Hysterie fürchten. Insofern wird deine Körpersprache aufreizender sein, obwohl und weil du selbstbewusster wirkst. Ein Traum. Und so einfach. Buchstäblich

Schritt für Schritt veränderst du damit deine gesamte Ausstrahlung.

Dann erweitere den Radius. Es ist ein großartiges Gefühl, in High Heels einen stinknormalen Supermarkt zu betreten. Sie veredeln simpelste Outfits in reinen Glamour. Noch die einfachsten Routinedinge bekommen einen neuen Reiz. Falls du dich sicher genug in deinen High Heels fühlst, trag sie mal im Job. Du kannst ja auf dem Weg zur Arbeit deine Sneakers nehmen und dann im Büro wechseln. Achte darauf, wie andere auf dich reagieren. Heimse die bewundernden Blicke ein – sie gelten dir!

Inszeniere deinen Auftritt.
Betritt ohne Eile und mit diesem grandiosen Bewusstsein, eine erotische Göttin zu sein, einen Raum.

Der eben erwähnte Euclid O. Smith empfiehlt sogar ausdrücklich, im Job hohe Schuhe zu tragen. Weil sie eben nicht nur die Attraktivität im Sinne der sexuellen Anziehungskraft erhöhen, sondern für positive Aufmerksamkeit und Wertschätzung sorgen. Das lässt sich auch für eine Verabredung mit einem Mann nutzen. Wenn du ein Weltmeister im Laufen auf schwindelerregenden Absätzen bist, setze sie beim nächsten Date ein.

Schwing die Hüften, spüre bei jedem Schritt deinen Körper. Er hat es verdient, so von dir gefeiert zu werden. Jeder weibliche Körper hat das verdient. Beschenke den Mann, für den es sich lohnt, mit dem Anblick deines erotischen Gangs. Er wird dich mit den Augen verschlingen, ohne dass du dich zum Objekt machst. Schließlich wirkst du selbstbestimmt in solchen Schuhen, ohne dass er eingeschüchtert wird – dafür sind solche Schuhe zu erotisch. Kombiniert mit einem femininen Kleid, mit einer weich fallenden Haarmähne und ein paar Quadratzentimetern nackter Haut befindest du dich schon auf der Zielgeraden, bevor das Date überhaupt richtig angefangen hat.

CHECKLISTE AUSSTRAHLUNG

- Befreie die sexy Göttin in dir
- Betone deine Weiblichkeit
- Versteck dich nicht, lass deine Haut ans Licht
- Bring das Haarchaos auf deinem Kopf in Ordnung
- Lass deinen Mund zum erotischen Signal werden
- Habe Mut zu femininer Kleidung
- Keine Angst vor High Heels

KAPITEL 2
Die große Flirtschule. Wie du Männer magisch anziehst

Entwickle eine sexy Körpersprache

Bevor es überhaupt zum ersten Date kommt, trifft man im Allgemeinen in größeren Gruppen aufeinander, bei einer Party, in einem Restaurant, im Urlaubshotel, eventuell im Job. Vielleicht ist da auch dieser Typ, der so wie du immer mittags in denselben Coffeshop geht und sich ein paar Latte reinzieht. Ganz egal, wo: Angenommen, du siehst irgendwo einen Mann, der dich interessiert. Er hat was, das gewisse Etwas. Ob er bei näherem Hinsehen immer noch der Bringer ist, weißt du nicht. Also musst du ihn irgendwie kennenlernen und ihn in ein Gespräch verwickeln.

Jetzt könntest du ihn mit offenem Mund von weitem anstarren. Oder auf ihn zustürzen und ihn mit einem Anmachspruch beglücken. Oder eine Freundin, die ihn kennt, bitten, dich vorzustellen. Alles nicht sehr schlau. Denn der sicherste Weg zum Erstkontakt ist der, ihn auf dich aufmerksam zu machen – ohne dass er ahnt, dass du längst ein Auge auf ihn geworfen hast. Jeder Flirt sollte scheinbar von ihm ausgehen. Lass ihm den aktiven Part, das braucht er, unser Jäger, der einst wilde Bären erlegt hat. Nur das Prinzip des Handelns beweist dem Mann, dass er ein toller Hecht ist.

Ein Mann will nicht erobert werden. Er will um dich werben, dich für sich einnehmen, dich verführen.

Der Arme. Er hat keinen Schimmer, dass in Wahrheit du die Verführerin bist. Denn du beherrschst dermaßen unterschwellige Tricks, dass er gar nicht auf die Idee kommt, das Objekt deiner Begierde zu sein. Wie du das machst? Es ist ein Stufenprogramm. Es beginnt damit, dass du wie zufällig in sein Blickfeld gerätst – ohne ihn anzusehen. Dann steigerst du dich von Stufe zu Stufe, bis er dich einfach ansprechen muss. Anschließend zündest du die nächste entscheidende Stufe: Du flirtest. Aber wieder so verdeckt, dass er keinen Verdacht schöpft.

Fangen wir mit den Basics an. Dass du schön, sexy, atemberaubend bist, hast du zur Genüge erfahren. Jetzt musst du erste Signale absetzen, die auch über längere Distanzen wirken. Das geht nur, wenn du deinen gesamten Körper einsetzt: durch die Art, wie du dich bewegst, durch deine Gesten, durch deine Haltung. Dein Körper kann nonverbal kommunizieren. Er spricht Bände über dich. Gib ihm den richtigen Text!

{**Schritt 1:** Mach dir deine Körpersprache bewusst!}

Denke immer daran, dass dein Körper unablässig Botschaften aussendet. Du kannst dir angewöhnen, im richtigen Moment die richtigen Botschaften rauszuposaunen, ohne einen Ton zu sagen. Eine sexy Körpersprache ist die raffinierteste Wunderwaffe überhaupt, um einen Mann anzulocken! Halte dich gerade, aber sei nicht stocksteif. Drücke Po und Busen heraus, während du dich aufrichtest – am einfachsten mit High Heels. Wirf den Kopf in den Nacken. Bewege deine Schultern und deine Arme. Trainiere einen geschmeidigen Gang.

Ganz schön viel auf einmal, was? Da du schon mit High Heels geübt hast, ist dir einiges vertraut. Und da du jetzt öfter in hochhackigen Schuhen unterwegs bist, stehen die Chancen gut, dass du sie trägst, wenn du einen spannenden Mann aufgabelst. Das Problem ist meist folgendes: Im sogenannten Alltag schalten Frauen auf Tarnkappe. Sie schleichen quasi unsichtbar durch die Pampa. Wozu schon ein sexy Styling?, denken sie, das kann man sich immer noch für die nächste Party aufheben.

Irrtum! Es kann nämlich passieren, dass du einen göttlichen Mann an der Käsetheke kennenlernst. In der U-Bahn, auf dem Flohmarkt, sogar beim Arzt könnte ein großartiges Exemplar auf dich warten. Und du? Du denkst: Äh, 'tschuldigung, ich kann auch anders. Toll. Männer haben leider nicht genug Phantasie, um sich vorzustellen, dass die graue Maus eine Tigerseite hat. Also: Sei allzeit bereit! Das ist die halbe Miete. Jetzt verfeinere die Sprache deines Körpers. Das gelingt am besten, wenn du mit jemandem sprichst, mit irgendjemandem, Hauptsache, der Mann deines Interesses sieht dich in Aktion. Einsam in einer dunklen Ecke rumstehend, kannst du nicht zu großer Form auflaufen. Dann signalisierst du: Keiner mag mich. Ich bin eben hoffnungslos langweilig.

Nehmen wir den schwierigsten Fall: Du kennst niemanden auf einer Vernissage. Dann solltest du nicht wählerisch sein. Sprich den Kellner an und frage ihn nach einem komplizierten Cocktail, den er garantiert nicht kennt. Zwei, maximal drei Minuten kannst du ihn festhalten. Oder sprich einfach eine Frau an und erkundige dich, wo sie das hinreißende Kleid gekauft hat. Das wird sie dir gern erzählen. Im Coffeeshop kannst du einen beliebigen Mann ansprechen und nach der Uhrzeit fragen. Mach ihm ein Kompliment für seine Uhr, frage, ob sie ein Erbstück ist und warum er gerade diese Uhr trägt.

Kommuniziere mit deiner Zufallsbekanntschaft lächelnd, lebhaft, interessiert. Reagiere mit ausdrucksvollen Gesten.

Ja, es ist ein Trick. Und ja, er funktioniert. Alles, was den Anschein vermeidet, dass du isoliert und verkrampft abhängst, ist gut. Für den Mann, der dich interessiert, zählt der erste Eindruck. Schon jetzt soll er ein bisschen eifersüchtig sein, nach dem Motto: Mit der Frau möchte ich auch gern mal ein paar Worte wechseln, es scheint Spaß zu machen, sich mit ihr zu unterhalten.

Beobachte aus dem Augenwinkel, ob du ihn auf dich aufmerksam gemacht hast. Wenn nicht, schiebst du dich unauffällig etwas weiter an ihn heran und wiederholst das Spiel. Er schaut zu dir hin? Bingo! Nächste Stufe! Jetzt gehst du im Abstand von etwa einem Meter an ihm vorbei. Langsam, ganz langsam. Mit wiegenden Hüften und geraden Schultern. Sieh ihn nicht an, streife ihn allenfalls mit einem Blick. Tu so, als müsstest du zur Toilette oder als würdest du einen ruhigen Platz für ein Telefonat suchen.

Eine Minute später gehst du wieder zurück. Er ist noch da? Seufz. Das ist ein gutes Zeichen. Kontrolliere deine Körpersprache, während du dich dicht an ihm vorbeischiebst. Dein Body sollte sagen: Ich amüsiere mich prächtig hier, ich bin komplett stressfrei, ich bin offen für Gespräche, aber kein bisschen unterversorgt. Trage ein Lächeln auf den Lippen, als ob du auf jemand Nettes wartest. Sucht er deinen Blick? Erkennt er dich wieder? Tschakka. Jetzt kannst du offensiver werden.

Berühre dich – in einer Weise, die dein positives Körpergefühl unterstreicht.

Äh – wie war das? Ja, du hast richtig gelesen. Es ist absolut sexy, wenn eine Frau sich selbst berührt! Das zeigt ihm, dass du dich magst. Dass du mit deinem Körper und deinem Selbst im Einklang bist. Und dass du auch im Bett ein wonniges Körpergefühl hast. Such dir wieder jemanden, mit dem du dich unterhältst und stell dich so, dass dich der Mann deines wahren Interesses dabei sehen kann. Fahr dir mit den Händen durchs Haar. Massiere kurz und sanft deine Schulter. Streiche mit dem Zeigefinger wie absichtslos über deine Lippen. Streiche dein Kleid glatt, obwohl es gar nicht knittert. Das alles darf nicht hektisch wirken, sondern genussvoll, gedankenverloren.

Spätestens jetzt sollte er dich beobachten. Wenn nicht, hat er dich nicht auf dem Radar. Schade, Aktion abgeblasen. Vermutlich ist er aber auf dich aufmerksam geworden. Genieße es. Spiel deine sämtlichen Trümpfe aus, deinen Schmollmund zum Beispiel, den du ja schon meisterlich beherrschst. Bloß nicht vor lauter Anspannung die Lippen zusammenpressen, blinzeln oder die Arme verschränken, als wolltest du eine Grenze ziehen. Leg den Kopf schräg, das signalisiert Unterordnung und die Bereitschaft, jemandem ausgiebig zuzuhören.

Das alles kommt der Tatsache entgegen, dass er dich erobern will. Verhältst du dich steif und abweisend, ist das ein Zeichen für Kampfbereitschaft. Soll ja Männer geben, die darauf stehen oder sich gleich eine Domina wünschen. Doch ich gehe mal davon aus, dass deine Bedürfnisse einigermaßen durchschnittlich sind. Deshalb versprich ihm mit deinem Körper, dass du ein weiches, weibliches Wesen bist: zutraulich wie ein Welpe, sinnlich wie eine Katze, die gekrault werden möchte und keinesfalls die Krallen rausfährt.

Check jetzt, ob sich seine Körpersprache verändert. Du kannst in jedem Mann lesen wie in einem offenen Buch!

Steht er gerader und breitbeiniger da als vorher? Hakt er die Daumen in den Gürtel, so dass seine Hände seinen Zauberstab einrahmen? Darin haben Forscher die ultimative Bereitschaft zur Eroberung erkannt. Reckt er den Kopf, um dich besser zu sehen? Spricht er lauter, damit du ihn bemerkst? Auch du kannst Körpersprache decodieren. Es geht nämlich zu wie im Tierreich: Sobald das Männchen scharf auf ein Weibchen ist, macht es sich größer. Es spannt die Muskeln an. Es stößt einen Balzruf aus – beim Mann oft als übertrieben lautes Lachen erkennbar.

Denk bloß nicht, dass ein Mann, den du attraktiv findest, cool bleibt. Sein evolutionäres Programm verbietet es ihm. Dem Begattungsakt gehen jede Menge Bewegungen und Gesten voraus, die im Tierreich wie im Menschenreich aktiviert werden. Alles eine Frage der Hormone und Endorphine, die seinen Körper fluten. Sieh. Mich. An!, ruft er dir zu. Ich bin der Beste hier! Mein Genpool ist der Hammer, mein Stehvermögen ist legendär! Also schau genau hin. Er pumpt sich auf? Hui, da ist jemand massiv interessiert. An dir!

Wage freche Blicke

Poeten waren immer schon der Meinung: Augen sind die Spiegel der Seele. Dabei spielt keine Rolle, ob sie groß oder klein, grün, blau, braun oder grau sind. Es ist der Blick, der verführt. Und der verrät, ob da Feuer im Ofen ist. Mit den Augen flirten ist ganz großes Kino. Du kannst ein bisschen vor dem Spiegel üben. Aber bloß nicht übertreiben. Ein angezüchteter Schlafzimmerblick ist selten erotisch, eher unfreiwillig komisch. Alles sollte natürlich wirken, damit er nie, aber auch wirklich nie Berechnung oder routinierte Raffinesse vermutet.

Dein Handwerkszeug ist allerdings ausgefeilt, versteht sich. Mach dir klar, dass du nie zu viel Interesse zeigen darfst. Schmachtendes Anstarren fällt damit weg. Auch glutvolle Blicke und weit aufgerissene Augen sind voll daneben. Das ist schlechte Schauspielerei, wie in einer Vorabendsoap. Du bist keine Schauspielerin, du bist eine Frau, die ihre innere Göttin zum Leben erweckt hat. Bring sie zum Vorschein, mit deiner Mimik und deinen Augen.

Sag innerlich dein Mantra auf: Ich bin schön. Ich bin sexy. Ich bin einfach atemberaubend. Sobald ich einen Raum betrete, stehe ich im Mittelpunkt. Sag es mit deinen Augen!

Es ist erstaunlich, wie schnell solche Messages verstanden werden. Deshalb sorge dafür, dass es die richtigen Messages sind. Es wäre fatal, wenn du mit flehenden Rehaugen dastehst, in denen die Botschaft zu lesen ist: Ich bin ja so verzweifelt, bitte nimm mich mit, auch wenn ich ein Würstchen ohne Senf bin! Bitten und betteln ist absolut tabu. Sonst landest du beim Hundeblick. Du weißt schon, diese Betteläuglein, wenn man am Tisch sitzt, und der Hund fiept und jault, während seine Augen ein einziges Flehen nach einem Bissen sind. Du hast das nicht nötig, denn du bist ja der Hauptgewinn des Abends!

Täusche dich nicht: Wenn du in dieser Situation betreuungsbedürftig wirkst, zieht der Mann sich zurück. Auf karitative Anwandlungen kannst du nicht zählen. Ein Mann auf der Pirsch ist kein Seelentröster – es sei denn, es handelt sich um einen professionellen Womanizer, der es auf unbetreute, einsame Frauen abgesehen hat. In Liebesdingen sind Männer gnadenlose Egoisten, kein Pflegepersonal. Also sei das begehrenswerte Weibchen, das nicht so leicht zu haben ist.

{ **Schritt 2:** Lass deine Blicke sprechen! }

Gib dich unschuldig und sei so durchtrieben, wie du kannst. Beginne mit flüchtigen Blicken, die ihn wie zufällig treffen. Halte nur den Bruchteil einer Sekunde Augenkontakt. Weniger ist mehr. Fix ihn an, aber gib ihm nicht die volle Dosis. Die muss er sich hart erarbeiten. Und genau das will er, weil Männer ehrgeizige Jäger sind. Eine leichte Beute ist uninteressant. Also flirte subtil. Schlag immer wieder die Augen nieder. Lass deine Blicke schweifen, als ob es noch mehr Männer gäbe, die deinen Appetit wecken. Danach erst darfst du den ersten offenen Blick wagen.

Der erste offene Blickkontakt ist mindestens so erregend wie der erste Kuss. Er kann zum erotischen Gipfelsturm werden. Dabei siehst du ihn ein bisschen länger an als normal. Ein winziges Lächeln – und wegschauen. Ab jetzt wird er deinen Blick suchen. Und in seinen Augen wirst du eine Frage lesen: Hallo, schöne Frau, wer bist du? Männer sind Checker. Sie checken permanent, wie sie ankommen. Charlie Chaplin, der ein großer Frauenvernascher war, sagte man nach, dass er mit seinen Blicken jede Frau fragte, ob sie mit ihm ins Bett gehen würde.

Sag nicht gleich mit den Augen ja. Grins ein bisschen in dich hinein, als ob du darüber nachdenkst. Mach ein Spiel daraus: zwei Schritte vor, einen zurück. Er soll nicht wissen, woran er mit dir ist. Lass ihn im Unklaren, aber werde frecher. Und mach bloß kein ernstes Gesicht, das verschreckt ihn. Immer leicht amüsiert bleiben. Das signalisiert ihm außerdem, dass du solche stummen Anfragen gewohnt bist. Denn Männer wollen immer das, was alle Männer wollen.

Gib ihm zu verstehen, dass du eine ziemlich erfolgsverwöhnte Frau in Liebesdingen bist.

Genau das weckt seinen Jagdinstinkt. Auch wenn du vor Aufregung einen Schweißausbruch bekommst, lass es ihn bloß nicht merken. Bleib souverän und signalisiere ihm, dass du ihn genauso checkst wie er dich. Eine Frau mit vielen Optionen ist immer begehrenswerter als eine, die wie ein Ladenhüter rumsteht. Auch hier gilt: Nichts ist erfolgreicher als der Erfolg. Das kennt er aus der Schule. In jeder Klasse gibt es ein Mädchen, das alle Jungs haben wollen. Sei dieses Mädchen.

Also, wie macht er sich? Beobachte weiter, ob sich seine Blicke intensivieren. Achte auf seine gesamte Gestik. Er fasst sich an die Nase? Wunderbar. Verhaltensforscher haben nämlich herausgefunden, dass das ein Zeichen für erotisches Interesse ist. Man könnte es auch eine Ersatzhandlung nennen. Ich überlasse es deiner Phantasie, dir auszumalen, was er damit symbolisch anfasst. Er steht auf dich. Du hast ihn ermutigt. Er macht ein paar Schritte auf dich zu. Gleich wird er dich ansprechen. Hilfe! Und nun?

Ganz ruhig. Jetzt beginnt die Phase der verbalen Annäherung. Nein, du musst dir nichts Geistreiches überlegen. Du brauchst auch nicht nach einem ausgefallenen Gesprächsthema zu suchen. Worüber genau in den ersten Minuten eines Flirts geredet wird, ist vollkommen Banane – es sei denn, er kickt sich mit blöden Sprüchen ins Aus. Vorformatierte, primitive Anmachsätze musst du nicht hinnehmen. Die verraten den Profi-Aufreißer, und du willst ja keinen One-Night-Stand. Also hör hin und bleib locker, falls er was Belangloses sagt.

Denk dran, dass sein Sprachzentrum schwer gestört ist, falls er wirklich um dich wirbt. Einfach lächeln – mit den Augen.

Ein strahlendes Lächeln ist ein Allzweckteaser. Doch Vorsicht, dabei kann einiges in die Hose gehen. Denn wenn du aufgesetzt oder krampfhaft lächelst, merkt er das sofort. Das Geheimnis besteht darin, mit den Augen zu lächeln. Äh, und wie, bitte schön? Nur die Mundwinkel auseinanderziehen reicht nicht, sondern wirkt wie eine Karnevalsmaske. Du kannst testen, ob du mit den Augen lächelst, wenn du vor einem Spiegel checkst, ob kleine Lachfältchen rund um die Augen entstehen. Dann machst du alles richtig.

Beim Lächeln immer schön Blickkontakt halten, also nicht wahllos in die Gegend grinsen. Durch den Augenkontakt stellst du sicher, dass er sich gemeint fühlt. Also lass dich nicht ablenken. Wenn du dich entspannen willst, mustere sein Haar, sein Hemd, seine Hände – bloß nicht den hübschen Kellner, der vorbeikommt, oder die Frau in dem Kleid, das du auch gern hättest. Fokussiere ihn! Bleib dran!

Spiel mit deinen Händen

Schon in den ersten Sekunden eines Gesprächs entscheidet sich, wie es weiterlaufen wird – ob es beim höflichen Geplänkel bleibt oder ob dies der Auftakt zu mehr ist. Dies ist eine echt heiße Phase. Sie gibt dir Gelegenheit, den Mann unauffällig zu testen. Und sie erzählt ihm, was für eine Frau du bist, was ihn erwartet. Genau jetzt schmieren viele Frauen ab. Vor lauter Anspannung machen sie dicht, und das sieht man sofort. Ihr Körper ist im Verteidigungsmodus, hart wie ein Brett, mit verspannten Muskeln. Ihre Mimik wird starr, ihre Arme sind an den Körper getackert.

Was du sagst, hört er sowieso nicht. Sein ganzes Sensorium ist auf deine Körpersprache gerichtet. Auch wenn euch irgendwelche Worte über die Lippen rieseln, in Wirklichkeit unterhalten sich eure Körper. Wie soll das gehen? In Laborversuchen hat man diese Dinge getestet. Die bekannteste Reaktion bei gegenseitiger Sympathie ist die sogenannte Synchronisierung. Dabei imitieren Männlein und Weiblein unbewusst die Haltung und die Bewegungen des jeweils anderen. Sie trinken gleichzeitig aus ihrem Glas, streichen sich im selben Moment eine Haarsträhne aus der Stirn. Sie verhalten sich wie Marionetten, die am selben Faden hängen. Wie nett! Und immer sind dabei die Hände im Blickpunkt.

Konzentriere dich jetzt auf deine Hände.
Neben deinen Augen sind sie die Eintrittskarte zum Flirt – oder die Halteschranke.

Gestikuliere ausdrucksvoll, lass deine Hände erzählen, dass du neugierig, sinnlich und unverkrampft bist. Wie du das machst? Also schön, die Wahrheit ist, dass du vorher ein bisschen üben solltest. Dein neuer Freund, der Spiegel, ist dabei dein Sparringspartner. Schildere deinem Spiegelbild irgendeine amüsante Begebenheit aus deinem Leben – wie du mal Omas Geburtstagstorte schon einen Tag vorher aufgefuttert hast. Oder wie du aus Versehen in Badeschlappen auf der Straße standest. Egal was, nur einigermaßen lustig sollte es sein.

Nach der ersten Version wiederholst du die Geschichte und unterstreichst jetzt alle bemerkenswerten Stationen der Handlung mit deinen Händen. Ist total ungewohnt, ich weiß. Das Gestikulieren haben nun mal die Südländer erfunden. Du sollst natürlich nicht gleich in Gebärdensprache verfallen, einfach mit Spaß bei der Sache ein paar Gesten ausprobieren. Nicht die Fäuste ballen, die Finger immer schön locker lassen und ein paar Drehungen der Handflächen einbauen. Na, wie läuft es? Blöd? Dann noch mal von vorn.

{ **Schritt 3:** Entdecke die Magie deiner Hände! }

Mach dir klar, dass deine Körpersprache in der ersten Phase des Kennenlernens die entscheidenden Signale gibt. Präsentiere ihm makellos gepflegte Hände, ohne dicken Schmuck. Trag keinen Ring am rechten Ringfinger, der nach staatlich verbandelter Ehefrau aussieht. Die besten Gesten: Forme einen imaginären Ball, den du streichelst, dann jongliere mit dem imaginären Ball. So entstehen runde, harmonische Bewegungen mit offenen Handflächen. Dann berühre dich beiläufig: durchs Haar streichen, eine Hand aufs Herz pressen, einen Finger an die Unterlippe legen. Er wird hypnotisiert sein!

Die kleine Komödie ist wirkungsvoller, als du vielleicht denkst. Sobald du deine Hände befreist, sind auch die Arme frei, dein Busen kommt zur Geltung, und du vermeidest das klemmige Gerödel, das viele Frauen bei Flirts an den Tag legen. Manche verschränken sogar die Arme. Sie könnten dem Mann auch gleich einen Tritt ins Gemächt geben, denn die Message ist dieselbe: Sperrbezirk! Betreten verboten! Ich übertreibe? Nö. Alles von Forschern bewiesen. Wofür haben wir Spezialisten, die sich um so was kümmern?

Mit den Händen dirigierst du seine Blicke. Das ist absolut entscheidend. Du kannst seinen Blick mit deinen Händen auf deinen Mund richten, auf deine Augen, auf deinen Busen, deine Haare, wohin immer du willst. Das funktioniert wie geölt. So wie bei Hunden, die immer aufs Stöckchen starren, nicht aufs Frauchen. Auf diese Weise verhinderst du vor allem, dass er abgelenkt wird. Der schon erwähnte Dr. Laurent Itti von der University of Southern California beobachtete nämlich, dass Männer leicht ablenkbar sind, und zwar durch alles, was sich bewegt – zum Beispiel durch vorbeifahrende Autos.

Zieh den Mann mit deinen Gesten in den Bann. Liefere ihm das Entertainment, das sein leicht ablenkbares Naturell braucht.

Auf einer Party ist das Risiko vorbeifahrender Autos natürlich eher gering. Trotzdem ist sehr wahrscheinlich eine Menge los, dort, wo ihr redet. Rund um euch bewegen sich Leute, gehen hin und her, gestikulieren, und all das weckt sein Interesse. Also bewegst *du* dich ebenfalls, so die simple Logik. Du, nur du solltest in diesen kostbaren ersten Minuten im Zentrum seiner Aufmerksamkeit stehen. Hat was von einem Zauberkünstler, stimmt's? Dem starren wir ja auch immer auf die Hände und wundern uns dann, dass er plötzlich ein Kaninchen aus dem Hut zieht. Weil wir nämlich alles andere ausgeblendet haben.

Es versteht sich von selbst, dass du dafür freie Hände brauchst. Eine angesagte Clutch, die du umklammerst, schränkt deine Bewegungsfreiheit ziemlich ein. Entweder legst du sie auf einem Tisch ab – und musst aufpassen, dass sie nicht geklaut wird –, oder du entscheidest dich gleich für eine Tasche, die über deiner Schulter hängt. Also freie Bahn für deine Hände. Aber bloß nicht vor lauter Aufregung am Kinn kratzen, die Augen reiben oder an irgendwelchen Fusseln zupfen. Damit steckst du ihn nur an, und er wird auch nervös.

Alles, was du jetzt mit deinen Händen tust, weckt bei ihm den Gedanken, was sie wohl mit ihm anstellen würden.

Wildes Gefuchtel ist daher tabu, weil es hektisch wirkt, nicht sinnlich. Stell dir einen Dirigenten vor, der ein langsames Stück dirigiert, wie in Zeitlupe. Entferne dabei deine Hände nicht zu weit vom Körper, sonst kriegt er noch einen Kinnhaken ab, oder du wirfst ein Glas um. Zaubere schöne, geschmeidige, abgerundete Bewegungen, und lege immer mal wieder Pausen ein, so dass die anschließende Geste umso effektvoller wirkt.

Das Händetheater ist Hammer, glaub mir. Falls du mit ihm an einem Tisch sitzt, kannst du auch sanft dein Glas liebkosen oder scheinbar gedankenverloren mit dem Besteck spielen. Das gibt ihm Gelegenheit, sich in deine Körpersprache zu verlieben. Und er denkt daran, wie aufregend es wäre, wenn du nicht dein Glas umfasst, sondern seine edelsten Teile – tja, so ist das nun mal. Verwandele dich in eine Handmagierin, und der Flirt wird wie von selbst in die nächste Phase gleiten.

Schweige im richtigen Moment

Manche Volksweisheiten sind einfach unschlagbar. Dazu gehört der Spruch: Reden ist Silber, Schweigen ist Gold. Für uns Frauen ist das eine Folter der Extraklasse. Wir haben kein Problem, drei Stunden mit der besten Freundin zu telefonieren. Wir lieben es, selbst einer Zufallsbekanntschaft jedes kleinste Detail des letzten Urlaubs auseinanderzuklamüsern. Reden ist unser Element. Wir sind eben das wortgewaltigere Geschlecht, während Männer die großen Schweiger sind.

Und das ist nicht etwa ein subjektiver Eindruck. Die amerikanische Neurologin Louann Brizendine hat das wissenschaftlich untersucht und kam zu dem Ergebnis: Frauen liefern 20 000 Wörter pro Tag ab, Männer nur 7000. Das heißt nichts anderes, als dass Frauen ziemlich genau dreimal so viel reden wie Männer. Starker Befund, oder? Männer wissen das – und fürchten die weiblichen Verbalattacken wie der Teufel das Weihwasser. Ob beim Date oder in einer längeren Beziehung, nichts hassen sie so sehr wie totgequatscht zu werden.

**Frauen neigen zu endlosen Monologen,
Männer wollen nicht reden,
und noch weniger wollen sie zuhören.**

Frauenfeindliche Klischees? Weit gefehlt. Eine Untersuchung, die Arcor in Auftrag gegeben hat, fand heraus: 75 Prozent der Frauen telefonieren zwei- bis viermal täglich privat, aber nur 61 Prozent der Männer. Bei den Redezeiten fällt der Unterschied noch krasser aus: Nach fünf Minuten Telefonieren ist bei 81 Prozent der Männer Schicht im Schacht, aber 64 Prozent der weiblichen Telefonate dauern länger als eine halbe Stunde. Und noch etwas: Sogenannte Wenigtelefonierer sind immerhin 28 Prozent der Männer, doch nur 14 Prozent der Frauen.

Letztlich können wir Frauen gar nichts dafür. Neurologen haben herausgefunden, dass das weibliche Sprachzentrum an einer anderen Stelle des Gehirns sitzt als das Sprachzentrum der Männer und dass es wesentlich größer ist. Der obligatorische Blick in die Steinzeit kann die Begründung liefern: Der Mann mit der Keule lauerte stumm dem Bären auf, während daheim in der Höhle fröhliches Geschnatter der Damen angesagt war – sonst wäre es ja auch sterbenslangweilig gewesen. Kam unser Steinzeitheld dann zurück, wollte er futtern, keine langwierigen Debatten. Und schon gar nicht, wenn er nach der gegrillten Bärenlende Lust auf Sex hatte.

Das Mitteilungsbedürfnis der Frauen ist biologisch und evolutionär begründet, beim Flirt aber komplett unangebracht.

Du denkst, das sei bei dir anders? Weil du intelligent und witzig bist und weil du etwas zu sagen hast? Träum weiter. Nur wenn Männer an einer Frau wirklich interessiert sind, tauen sie auf, und siehe da: Plötzlich fangen sie an zu erzählen. Aber was macht frau? Dazwischengrätschen, frei nach dem Motto: »Ach, du spielst Tennis? Da habe ich neulich was ganz Abgefahrenes erlebt, hör zu, blablabla.« Schon ist sie wieder obenauf, er ist zum Zuhörer verdonnert – und sehr wahrscheinlich ist dies der Anfang vom Ende.

Man hört förmlich das gequälte Aufstöhnen der Männer, wenn eine Frau loslegt und nicht wieder aufhören kann. Wenn du ihn schon beim Erstkontakt mit einem Worterguss nervst, ergreift der Mann die Flucht. Er weiß nämlich, wie das später weitergehen würde: Er will Sex, du willst ein Beziehungsgespräch. Er will im Fernsehen Fußball gucken, du laberst ihn mit Kommentaren über die Frisur des Torwarts zu. Er will sich in Ruhe ein Steak reinziehen, du hältst ihm Vorträge über die schädlichen Nebenwirkungen des Fleischkonsums. Ist es ein Wunder, dass er abhaut, bevor es so weit kommt?

{**Schritt 4:** Lerne zu schweigen!}

Es ist hart, es ist anstrengend, doch du kommst nicht drum herum: Es ist wahnsinnig wichtig, dass du lernst, auch mal die Klappe zu halten. Nicht nur und nicht für immer, doch ganz unbedingt am Anfang, beim Flirt. Aber nicht einfach teilnahmslos rumstehen, sondern aktiv schweigen: Kommentiere die wenigen Worte, die ein Mann sich rausquält, mit den Augen, mit deiner Mimik und deiner Gestik. Verkneif dir, ihn zu unterbrechen und das Gespräch an dich zu reißen. Belass es bei kurzen, interessierten Einschüben wie: »Ach wirklich? Ist ja spannend. Hätte ich ja nicht gedacht.«

Jaja, das könnte man jetzt als Selbstverleugnung in die Tonne treten. Ich würde es eher soziale Intelligenz nennen. Die Sache macht Sinn, weil du den Mann sonst vertreibst. So schräg es klingt: Schweigen signalisiert Übereinstimmung. »Wer schweigt, stimmt zu«, lautet ein alter philosophischer Satz. Und noch etwas wusste ein Denker früherer Tage: »Wenn du geschwiegen hättest, wärst du ein Philosoph geblieben.« Was bedeutet, dass vorschnelle Kommentare und eiliges Geplapper leicht den Eindruck erwecken, eine Frau hätte nichts in der Birne. Wieso das?

Eine Flirtsituation ist mit großer Sicherheit keine deiner intellektuellen Sternstunden. Du bist aufgeregt, deine Hormone tanzen Tango, und da ist der Verstand nicht gerade in Hochform. Es könnte also gut sein, dass du sinnfreie Sachen erzählst, die du später bitter bereust. Aber selbst wenn dir nobelpreisverdächtige Bemerkungen einfallen, wird ihm das wenig gefallen: Dann denkt er, dass du ihm überlegen bist. Dass du zu allem deinen Senf dazugibst. Und dass du immer das letzte Wort haben musst. Achtung, Flirtfalle!

Das Gespräch während eines Flirts darf nie in eine Konkurrenzsituation ausarten!

Mit anderen Worten: Wenn du jede seiner Anekdoten mit einer besseren Geschichte toppst, wenn du jeden Witz mit einem noch lustigeren beantwortest, dann ist er in seinem männlichen Dominanzstreben tief getroffen. Man könnte auch sagen: Du hast ihn verbal kastriert. Da du aber, so vermute ich, in der Tat witzig, klug und amüsant bist, ist die Wahrscheinlichkeit hoch, dass er die Segel streicht. Er denkt: O nee, da komme ich nicht mit. Das ist eine Frau, die mir keine Luft zum Atmen lässt. Die klebt mir am Ende noch ein Pflaster auf den Mund und macht auf Kindergärtnerin!

So schwer es auch fällt: Schweigen im richtigen Moment ist goldrichtig. Der Vorteil daran ist, dass du bei der Gelegenheit viel besser zuhörst. Falls du schon nach einer Antwort suchst, während er noch redet, bist du mit deinen Gedanken schon nicht mehr bei ihm. Also nutze dein Schweigen und spitze die Ohren: Was erzählt er dir? Wie tut er es? Welche Signale gibt er dir mit den Augen, mit den Händen, mit seiner Körperhaltung?

Sei eine kluge Zuhörerin, dann wirst du eine brillante Beobachterin.

Du wirst mehr erfahren, als du erwartet hast. Und wenn er sich erst einmal eine Weile in deiner gespannten Aufmerksamkeit gesonnt hat, wird er sehr wahrscheinlich eine Frage an dich richten. Das ist der Augenblick, in dem du logischerweise das Schweigen brechen darfst. Lass deine Antworten kurz und bündig ausfallen, er erwartet nämlich keine Vorträge. Eher freut er sich, wenn er irgendwo einhaken und sein Beeindruckungsprogramm fortsetzen kann.

Mit dieser Strategie machst du aus dem wortkargen Schweiger einen Mann, der sich dir öffnet. Das ist ungewohnt für ihn, und es wird ihm gefallen. Er hat freie Bahn für seine Performance und fühlt sich blendend. Was willst du schon mit einem Mann anfangen, der innerlich zerbröselt, weil du ihn lahmlegst? Schweigen verurteilt nicht zur Passivität. Es ist eine höchst aktive Strategie, die dich zur erfolgreichen Flirterin macht.

Bewundere ihn

Öh, Moment mal – einen Mann bewundern? Haben wir das nicht längst hinter uns? Wollten wir nicht selbst ein bisschen bewundert werden? Weil wir das schließlich volle Möhre verdient haben? Bloß keine Aufregung, alles halb so wild. Erstens gehe ich davon aus, dass du anspruchsvoll genug bist, dass du nicht irgendwelche abgeknatterten Typen attraktiv findest. Ein bisschen Brain, eine gute Portion Charme und ein ansehnliches Äußeres wird er also vorzuweisen haben, der Mann, den du zum Flirtobjekt auserkoren hast. Daher ist es garantiert nicht falsch, ihm erst mal deine Wertschätzung zu zeigen.

Nur eine Diva fordert, dass man ihr zu Füßen liegt. Aber sieh dir die Diven an: Man vergöttert sie nur von ferne, sie bleiben unnahbar. Und meist einsam, sehr einsam, da sie sich vor allem ihrer eigenen Außergewöhnlichkeit bewusst sind und kein Auge für das Außergewöhnliche anderer haben. Deshalb ist es besser, fürs Erste tiefzustapeln. Es geht ja darum, dass er sich sicher fühlt bei dir.

Selbst ein moderner Mann, der mit der Gleichberechtigung kein Problem hat, möchte bei Frauen gern den dicken Max machen. Er pumpt sich auf und spreizt sein Gefieder wie ein Pfau, der ein Rad schlägt. Und sei gewiss: Die Pfauen machen das auch nicht, weil sie Bock darauf haben, sondern weil sie die Weibchen beeindrucken wollen.

Bewunderung ist die Währung, mit der du einem Mann dein Interesse und deine Wertschätzung zeigst.

Daran ist nichts Entwürdigendes. Nennen wir es besser Aufbauarbeit. Denn während ein Mann zu flirten beginnt, fragt er sich dauernd, wie er wohl ankommt. Nein, er ist nicht so selbstgewiss, wie er tut. Sein Ego mag aufgebläht wirken wie ein Heißluftballon. Doch irgendwo in dem Ballon sitzt auf DIN A4 gefaltet der kleine Junge, der jede kleine Reaktion von dir registriert. Mag sie mich? Lande ich bei ihr? Hält sie mich für einen spaßbefreiten Blödmann, oder schaffe ich es, sie von mir zu überzeugen?

Schwestern, wir haben uns viel zu sehr daran gewöhnt, Männer als dominant, aggressiv und stark zu sehen. Wie einen Feind. Dabei sind Männer oft verunsichert von all den starken, dominanten, manchmal sogar aggressiven Frauen. Sie sehnen sich nach einer konkurrenzfreien Zone, in der sie punkten dürfen. Jede Bestätigung nehmen sie dankbar an, jedes Zeichen von Zustimmung saugen sie auf wie ein Verdurstender einen Schluck Wasser. Die Kerle leben nicht auf einem anderen Planeten, sie wissen genau, dass Frauen heute ganz schön tough sind.

Es ist ein Fehler, den Männern Stärke und Unbesiegbarkeit anzudichten. Im Inneren sind sie oft arme Würstchen mit schlechten Erfahrungen.

Okay, zerfließ nicht gleich in Mitleid, so dramatisch ist es nun auch wieder nicht. Aber der Feminismus hat dem männlichen Selbstbewusstsein manche Wunde geschlagen, und die Narben sind nicht sonderlich gut verheilt. Bestimmt hatte er schon Kontakt zu

Frauen, die ihn lässig in die Tasche gesteckt haben: im Job, in der Beziehung, in der Familie. Es gibt jede Menge Frauen, die erfolgreicher sind als er, die mehr verdienen und einen höheren Lebensstandard haben. Und die einen Mann weder als Ernährer noch als Beschützer brauchen. So etwas hinterlässt Eindruck. Abgesehen von ein paar hirnlosen Obermachos gilt das für die meisten Männer.

Dabei will jeder Mann ein Held sein, am besten Superman reloaded. Noch der unauffälligste Büroangestellte träumt heimlich davon, wie er die Welt vom Bösen erlöst. In seinen Phantasien fliegt er muskelbepackt und mit übernatürlichen Kräften ausgestattet durch die Städte und nietet alles um, was sich ihm entgegenstellt. Omnipotenzphantasien nennt man das. Darüber können Frauen nur lächeln. Aber sie sollten es wissen, wenn sie einen Mann vor sich haben. Denn nichts ist für einen Mann erregender als die Illusion, wenigstens an der Flirtfront ein toller Kerl zu sein.

{ **Schritt 5:** Zeige ihm deine Bewunderung! }

Beim ersten Flirt – und auch danach – kommt es darauf an, dass er sich als dein ganz persönlicher Held fühlt. Lass ihn aufblühen und zu großer Form auflaufen, indem du ihm Bestätigung gönnst. Interessiere dich für seinen Beruf, auch wenn er Parkwächter sein sollte. Signalisiere ihm mit den Augen, dass du ihn unwiderstehlich findest. Stell ihn nicht in Frage. Und mach dich um Himmels willen nicht lustig über ihn. Durch Bewunderung gibst du ihm, was sich jeder Mensch wünscht: in seiner Einzigartigkeit erkannt zu werden. Und mehr noch: Vermittle ihm, dass du ihm alles zutraust. Er wird begeistert sein – von sich, vor allem aber von dir.

Stell dir mal vor, ein Mann ist stolz darauf, dass er alle Fußballergebnisse der laufenden Saison vorwärts, rückwärts und im Schlaf herbeten kann. Warum ist er stolz darauf? Weil er vermutlich immer davon geträumt hat, bei der WM das entscheidende Tor zu schießen und von der Menge bejubelt zu werden. Er, der genialste

Fußballgott aller Zeiten und aller Paralleluniversen. Sagst du dann: Huch, unnötiges Wissen? Fußball ist langweilig? Nationalspieler werden viel zu hoch bezahlt? Und dass es nichts Abstoßenderes gibt als Männer, die mit einem Bier in der Hand in der Fankurve rumbrüllen? Sagst du das?

Er hat dich nicht um eine Kritik gebeten, er wollte, dass du andächtig seine Fähigkeiten anhimmelst: »Nee, echt jetzt? Du kannst das alles auswendig? Ist ja unglaublich. Bist du ein Gedächtniskünstler oder so was? Spielst du etwa selber Fußball?« Er wird schmelzen wie Make-up in der Mittagssonne. Endlich eine, die mich versteht, denkt er. Endlich werde ich akzeptiert. Tolle Frau. Spiegelung nennt man das. Du spiegelst ihm das, was er sein möchte. In deinen Augen erkennt er sich so, wie er sich in seinen kühnsten Träumen sieht. Jetzt will er mehr davon. Es darf nie wieder aufhören.

Sobald du einem Mann das Gefühl gibst, ihn zu bewundern, hast du ihn am Haken.

Der ideale Flirt ist nun mal ein Wohlfühlprogramm. Keine Sorge, auch er wird bald dazu übergehen, dir gute Gefühle zu schicken. Wenn man sich angenommen und akzeptiert fühlt, wird man großzügig. Das entspringt dem Bedürfnis, dass man sich revanchieren will – auch so ein Spiegelphänomen. Sobald er in deiner Bewunderung planscht wie in einem Wellnesspool, gibt er dir automatisch irgendwann etwas von seiner Wonne ab. Er findet dich grandios und sagt dir das auch. Erst mal ganz pauschal, dann beginnt er dich in deinen Facetten wahrzunehmen.

Von jetzt an seid ihr synchronisiert, was du leicht an der Ähnlichkeit eurer Körpersprache ablesen kannst. Je mehr Support du ihm gibst, desto mehr bekommst du zurück. Tja, wie im richtigen Leben ist auch der Flirt ein Geben und Nehmen. Deshalb erwarte bloß nicht, dass er dir aus dem Stand die ausgefallensten Komplimente macht. So was tun nur Aufreißer. Ein einigermaßen sozial geländegängiger Mann muss dazu erst ermutigt werden, und genau das tust du, wenn du ihn bewunderst – aber nicht zu sehr.

Auch Bewunderung muss in Maßen gewährt werden, sonst wirkst du aufgesetzt oder, noch schlimmer, naiv.

Kleinmädchengetue wie verzücktes Augenaufreißen, spitze Schreie oder grenzenlose Überraschung angesichts von Banalitäten würden ihn misstrauisch machen. Dann schnallt er die Masche und ist verstimmt. Oder er hält dich für ein naives Dummchen. Du musst nicht staunen, dass er Autofahren kann und seine Steuererklärung pünktlich abgibt. Aktiviere eine weibliche Fähigkeit, die ihm fehlt: Einfühlungsvermögen. Finde heraus, was seine Leidenschaft ist. Dort setzt du an. Befeuere ihn. Frage eventuell kurz nach, wenn du merkst, dass du das Epizentrum seiner Interessen gefunden hast: ob Fitness, Bierdeckelsammeln oder mittelalterliche Foltermethoden, egal. Naja, Letzteres ist vielleicht kein ganz so gutes Zeichen.

Der Sinn der Übung: Wenn du ihn eine Weile bewundert hast, ist die Hierarchie zwischen euch klar. Er hat keine Angst, angegriffen oder überwältigt zu werden. Vielmehr nimmt er an, dass er in gewisser Weise über dir steht – als Batman, Superman und Mr. Universe in Personalunion. Dass du ihm in nichts nachstehst, verrätst du ihm nicht. Männer brauchen diese Hackordnung. Alles andere irritiert sie. Sie müssen wissen, wo sie stehen, und dieser Platz sollte immer mindestens ein Treppchen über deinem Platz sein. Jedenfalls gefühlt. Und du? Genießt den Erfolg. Die Bestätigung, dass du der absolute Traum bist, bekommst du später.

Sei geheimnisvoll

Wer hat Amerika entdeckt? Eine Frau? Nein, bekanntlich war es Christoph Kolumbus. Männer sind Explorer. Deutlich häufiger als Frauen klettern sie auf hohe Berge, erkunden menschenleere Naturschutzgebiete und erforschen notfalls auf allen vieren irgendwelche verborgenen Höhlensysteme in Hinterindien. Sie wollen etwas entdecken, wobei Entdecken und Erobern für sie das Gleiche ist. Kolumbus hat ja auch nicht den Eingeborenen einfach freundlich guten Tag gesagt und ist wieder abgerauscht. Leider hat er bei der Gelegenheit ziemlich gewütet.

Obwohl es auf unserem Globus keine weißen Flecken auf der Landkarte mehr gibt: Frauen sind für Männer immer noch – und immer wieder – ein unbekanntes Gebiet. Genau das möchten sie entdecken und erobern. Was sie bereits kennen, ist uninteressant. Sie lockt das Unbekannte, das Geheimnis. Das wollen sie knacken, und darin investieren sie gern ihre ganze Energie. Sobald eine Frau ihr Interesse weckt, werden sie deshalb nicht nur zu Jägern, sie werden auch zu Forschern. Aber bitte mit verschärften Hindernissen, was sonst?

Was Männer an Frauen reizt, ist das Rätsel, das sie lösen müssen.

Diese Tatsache entspricht dem typisch männlichen Hang zum Ehrgeiz. Den leben sie im Job aus, im Fitnessstudio und beim stundenlangen Computerspielen. Aber auch in der Liebe sind Männer ehrgeizig. Sie mögen die Herausforderung, ja, sie wollen auf eine spannende Entdeckungsreise gehen wie Indiana Jones. Nur, dass sie am Ende keinen Kristallschädel mit nach Hause nehmen, sondern eine faszinierende Frau. So jedenfalls das grobe Muster. Und was tun Frauen? Sobald ein Mann sie in ein längeres Gespräch verwickelt, hagelt es Details. Oft sogar solche, die der Mann gar nicht wissen wollte: die letzte Krampfaderverödung, der Liebeskummer nach der gescheiterten Beziehung, Adresse, Geburtsdatum, Leibgericht.

Gähn. Geht's noch langweiliger? Falls du Kreuzworträtsel magst, willst du doch auch nicht, dass dir jemand dauernd die richtigen Wörter vorsagt. Du willst dich anstrengen, weil das den Spaßfaktor erhöht. Sonst kannst du es gleich bleiben lassen. Beim Flirt ist es ähnlich: Ein Mann will selbst rausfinden, wer du bist, wie du tickst und worauf du stehst. Da Frauen deutlich neugieriger sind als Männer, schließen sie fälschlicherweise daraus, sie müssten die Neugier des Mannes so schnell wie möglich befriedigen. Damit erreichen sie das Gegenteil dessen, was beim Flirt ihr oberstes Ziel sein sollte: interessant zu sein.

Bleib faszinierend – das gelingt nur, wenn du nicht gleich alles über dich preisgibst.

Männer mögen die Vorstellung, dass Frauen rätselhafte Wesen sind. Zunächst einmal macht das einen Großteil der Faszination aus. Je mehr Distanz du anfangs wahrst, desto größer wird deine Anziehungskraft – und sein Forscherdrang. Mach ihm das Ding nicht zu leicht. Spiel mit ihm ein bisschen Katz und Maus, aber bitte so, dass er sich für den Kater hält, nicht für das kleine Mäuschen. Wie bei jeder Flirttaktik müssen deine Absichten verborgen bleiben, andernfalls hält er dich für rettungslos zickig. Oder er begreift mit Grausen, wie raffiniert du bist, und ist schneller verschwunden als die Maus im Mauseloch.

Wenn du dich daran hältst, anfangs am besten zu schweigen, aktiv zuzuhören und XXL-Portionen Bestätigung auszuteilen, hast du es schon mal leichter. Mit dieser Taktik kommst du erst gar nicht in die Gefahrenzone großer Redseligkeit. Wieder ein Vorteil. Wenn er was wissen will, muss er deshalb fragen. Glaub mir, damit lässt er sich Zeit, weil er ja sich selbst erst mal in Szene setzen muss. Wenn er dann aber doch mit Fragen anfängt, musst du gewappnet sein. Das ist nicht das Stichwort für letzte Offenbarungen. Es ist der Auftakt für ein Eroberungsgefecht, das du nach deinen Regeln gestaltest.

{ **Schritt 6:** Führe ihn in das Labyrinth deiner Geheimnisse! }

Sobald der Flirt die Phase erreicht hat, in der ein Mann mehr über dich wissen will, wende die Salamitaktik an: Gib ihm nur scheibchenweise die Informationen, auf die er Appetit hat. Sonst fällt dein Zauber in sich zusammen, und du bist entzaubert. Vermittle ihm das Gefühl, dass er sich wie in einem Playstation-Spiel von Level zu Level vorarbeiten muss. Das spornt ihn an. Wirf ihm Krümel hin, aber nicht den Kuchen, und schon gar nicht die ganze Bäckerei. Er soll ruhig ein bisschen ackern. Dann wird er im Bewusstsein nach Hause gehen, dass er noch viel mehr von dir erfahren will.

Früher nannte man das übrigens Koketterie. Heute würde man von teasen sprechen: trickreich anfüttern und dann wieder zurückziehen. Teste es ruhig mal mit Zufallsbekanntschaften, dann merkst du, wie wirkungsvoll das ist. Erweist du dich als zu offenherzig, glaubt er, dass du dich ranschmeißt. Kein schöner Gedanke. Stattdessen kannst du etwas anderes tun: zum Beispiel Fragen mit Gegenfragen beantworten. Angenommen, er will wissen, ob du liiert bist: Frage ihn, ob er es ist. Nebenbei gesagt, eine existenzielle Frage. Erkundigt er sich danach, in welchem Stadtteil du wohnst, antwortest du: »Hm, was denkst du, wo ich wohne?«

Und immer lächeln. Das Ganze darf nicht klemmig rüberkommen, nur flirtig. Auf einer Ebene, die ihm natürlich nicht bewusst ist, stachelt das seinen Jagdinstinkt an. Unser Hobby-Indiana-Jones wird es dir mit erhöhter Aufmerksamkeit danken. Und noch immer gilt: Nicht zu lange, zu laut, zu viel reden. Wirf ihm die Bälle zurück, wie ein Artist. Das wird dir genauso viel Spaß machen wie ihm, und du erfährst mehr über ihn. Die Frage beispielsweise, wo du gern Urlaub machst, kannst du vage mit »am liebsten im Süden« beantworten und kontern: »Wo warst du denn zuletzt im Urlaub?«

Wenn du es schlau anstellst, kannst du ihn beiläufig abchecken, während er meint, dass er dich ausfragt.

Wohlgemerkt: Wir sind ja noch in der Flirtphase. Je mehr Infos du jetzt sammelst, desto besser. Schließlich ist Mr. Unbekannt vielleicht gar nicht die Option für was Festes. Wenn du auf Sterneküche stehst und er dir sein Faible für Fastfood eröffnet, kannst du zumindest abwägen, ob dir ein Dinner in der Bratklopsbude gefallen würde. Also horch ihn aus. Allmählich bekommt sein Bild schärfere Konturen. Du kannst dann in aller Ruhe überlegen, ob du mehr willst. Oder ob du mit deinen Geheimnissen entschwindest.

Die größte Vorsicht sollte übrigens deiner Familie gelten. Zum einen, weil du sie schützen musst und keinem Wildfremden Einzelheiten zugänglich machen solltest. Zum anderen, noch wichtiger, weil die Erwähnung von Mutter, Schwester und Onkel ungute Vorstellungen im Mann weckt. Er will dich. Nur dich. Und nicht bei Tante Frieda endlose Kaffeekränzchen durchstehen. Eine Frau, die zu früh zu viel von ihrer Familie erzählt, verrät, dass sie einen Mann fürs Leben sucht, der auch gleich die ganze Familie mitheiratet. Sorry, too much!

Berühre ihn gezielt

Oha, jetzt kommt der Bodytouch. Das sind die höheren Weihen des Flirts, weil du dabei auf einem ganz schmalen Grat herumspazierst. Auf der einen Seite winkt ein kontrollierter Funkenregen, auf der anderen tut sich ein Abgrund peinlicher Anmache auf. Eine Frau kann leicht mit Anlauf ins Fettnäpfchen springen, wenn sie zu offensiv rüberkommt. Dann wird sie zur Eroberin, und sehr wahrscheinlich rechnet der Mann jetzt mit einem eiskalt geplanten One-Night-Stand. Wäre doch grauenvoll, oder?

Lass es langsam und behutsam angehen. Deine körperlichen Signale haben sich bislang auf Blicke, Gesten und synchrone Körpersprache beschränkt. Bevor du den nächsten Schritt machst, musst du kurz in dich gehen. Stimmt alles mit dem Mann? Stört dich irgendetwas? Schüchtert er dich ein? Ist er ein Blender? Oder hat auch er inzwischen das Wohlfühlprogramm gestartet, das dich innerlich »Mehr, bitte!« schreien lässt? Auch wenn ich mir gerade den Ruf einhandele, eine miesepetrige Gouvernante zu sein, muss ich dennoch fragen: Bist du dir sicher?

**Überstürze nichts. Ein Flirt ist und bleibt ein Spiel.
Er verpflichtet dich zu nichts,
und du kannst ihn jederzeit canceln.**

Selbst wenn der Typ dich zu einem Drink eingeladen hat, stehst du nicht in seiner Schuld. Männer machen so was zwar mit Hintergedanken, doch das ist nicht dein Problem. Ohne Einsatz kein Gewinn, aber manches Los ist eine Niete: Das weiß der Mann sowieso, und du solltest es auch verinnerlichen. Mach keine Zugeständnisse, wenn dir nicht danach ist. Denn was jetzt folgt, kann Folgen haben – erwünschte, wenn dein Herz pulsiert, unerwünschte, wenn du aus lauter Fragezeichen bestehst.

Schon manche Frau hat sich bittere Enttäuschungen eingehandelt, weil sie nicht auf ihre Intuition hörte. Im Grunde deines Herzens bist du nämlich eine Spezialistin für Gefühle. Falls du unentschlossen bist oder das Interesse des Mannes schwer einschätzen kannst, mach einen einfachen Test: Hält er Blickkontakt? Oder schweifen seine Augen unstet durch den Raum, auf der Suche nach anderen Flirts? Gefällt es dir, dich voll auf ihn zu konzentrieren? Oder denkst du daran, dass es theoretisch noch weitere Flirtkandidaten geben könnte?

Die ersten Berührungen beim Flirt sind knisternde Erotik. Überlege gut, ob du dazu bereit bist.

Du bist mehr als bereit? Wunderbar. Der beste Indikator dafür, dass du ein wenig Gas geben darfst: Er hat bisher keine plumpen Annäherungsversuche gestartet, sondern verhält sich wie ein Gentleman – und nur mit einem solchen solltest du dich abgeben. Auch wenn er ein Jäger auf Beutezug ist, darf er dich nicht körperlich bedrängen. Er sollte warten, dass du den ersten Schritt tust. Und zwar sehr, sehr subtil. Es sind nur Kleinstgesten erlaubt, die wie absichtslos wirken. Für Zärtlichkeiten ist es viel zu früh. Tu wie Tulpe und lass es nach Zufall aussehen, wenn du ihn berührst.

Dafür musst du wissen: Wenn ein Mann und eine Frau Gefallen aneinander finden, sind ihre Sensorien in Alarmstimmung. Schon eine Handbewegung in seine Richtung kann ihm einen lustvollen Schauer über den Rücken treiben. Aber wie! Alle Nerven sind aufs Äußerste gespannt, eure Körper registrieren jede Bewegung wie unter dem Vergrößerungsglas. Und sie flippen aus, wenn es dann zum ersten echten Kontakt kommt. Haut an Hirn: Wow, wow, wow!

{ **Schritt 7:** Nutze beiläufige Berührungen! }

Es ist eine hohe Kunst, den Knisterfaktor durch eine taktile Offensive zu steigern. Mach dir klar, dass du damit einen Großangriff auf seinen Hormonhaushalt startest. Deshalb lass es nicht wie ein Vorspiel wirken, auch wenn es eins ist. Du kannst zum Beispiel dein Glas irgendwo abstellen und dabei ganz leicht mit der Schulter seinen Oberkörper streifen. Du kannst ihm irgendwas in die Hand drücken, ein Glas, dein Handy – nein, nicht deine Telefonnummer! – und dafür sorgen, dass sich eure Finger berühren. Oder du wirst noch mutiger und klopfst ihm ein – nicht vorhandenes – Stäubchen von der Schulter.

Eine unfassbare Magie liegt in diesen ersten Berührungen. Oder eben nicht. Wenn du nichts spürst, ist der Mann sehr wahrscheinlich nix für dich. Ohne körperliche Erregung fehlt es vermutlich auch ansonsten an ersten Anzeichen für himmelhoch jauchzende Emotionen. Dann lass alles im Belanglosen verplätschern und mach dich so bald wie möglich vom Acker. Durchläuft dich jedoch ein Prickeln, als hättest du aus Versehen in eine Steckdose gefasst – hui, dann stehen die Chancen gut, dass ihr ein gemischtes Doppel werden könntet. Für exaktere Prognosen ist es noch zu früh, aber immerhin, so ein Funken kann zum Flächenbrand werden.

Achte auch darauf, wie er reagiert. Ist er so elektrisiert wie du? Oder lässt ihn das kalt? Auf keinen Fall sollte er deine Berührung als Freibrief verstehen, dich zu begrabschen. Geht gar nicht. Noch hast du ja keine offensichtliche Einladung dazu ausgesprochen. Alles, was er sich jetzt erlauben darf, ist ebenfalls eine wie zufällige Berührung, in gebührendem zeitlichen Abstand. Das Ganze kann eine lustvolle Art der Kommunikation sein. Ohne dass ihr darüber redet, läuft im Idealfall folgender stumme Dialog ab. Du: »Huch, ich habe dich gespürt, gefällt dir das?« – »Ähem, war das jetzt Zufall oder Absicht? Geht mir durch und durch!« – »Hmmm, mir auch.« – »Ich will noch mal!«

Der Bodytalk ist auf der ersten Stufe ein Spiel von Frage und Antwort.

Beide vergewissern sich dabei, ob Anziehungskraft in der Luft liegt, Gleichgültigkeit oder sogar Abwehr. Das Gute an der beiläufigen Berührung ist, dass die Dinge im Ungefähren bleiben. Deine Selbstachtung hat keinen Anlass, dir Vorwürfe zu machen. Was ist schon passiert? Von außen betrachtet, nichts. Es waren unschuldige Versuchsballons, Feldforschung sozusagen. Das ist nicht nur gestattet, sondern dringend notwendig. Step by Step testest du aus, was sich da anbahnt. Ein harmloses Gespräch? Ein unverbindlicher Flirt? Oder ein Versprechen auf mehr?

Spätestens jetzt sollte er dir Komplimente machen. Er hat Feuer gefangen und hofft, dass es dir genauso geht. Deshalb wirft er ein paar Scheite in die Glut und sieht zu, ob da was lodert. Und? Was löst es in dir aus? Freut dich das? Treibt es dir eine Gänsehaut übers Sonnengeflecht? Dann solltest du ihn das spüren lassen. Dezent. Komplimente sind Blumensträuße, die er dir überreicht. Zerfleddere sie nicht.

Jammere nie über dein Alter oder deine Figur

Gratulation! Dein Attraktivitätsfaktor hat sich mittlerweile vervielfacht. Du hast die richtige Einstellung, und du weißt, wie du dich stylst. Jetzt verkörperst du alles, was sich die extrem visuell orientierten Männer wünschen. Und dein Flirt ist ein absoluter Kracher. Er überschüttet dich mit Komplimenten. Doch an diesem Punkt kommt es oft zum Desaster. Wieso? Weil tief in dir noch ein hartnäckiger Rest deiner Zweifel lauert. Dieser Rest kann zum Killer werden. Denn nun ist die Frage, wie du mit den ungewohnten Komplimenten umgehst, die so sicher kommen wie der Donner nach dem Blitz.

Er sagt dir, wie atemberaubend er dich findet. Was antwortest du? Ich zähle mal ein paar Klassiker auf. »Du siehst hinreißend aus.« Antwort: »Echt jetzt? Eigentlich habe ich momentan fünf Kilo zu viel auf den Rippen.«

»Das Kleid ist wunderschön«. Antwort: »Och, das ist nur aus dem Ausverkauf.«

»Deine Frisur gefällt mir.« Antwort: »Komisch, ich hasse meine Haare.«

»Du siehst erholt aus.« Antwort: »Kann nicht sein. Bin total überarbeitet.«

»Hey, du bist so knackig.« Antwort: »In meinem Alter muss ich wohl froh sein, so was zu hören.«

Frauen neigen zum Jammern. Dabei tun sie es nur, weil sie hoffen, dass man ihnen widerspricht.

Eine selten behämmerte Taktik. Viele Frauen haben große Probleme damit, ein Kompliment anzunehmen. Denn die richtige Antwort wäre in allen Fällen gewesen: »Oh, danke!« Plus Lächeln, plus flirtiger Augenaufschlag. Das wäre angemessen. Stattdessen nervst du ihn mit deinen völlig überflüssigen Zweifeln. Überlege mal, welche verheerenden Botschaften du ihm mit solchen Antworten reinwürgst. Zusammengefasst: »Du denkst, du hast das große Los gezogen? Du Vollpfosten. Ich bin fett, meine Klamotten sind vom Wühltisch, ich habe unmögliche Haare, ich bin gestresst, ich fühle mich alt.«

Frauen lernen unbewusst, allzu bescheiden auf Komplimente zu reagieren. Die elende Tiefstapelei ist eine Strategie, keinen Neid zu erzeugen. Du fürchtest, dass du Sympathien verlierst, wenn du zu schön, zu strahlend, zu selbstbewusst rüberkommst. In Frauenfreundschaften hat sich diese Rücksichtnahme bewährt. Wenn du ein neues Kleid trägst und sagst, es sei ganz billig, ganz alt oder sonst was, baust du deiner Freundin eine Brücke, über die sie gehen kann. Du signalisierst: »Ich will dich nicht ausstechen. Ich will nicht besser sein als du.« Das ist total nett. Doch bei Männern völlig unangebracht.

Jeder Mann will überzeugt sein, dass er die tollste und attraktivste Frau des Universums abbekommen hat. Das schmeichelt seinem Ego.

Ist doch verständlich, oder? Haust du ihm seine Komplimente um die Ohren, dann gibst du ihm das Gefühl, eine Niete erwischt zu haben. Und drückst ihm außerdem rein, dass er von Frauen null Ahnung hat. Ein Kenner wäre schließlich nicht auf dich reingefallen. Hallo? Bist du ein Selbstzerstörungsmechanismus? Wieso zertrümmerst du alles, was du gerade aufgebaut hast? Warum verjagst du den Mann, der im Begriff ist, dir komplett zu erliegen?

Mr. Steinzeit sieht in jeder Frau, mit der er sich trifft, eine potenzielle Trophäe. Er will stolz sein, dass sie sich für ihn interessiert. Er will sie vorzeigen. Die Normalität sieht so aus, dass er egogetrieben ist und mit dir angeben will. Gibst du ihm aber zu verstehen, dass du gar nicht so toll bist, fängt er an zu grübeln. Plötzlich sieht er dich in einem ungünstigen Licht. Machst du deine Figur runter, findet auch er dich zu dick. Nörgelst du an deinen Haaren rum, an deinen Klamotten, an deinem Alter, bist du für ihn dritte Wahl. Auch Selbstironie kommt schlecht an. Spar dir Sprüche wie »Je runzliger die Rosine, desto süßer die Frucht.« Damit beamst du dich ins Altersheim, nicht in eine Beziehung.

{ **Schritt 8:** Hör auf zu jammern und spiegele ihm seine Komplimente! }

Dies ist der Masterplan: Du solltest verinnerlichen, dass du dir nicht nur einredest, schön, sexy und attraktiv zu sein. Du bist es, weil jede Frau es sein kann! Freu dich, dass er deine innere Göttin erkannt hat. Bedanke dich für seine Komplimente mit der Selbstsicherheit einer Frau, die weiß, wie umwerfend sie ist. Bestätige ihn in seinem Glauben, dass er mit dir einen Schatz gehoben hat! Und das heißt letztlich: Bestätige ihm, dass er es wert ist, mit einer absolut begehrenswerten Frau zusammen zu sein!

Die Logik dürfte klar sein. Wenn du dich kleiner, hässlicher, unattraktiver machst, dann verliert er nicht nur das Interesse an dir, er fühlt sich selbst schlecht. Wieso habe ich nichts Besseres erwischt?, wird er sich fragen. Bin ich so jämmerlich, dass ich mich mit dritter Wahl zufriedengeben muss? Das Spiel der Attraktivität ist keine Einbahnstraße. Erinnere dich an die Sache mit dem Speed Dating. Da hatte man ja rausgefunden, dass sich ein Mann umso attraktiver fühlt, je attraktiver er die Frau findet, die ihm gegenübersitzt.

Es ist ein Pingpong-Effekt. Stellst du es schlau an, schaukelt ihr euch gegenseitig hoch. Ihr sonnt euch in der gegenseitigen Wertschätzung eurer Attraktivität. Dafür ist es natürlich nötig, dass auch du dem Mann zeigst, wie unfassbar attraktiv du ihn findest. Geheucheltes Desinteresse ist fehl am Platz. Du brauchst ihm allerdings keine Komplimente zu machen. Geh es raffinierter an.

Vorerst reicht es, dass du seine Bewunderung großmütig zur Kenntnis nimmst. Dann fühlt er sich wie ein King.

Oh, es ist so wunderbar, wenn du merkst, dass er schon jetzt süchtig nach dem Pingpong-Effekt ist. Dann steht dem ersten Date nichts mehr im Wege. Er will es schon allein deshalb, um in seinem gepushten Ego zu baden. Man kann es erfolgreiche Kommunikation nennen, denn auch die Liebe beruht darauf. Und mehr noch bauen gute Beziehungen darauf auf. Mach dir das unbedingt klar, und du wirst nie wieder unbemannt sein.

Du hast gewonnen, wenn der Flirt damit endet, dass ihr Telefonnummern austauscht. Glückwunsch! Das ist ein Anlass, still und heimlich die Champagnerkorken knallen zu lassen! Bloß nicht gleich einen konkreten Termin ausmachen. Halt ihn hin. Die Idee sollte von ihm kommen, nicht von dir. Bleib die schwer erreichbare Beute, damit er unter Strom steht, zwischen Hoffen und Bangen. Nur das rare Gut ist kostbar. Verspiel nicht deinen Wert, indem du ihn unter Druck setzt. Den verträgt er überhaupt nicht, weil er sonst Klammerängste bekommt. Also lässig seine Telefonnummer einstecken, deine Nummer auf einen Zettel kritzeln und mit einem lächelnden »Man sieht sich« den Abgang machen. Jubeln kannst du zu Hause.

CHECKLISTE FLIRT

- Körpersprache ist alles beim Erstkontakt
- Fang ihn mit Blicken ein
- Lass deine Hände sprechen
- Entdecke die Macht des Schweigens
- Gönn ihm eine Extraportion Bewunderung
- Verrate nicht zu viel über dich
- Teste erste Berührungen
- Nimm Komplimente völlig selbstverständlich an

KAPITEL 3
Lust auf mehr. Wie das erste Date zum zweiten führt

Überlass ihm das Gesetz des Handelns

Hat der Flirt dich auf Wolke sieben katapultiert? Na, super. Nun kommt eine Höllenqual auf dich zu: warten. Nein, du rufst ihn nicht an. Bloß nicht. Auch wenn dir dein Handy ein Loch in die Tasche brennt. Entweder hat er Interesse an dir oder nicht, so banal ist das. Kein Mann, der wirklich auf eine Frau steht, lässt sich ein Date entgehen. Gib ihm eine Woche, denn Männer sind nicht die schnellsten. Sie machen sich einen Kopf, wollen cool rüberkommen und keinesfalls wie hechelnde Notfälle wirken. Er muss sich die Sache überlegen, vor allem das Wie. Bar oder Restaurant? Spaziergang oder Party? Daher kann es ein bisschen dauern, bis er sich meldet.

Nach einer Woche sinken die Chancen allerdings gegen null, leider. Red es dir nicht schön. Er hat weder einen schweren Unfall noch zu viel im Job zu tun. Seine Mutter hat sich kein Bein gebrochen, und sein Handy ist vollkommen funktionstüchtig. Lässt er sich mehr als eine Woche Zeit mit seinem Anruf, bist du nur ein Lückenbüßer auf seiner Liste. Dann hat er dich in die Kategorie »Könnte man eventuell mal ausprobieren, wenn gerade nichts anderes läuft« einsortiert. Nicht sehr schmeichelhaft. Wenn er danach trotzdem noch ein Lebenszeichen von sich gibt, auf keinen Fall sofort verfügbar sein. Eine Göttin nimmt man nicht nebenbei mit wie ein Schnäppchen vom Wühltisch.

Sosehr du dir ein Date auch wünschst – die Initiative muss von ihm ausgehen, und zwar ein bisschen dalli.

Also mach dir nichts vor. Im Taumel erster Verzückung biegt man sich die Realität meist so zurecht, wie man sie gern hätte. Vor allem Frauen tun das. Dann verwechseln sie Wunsch mit Wirklichkeit, und Enttäuschungen sind vorprogrammiert. Nur ruhig Blut. Hektisches Nachtelefonieren weckt bei ihm übelste Fluchtinstinkte. Er will das Heft in der Hand behalten bei seiner Jagd. Wie doof ist es denn für den Jäger, wenn ihm das Wild freiwillig vor die Flinte latscht und eine günstige Abschussposition einnimmt?

Du musst übrigens nicht hinnehmen, dass das ersehnte Telefonat nachts um zwölf kommt und dass seine Artikulation von einem Schwips gestört ist. Wer sich Mut antrinken muss, ist ein Rohrkrepierer. Vermutlich ist er umringt von bierseligen Kumpels, oder er hat akuten sexuellen Notstand. Abhaken, vergessen. Wenn auf den Flirt kein Date folgt, nimm es sportlich. Kein Grund, in den Bordstein zu beißen und sich zu betrinken. Sieh es locker: Du hast deine Flirtkompetenzen trainiert und dich mit ein paar Tricks vertraut gemacht. Beim nächsten Mal bist du schon wieder ein paar Grade besser. Flirten ist ein Spiel. Je häufiger du spielst, desto höher sind deine Gewinnchancen.

**Jeder Flirt ist ein Training, also entspann dich.
Versuch macht klug.**

Das ist mehr als eine Binse, denn Routine schadet nicht. Du kannst deine Fähigkeiten sogar zum Spaß an Männern ausprobieren, auf die du gar nicht abfährst: beim Kellner, beim Blumenverkäufer, beim Bäcker. Allmählich läuft es dann geschmiert wie nasse Seife. Werde Flirt-Profi! Das alles bleibt selbstredend unverbindlich, denn du übst ja nur. Aber es macht den Alltag spannender, und es schenkt dir Sicherheit. Heule nicht irgendeinem Kerl hinterher, die Welt ist voll von Männern. Neuerdings weißt du ja, wie du dem Schicksal ein bisschen nachhilfst, die nächste Chance kommt bestimmt.

Ruft er allerdings gleich am nächsten Tag zu einer normalen Uhrzeit an, musst du nicht lange zicken. Gib dich erfreut, aber brich nicht in Begeisterung aus. Den Ball immer schön flachhalten. Er sollte den Kitzel spüren, dass er sich anstrengen muss, dich zu einem Date zu überreden. Er braucht Erfolgserlebnisse, damit sein Ego vibriert. Wenn er dich einlädt, warte ab, was er vorschlägt. Er hat sich bestimmt was ausgedacht – und sich sicher auch was dabei gedacht. So tapsig, wie Männer manchmal tun, sind sie gar nicht.

{ Schritt 1: Lass ihn bestimmen, wo das erste Date stattfindet! }

Frauen sind ebenso Kontrollfreaks wie Organisationstalente. Das ist großartig, um den Alltag zu wuppen, dem Mann geht das jedoch ziemlich auf den Senkel. Überlass es ihm, das erste Date zu gestalten. Schließlich kann man davon ausgehen, dass er dich einlädt, und da sollte er schon seiner Phantasie und seinen finanziellen Möglichkeiten folgen. Signalisiere ihm, dass du ihm zutraust, das Richtige zu tun. Wenn du jetzt schon die Regie übernimmst, vergraulst du ihn, weil das ein kapitaler Misstrauensantrag ist. Er ärgert sich und fühlt sich fremdbestimmt. Kein guter Anfang.

Der Vorteil dieser Methode besteht auch darin, dass du aus seinem Vorschlag auf den Grad seines Interesses und seines Einfallsreichtums schließen kannst. Ohne es zu merken, outet er sich komplett. Er will mit dir spazieren gehen? Dann ist er entweder ein Romantiker oder ein Sparbrötchen. Er findet eine halbe Stunde im Coffeeshop angemessen? Könnte sein, dass er dich als Pausensnack betrachtet oder dass er sich noch nicht sicher ist. Er will mit dir im größten und lautesten Club der Stadt tanzen gehen? Nicht gut, denn dann ist er nicht an Gesprächen interessiert, sondern an schnellem Körperkontakt. Das lehrt jedenfalls die Erfahrung. Gutgehen können solche Dates prinzipiell trotzdem, aber ein gewisses Risiko ist nicht auszuschließen.

Das Beste ist immer noch die gute alte Essenseinladung, und zwar abends. Nach einer Umfrage der Partnerbörse ElitePartner zählt das Essengehen neben dem Kaffeetrinken mit überwältigenden 72 Prozent zu den beliebtesten Aktivitäten beim ersten Date. Ein Klassiker. Nicht die Erfindung des Rads, aber ein zuverlässiger Garant dafür, dass er »ernste Absichten« hat. Erstens reserviert er einen ganzen Abend für dich, nicht nur einen Zwischenstopp auf seiner Piste. Zweitens ist er bereit, mit dir zu reden, was dafür spricht, dass er dich als Person kennenlernen will. Und drittens ist er gewillt, seine heilige Kohle zu investieren. Alles andere wäre ohnehin abwegig – er zahlt beim ersten Date, aus die Maus. Welches Steinzeitweibchen wäre schon losgespurtet, um den Kerl mit einem selbsterlegten Hasen zu beglücken? Nee, da müssen die Männer ran, Emanzipation hin oder her.

Sind Ort und Datum ausgemacht, gibt's daran nichts mehr zu rütteln – weder von dir noch von ihm.

Zuverlässigkeit ist in der Morgenröte des Liebeswerbens Pflicht. Sagt er ab, noch dazu kurzfristig, ist das total daneben. Kreative Ausreden sollten dich nicht beeindrucken. Dass Tante Heidi ihren Brilli im Klo versenkt hat und er den Hobbyklempner geben muss, glauben nur Frauen, die den Osterhasen als wissenschaftlich erwiesene Tatsache betrachten. Es gibt einfach Termine, die man einhält – sofern man Prioritäten setzt. Das gilt auch für dich. Stell sicher, dass du an dem betreffenden Tag keine Überstunden im Job machen musst, nicht im Stau hängenbleibst und keine Doppelbuchungen hast. Jede Irritation ist jetzt heikel. Ihr kennt euch noch nicht richtig, da sind Absagen oder Verspätungen immer ein Zeichen von Respektlosigkeit. Dreimal rot im Kalender anstreichen ist nicht verkehrt. Und wenn er 20 Minuten nach der verabredeten Zeit nicht erscheint, knick ihn.

Was das Timing betrifft, wäre ein gewisser Vorlauf gut. Du brauchst ein paar stille Minuten, um dich vorzubereiten. Wer es systematisch angeht, checkt vorher die Location, um sich dem dortigen Dresscode anzupassen. In jedem Fall ziehst du ein Kleid an, so wie du es bei deinem Attraktivitätstraining gelernt hast. Mit einer Lederjacke darüber wird's etwas lässiger, mit einem Blazer erreichst du die nötige Eleganz. Wobei du beides selbstverständlich ausziehst, sobald du am Tisch angekommen bist. Aber er wird sofort sehen, dass du in sein Leben passt, wenn deine Klamotte kompatibel zur Location ist, die er ausgesucht hat.

Du hast ein Date. Alles kribbelt in dir. In deinem Bauch rumoren Düsenjets. Schon klar, du hast mehr Lampenfieber als deine Großmutter vor der Hochzeitsnacht. Da hilft nur konzentrierte Vorbereitung. Lauf zur Bestform auf und plane den Countdown: Haare? Maniküre, Pediküre? Mach dir eine Liste, auf der du alles notierst, was vor dem großen Abend zu erledigen ist. Spektakuläre Verwandlungen gehören nicht dazu. Er fand dich scharf, so wie er dich zum ersten Mal gesehen hat. Eine neue Frisur würde ihn irritieren, genauso wie ein Make-up, mit dem er dich kaum wiedererkennt.

Deine mentale Vorbereitung ist auch nicht ohne. Mach es so wie ein Profi-Skispringer. Der steht oben auf der Schanze, schließt die Augen und geht jede Einzelheit seines Sprungs durch, bevor er in die Tiefe saust. Also geh in Gedanken durch, wie das Wiedersehen ablaufen sollte: Wie du das Lokal betrittst, wie du ihn begrüßt, wie er dir die Jacke abnimmt, wie du dich setzt. Für ihn muss es in der ersten Sekunde eine Bestätigung seiner Wahl sein. Er sollte denken: Wahnsinn, die ist es!

Dein Auftritt beim ersten Date entscheidet innerhalb von Sekunden, wie es weiterläuft.

Eure erste Begegnung war Zufall. Jetzt trefft ihr euch, weil ihr es beide wollt. Trotzdem hängt ihr ein bisschen neben der Spur: Wird der Abend halten, was der Flirt versprach? Drohen unerfreuliche Überraschungen? Hält der Zauber an? Oder wird sich das Date zäh wie ein alter Kaugummi hinziehen? Ist normal. Ohne Zweifel gibt es keine Bestätigung. Wählerisch seid ihr beide. Ihr habt das Teenageralter hinter euch, in dem man schon mal aus purer Neugier irgendeinen Blödsinn anstellt. Für dich geht es immerhin um das, wovon du lange träumst: eine Beziehung, keine flüchtige Affäre.

Worum geht es ihm? Das musst du unbedingt herausfinden. Männer machen kein Date im Restaurant aus, ohne einen Hauch Zukunft zu wittern. Verbünden sich Liebesgestirn Venus und

Glücksplanet Jupiter, sucht der Mann was Festes. Theoretisch. An Heirat denkt er noch nicht, davor hat er eine Riesenangst. Hochzeit, Kinder, Reihenhaus, Hölle, das ist seine Assoziationskette. Deshalb sei das begehrenswerte Mädchen, das ein Versprechen auf Spiel, Spaß und Abenteuer ist. Und nicht die zukünftige Ehefrau, die schon mal die Handschellen schwenkt.

{ **Schritt 2:** Präsentiere dich so, dass er nach Luft schnappt }

Wozu hast du deine Attraktivität trainiert? Für genau diesen Abend! Zieh alle Register: feminines Kleid, High Heels, eine gute Dosis Haut, eine sinnliche Haarmähne. Vermeide damenhafte Ausrutscher Marke Ehefrauenstyling. Also weder züchtig noch langweilig aufschlagen. Er soll stolz wie Oskar sein, dass er mit dir verabredet ist. Er soll die neidischen Blicke der anderen Männer genießen. Und er soll nicht eine Sekunde lang merken, dass er an der Angel hängt.

Damit das hinhaut, ist das Timing wichtig: Du solltest etwas später als er eintreffen, aber nicht mehr als fünf Minuten. Die Wartezeit hält seine Jagdinstinkte wach. Wird sie kommen? Diese Frage sollte ihn auf eine süße Folter spannen. Außerdem bietet dir dieses Timing Gelegenheit, einen echten Auftritt hinzulegen. Mach den Weg zum Tisch zu deinem Catwalk, auf dem dich bewundernde Blicke begleiten. Falls du schon dasitzt, wenn er eintrifft, wirkst du wie bestellt und nicht abgeholt. Wie ein Mauerblümchen, das es gewohnt ist zu warten. Und ihm entgeht, was er am meisten schätzt: dein sensationeller Auftritt auf der Bühne seines Lebens.

Eine kleine Verspätung ist der Auftakt für das Spiel der Verführung.

Kannst du dir vorstellen, wie erleichtert er ist, dass du tatsächlich lebensecht und in Farbe seiner Einladung gefolgt bist? Zeigen wird er dir das nicht, doch du kannst fest davon ausgehen. Außerdem hast du ihm durch deine Verspätung die Wahl des Tischs überlassen – wieder ein Trumpf im Spiel der scheinbaren Unterordnung. Er ist der Macker, der Bestimmer, diese Illusion wird ihn beruhigen. Diese Gewissheit braucht er, unser schreckhafter Partner in spe. Vertrauliche Begrüßungen wie »Hi, Süßer« oder »Ciao, Herzblatt« sind daher unangebracht. Sei freundlich, aber lass ihm weiterhin den Kick, dass er dich gefälligst erobern muss.

Versemmel es nicht. Wenn du sichergehen willst, warte im Auto oder in einem Hauseingang, bis er vor dem Lokal erscheint. Schau auf die Uhr und folge ihm fünf Minuten später. Hast du dein Mantra drauf? Kleines Memo: *Ich bin schön. Ich bin sexy. Ich bin einfach atemberaubend. Sobald ich einen Raum betrete, stehe ich im Mittelpunkt.* Alles klar? Dann stellt er sich ein, der Hallo-Effekt. Selbst wenn du ihn sofort entdeckst: Marschier nicht gleich zielstrebig auf ihn zu, sondern tu so, als ob du ihn suchst. Hast du ihn mit den Augen gefunden, lächle ihn an. Und dann gehst du langsam und selbstsicher auf ihn zu.

Der Weg durch das Lokal ist dein Laufsteg. Mit dem Mantra im Kopf wirst du wie eine Göttin darüberschreiten.

Jetzt wird er stolz den Kopf recken. Vermutlich wird er sogar aufstehen, um dich zu begrüßen, damit jeder im Lokal zu euch hinschaut. Männer, die teilnahmslos sitzen bleiben, sind mit dem Herzen nicht ganz bei der Sache oder haben in puncto Erziehung nicht aufgepasst. Er sollte sich erheben und dich möglichst mit Wangenküsschen begrüßen, dann läuft es cremig. Er sollte dir die Jacke abnehmen, das wäre Old School. Je jünger er ist, desto geringer ist allerdings die Wahrscheinlichkeit.

Gehört er zu der ritterlichen Sorte, kann das ein gutes Zeichen sein. Bedenke aber auch, dass man vor lauter Aufregung beim ersten Date ziemlich viel Unsinn verzapft. Tausend Sachen segeln durch das Hirn, das Herz klopft wie eine Sambatrommel, die Hände sind eiskalt, und der Intellekt sendet »Wir bitten die vorübergehende Störung zu entschuldigen«. Sei nicht zu streng mit ihm. Eines Tages werdet ihr euch vielleicht scheckig lachen, wie tapsig und ungeschickt ihr beim ersten Date rumgeeiert habt. Erst mal zählt, dass er hingerissen ist und dass du dich in seiner Aufmerksamkeit sonnst.

Achte auf den perfekten Date Talk

Alles, was jetzt passiert, interpretiert der Mann als Omen. Ohne dass er es zu erkennen gibt, folgert er aus allem, was du sagst und tust, wie euer Verhältnis aussehen könnte. Deshalb gelten die Flirtregeln weiter: Bewunder ihn, schweige aktiv, nimm dich zurück. Wenn du ihn sofort zuschwallst, fühlt er sich unbehaglich. Und nicht das Lächeln vergessen, das Lächeln mit den Augen. Bloß nicht auftrumpfen. Dass du einen schwindelerregend hohen IQ hast, die Beste deines Abiturjahrgangs warst und eine Jobgranate bist, stellt ihn in den Schatten. Er wird stolz auf dich sein, wenn er stolz auf sich sein kann.

Korrigiere ihn nicht. Ja doch, dieser japanische Dirigent heißt nicht Ken Nagasaki, sondern Kent Nagano. Und der Mount Everest ist nun mal 500 Meter höher, als er behauptet. Wenn du ihm jetzt aber in die Parade fährst, steht er als der letzte Depp da. Die grandiose Illusion seiner Überlegenheit, die du so trickreich aufgebaut hast, stürzt in sich zusammen. Er zieht buchstäblich den Schwanz ein und gelangt zu der Überzeugung, dass er dir nicht gewachsen ist. Willst du das? Dann versetz seinem Selbstbewusstsein gleich noch ein paar kräftige Karateschläge, bis er endgültig k.o. geht. Und sei darauf gefasst, dass du ihn nie wiedersiehst.

Lass ihm seine Selbstachtung, dann lässt er dich in sein Leben.

Die Regeln der Rangordnung wurden durch den Feminismus zwar erschüttert, aber nicht außer Kraft gesetzt. Beim Date zu zweit sind sie verbindlich. Frauen, die das ignorieren, bleiben meist allein. Traurig, aber wahr: Ihre Dominanz in allen Lebenslagen ist mit Einsamkeit erkauft. Da liegt ja das Problem all dieser starken

Amazonen, die nachts ins Kissen schluchzen, weil sie allein im Doppelbett liegen. Abgesehen von ein paar engelgleichen Softies habe ich noch keinen Mann getroffen, der nicht ein bisschen posen will. Der erfolgreiche Verlauf eines Gesprächs ist daher davon abhängig, dass er seine Selbstachtung behalten darf.

Und worüber sollt ihr euch unterhalten? Eins vorweg: Ihr müsst an diesem Abend nicht die Welt retten. Erdbeben, Hungersnöte und Bankenpleiten sind zwar hochaktuelle Themen, ziehen aber total runter. Wie auch beim gelungenen Smalltalk sind Krankheiten, Religion und Politik tabu. Spar dir eine detailgenaue Beschreibung deiner letzten Magenverstimmung inklusive Spucken und Dröhnkopf, auch deine Schleimbeutelentzündung ist wenig appetitanregend. Lass die Finger von politischem Trendgelaber à la Anne Will und streite nicht darüber, ob Jesus oder doch der Dalai Lama den echten kosmischen Spirit hat.

Steuere unauffällig die Gesprächsthemen, damit ihr nicht eine bescheuerte Talkshow abzieht.

Leitartikel über die Rentenpolitik oder die Finanzkrise musst du nicht absondern, und auch ihn solltest du nicht dazu ermutigen. Sonst dümpelt ihr in langweiliger Konversation rum. Lenk die Themen lieber auf persönliche Dinge, auch auf Emotionales. Du darfst gern zugeben, dass du etwas nervös bist, das rührt ihn. Aber verfall auch hier bitte nicht ins Jammern. »Ich bin ssooo traurig, weil ich ganz gemein gemobbt werde« oder »ich hab 'ne Riesenwut auf meine Freundin, das Biest« ist Grottenschrott. Erzähl ihm lieber, was dir Spaß macht, und frag ihn, wie er seine Freizeit verbringt. Wärm ihn auf, dann läuft er ganz von selber heiß.

Er will dir bei diesem Date etwas beweisen: dass er wirklich so unterhaltsam, so spannend und so schlau ist, wie er sich bei eurem Flirt wahrgenommen hat. Gönn ihm das »Ich-bin-der-Tollste«-Feeling. Männer sind Narzissten. Allerdings solltest du dich nicht verstellen, nur zurückhalten. Frauenfeindliche Sprüche seinerseits haben hier nichts zu suchen, auch keine sexuellen Anspielungen. Nervt er dich, darfst du nach der Vorspeise gehen, mit irgendeiner simplen Entschuldigung. Ein Teller Salat ist keine Lizenz zum Abschleppen. Gefällt dir jedoch, was abgeht, ist Obacht angesagt.

{ **Schritt 3:** Mach dich mit dem idealen Date Talk vertraut! }

Werde persönlich, ohne indiskret zu sein. Es gibt einige Klippen, das weißt du jetzt. Die überspringst du mit links. Dann mach dir bewusst, dass du so etwas wie ein Datingprofil in ihm verankern musst. Er soll dich sympathisch und nicht zu anspruchsvoll finden. Offenbare ihm deine besten Seiten. Sprich über deine Träume, aber nicht über deinen Beziehungstraum. Der ist für ihn ein Alptraum, weil er nicht eingeknastet werden will. Nie, wirklich nie, solltest du zu diesem Zeitpunkt verraten, dass du Mann und Kinder willst. Zu früh! Zeig ihm, dass du das Leben von der leichten Seite nimmst und dass später keine nervtötenden Problemgespräche zu erwarten sind.

Die Online-Agentur ElitePartner hat untersucht, welches die beliebtesten Themen beim ersten Date sind. 44 Prozent aller Befragten setzten Anekdoten aus dem Alltag an die erste Stelle, 42 Prozent Träume und Visionen, 41 Prozent Reisen. Beruf und Alltagsleben landeten auf Platz vier, aktuelles Zeitgeschehen nur auf Platz fünf. Wobei es einen hochinteressanten Unterschied zu bestaunen gibt: Fast jede zweite Frau bevorzugt ihren Beruf als Gesprächsthema, während Männer lieber ihre Träume und Visionen preisgeben. Ein wichtiger Unterschied. Offenbar wollen viele Frauen demonstrieren, dass ihr Beruf hohe Priorität hat. Männer dagegen sind – Überraschung! – eher als Visionäre unterwegs.

Wundert mich nicht. Der Mann will immer etwas größer erscheinen, als er ist. Er will der Frau zeigen, dass er bereit ist, nach den Sternen zu greifen. In seiner Phantasie ist er ja sowieso schon Superman. Und du? Bestärkst ihn, was sonst. Er braucht eine Frau an seiner Seite, die ihn unterstützt und jede noch so angeschrägte

Idee gut findet – solange sie von ihm kommt. Nichts ist unmöglich, diesen Satz hat er sich ins Hirn getackert. Deshalb will er dem Verein zum Gummistiefelweitwurf beitreten oder demnächst im Ruderboot den Atlantik überqueren. Versuch nicht, es ihm auszureden. Verpass ihm Rückenwind, glaub an ihn!

Er ist jetzt der Fixstern. Deshalb lass auch deine Verflossenen aus dem Spiel.

Exmänner und Exfreunde sind eine No-go-Area beim ersten Date. Manche Frauen denken ja immer noch, es sei schlau, den Mann mit einer peniblen Aufzählung ihrer gecrashten Beziehungen eifersüchtig zu machen. Sie wollen damit beweisen, wie sehr die Männer auf sie fliegen. Denkst du auch? Nee, nee, schwerer Abtörner! So was finden Männer zum Speien. Sie mögen es nun mal nicht, wenn man über ihre Geschlechtsgenossen herzieht. Nennen wir es männliche Solidarität. Dass eine Frau durch viele Betten gegangen ist, ist für sie ebenfalls keine attraktive Information. Sie wollen keinen Wanderpokal, sie wollen den Hauptgewinn.

Ganz gruselig wird es, wenn du von deinen Exen schwärmst. Was soll das? Willst du die Messlatte so hoch legen, dass er nicht mehr drüberspringen kann? Willst du dich selbst aufwerten? In beiden Fällen ist sein Resümee negativ. Er hat keine Lust, gegen ein Phantom anzutreten, er möchte so akzeptiert werden, wie er ist. Da hat er eigentlich recht, nicht wahr? Würdest du es etwa gut finden, wenn er dauernd von diesen rasend attraktiven Übergranaten spricht, die er schon hatte? Und die noch dazu humorvoll, warmherzig und all das Gedöns waren? Solche Geschichten schaffen Distanz. Such lieber nach etwas, was euch verbindet. Aber spiel kein Theater, das können nur ausgefuchste Schauspielerinnen.

Verhalte dich authentisch, denn jeder Schwindel fliegt über kurz oder lang auf.

Wie das gemeint ist? Also: Wenn du der introvertierte Typ bist, versuche nicht, wie ein Animateur aus dem Urlaubsclub aufzudrehen. Wirkt unecht. Wenn du dich nicht für Fußball interessierst, stell dich nicht mit eilig angelesenem Halbwissen bloß. Merkt er sofort. Wenn du der emotionale Typ bist, versteck dich nicht hinter aufgesetzter Coolness. Kommt verkrampft. Und wenn du eher die ernste Nachdenkliche bist, verstell dich nicht mit hysterischem Gekicher. Auf deine persönliche Performance kommt es an, nicht auf irgendeine Rolle, die du dir zurechtgelegt hast.

Bleib du selbst und öffne dich der Situation. Auswendig gelernte Texte oder geplante Konversationsthemen brauchst du nicht. Deine Schlüsselkompetenzen sollten Empathie und Spontaneität sein. Fühl dich in den Typen ein, führ ihn zu seinen Lieblingsthemen, kommentiere sie zustimmend. Lass dich auf das ein, was er zu bieten hat. Wenn dir das nicht reicht, ist er ohnehin nicht der richtige Kandidat. Falls ihm schon beim ersten Date der Gesprächsstoff ausgeht, wird er dich bald zu Tode langweilen. Ein wenig Entertainment kannst du schon verlangen in einer Beziehung.

Sei unkompliziert

Du bist eine starke, kluge Frau mit Erfahrung. Du hast deinen eigenen Kopf, deine eigenen Meinungen, deine ganz speziellen Vorlieben und Abneigungen. Das wird er akzeptieren müssen. Später. Warum erst dann? Weil Frauen sich am Anfang oft abschreckend kompliziert geben. Sie meckern, sie kritisieren, sie führen sich auf wie die Prinzessin auf der Erbse. Und machen so viel Getöse um sich, dass Männer nur noch eines denken: Wie werde ich die Alte wieder los? Sei mal ehrlich: Nörgelst du auch gern rum? Am zugigen Lokal, am schlechten Sitzplatz, am Fleck auf der Tischdecke, an der mangelnden Bissfestigkeit der Pasta?

Frauen sind Weltmeisterinnen in der Detailwahrnehmung. Das hat uns evolutionär genutzt. Wir sahen so genau hin, dass wir beispielsweise die giftigen Pilze von den ungiftigen unterscheiden konnten. Nichts entging uns, und das ist noch heute so. Damit sind wir aber auf dem besten Weg, ganze Haarbüschel in der Suppe zu sehen, wo gar keine sind. Wir nörgeln rum, statt zu genießen. Und das geht gleich bei der Essensbestellung los. Ohne es zu ahnen, beweisen manche Frauen dabei einen Grad von Durchgeknalltheit, den Männer schlicht nicht ertragen.

Das Essenbestellen ist die erste Hürde. Entscheide dich schnell, bestell was Einfaches und verkneif dir Extrawürste.

Kennst du den Film *Harry und Sally*? Darin ordert Heldin Sally ihr Dinner so: »Ich hätte gerne den Salat mit Putenbrust, die Putenbrust aber bitte nicht vor dem Braten in Mehl wenden – ich vertrage kein Getreide – und das Salatdressing bitte ohne Sahne oder Joghurt, am besten auf einem Extrateller, und den Salat bitte ohne Tomaten. Danach hätte ich gerne das Steak mit Spinat und Bratkartoffeln, bitte ohne die Zwiebelringe, da könnte Getreide dran sein. Und könnten Sie bitte in der Küche nachfragen, ob der Spinat ein Rahmspinat ist oder ob er nur gedünstet ist – ich vertrage keine Sahne. Ach ja, wenn das Steak mit Sauce serviert wird, dann fragen Sie bitte nach einer Sauce ohne Sahne oder Mehl, am besten auf einem Extrateller. Vielen Dank!«

Eine Frau, die sich schon beim Bestellen so aufführt, dass der Kellner sie am liebsten in der Suppe ertränken würde, klebt sich ein Etikett an die Stirn: »Vorsicht, ich mache Ärger!« Klar, es gibt gewisse Allergien und Unverträglichkeiten, doch die sollte man im Griff haben. Meist geht es bei dem ganzen Theater um etwas anderes: pure Selbstinszenierung. Und zwar zum Abgewöhnen.

Männer mögen keine komplizierten Frauen. Gerade in Alltagsdingen soll es wie von selbst flutschen, das Leben ist schließlich kompliziert genug.

Ich habe oft genug beobachtet, was sich an den Nebentischen abspielt: Die Damen lesen die Speisekarte, als wär's eine Doktorarbeit. Mit gerunzelter Stirn gehen sie Gericht für Gericht durch, blättern vor, blättern wieder zurück, und wenn dann der Kellner kommt, setzt ein hochnotpeinliches Verhör ein: Ist der Fisch auch wirklich frisch? Ist genmanipulierter Mais im Salat? Gibt's die Joghurtsauce auch laktosefrei? Ist die Pasta nicht zu schwer?

Währenddessen hockt der Mann gegenüber und schaut entnervt auf die Uhr. Das Gezerre um den ganzen Küchenkrempel geht ihm nur noch auf den Zeiger. Extrawünsche findet er in etwa so angenehm wie Herpes. Auch mit wenig Phantasie kann er sich ausmalen, wie die Frau sonst so tickt: Mit ihr wird alles zum Problem werden. Kein Fernsehabend ohne langwierige Diskussionen über Auswahl und Qualität des Programms, kein Urlaub ohne Trara und Reklamationen, keine Entspannung, nirgends.

{ **Schritt 4:** Stell dich nicht verpeilt an! }

Da du beim ersten Date unter verschärfter Beobachtung stehst, sind Komplikationen überflüssig. Du handelst dir sonst schnell den Ruf ein, schwierig zu sein. Mach nicht aus jeder Kleinigkeit einen Staatsakt. Tu nicht so, als wärst du Queen Mum persönlich. Entknote dich und zeige ihm, dass nur er zählt, alles andere ist Nebensache. Andernfalls folgert er: Oje, die ist schwer zu handeln. Die hat an allem was auszusetzen und wird mir das Leben zur Hölle machen. So eine ist nie zufrieden, nicht mal im Sternelokal mit tanzenden Kellnern plus Feuerwerk und Diamanten im Cocktail. Außerdem ist sie ziemlich undankbar.

Achte mal drauf. Diesen inneren Monolog kannst du jeden Tag in jedem beliebigen Restaurant erleben. Natürlich ist es ein stummer Monolog. Welcher Mann hat schon Lust, sich auf einen Streit einzulassen? Noch dazu gleich am Anfang? Nein, er wird stumm leiden und bereuen, dass er dich überhaupt eingeladen hat. Man kann es ihm nicht verdenken. Schließlich konzentriert sich die Frau auf alles andere, nur nicht auf ihn. So viel Missachtung hat er nicht verdient.

Männer wollen einen weiblichen Kumpel. Eine Frau, mit der sie Pferde stehlen können, wie man so sagt. Aber garantiert keine Drama Queen, die ausrastet, wenn es wirklich mal hart auf hart kommt. Sucht er die Frau fürs Leben, muss sie alltagstauglich sein.

Männer lieben es stressfrei. Dummerweise lieben viele Frauen Probleme, und sie lieben es, tagelang darüber zu reden – deshalb machen sie sich welche. Vielleicht wollen sie darauf hinweisen, wie kostbar, wie wählerisch, wie einzigartig sie sind. Geht leider nach hinten los, die Taktik.

**Wie auch immer der Mann drauf ist:
In einer künftigen Beziehung will er seine Ruhe.**

Klingt schnarchnasig, ist aber erklärlich. Er hat Stress im Job, er hat Ärger mit dem Finanzamt, sein Wagen muss in die Werkstatt, und womöglich macht ihm noch der Anwalt der Exfrau die Hölle heiß. Sein Leben ist ein Kampf, sein Denken ist auf Konkurrenz gepolt. Dauernd kommt irgendein Problem um die Ecke: der neue Kollege, der ihm den Rang streitig macht, die neue Software, in die er sich reinfuchsen muss.

Daheim möchte er durchatmen. In einer befriedeten, stressfreien Zone. Möchtest du das nicht auch? Kannst du etwa einen Mann gebrauchen, der ständiges Krisenmanagement erfordert? Man kann es gar nicht oft genug sagen: Abgesehen von einer spannenden Bettgefährtin und einer begnadeten Köchin träumen Männer von einer unkomplizierten Frau, die schon mal fünfe grade sein lässt. Sie wollen die Sirene in High Heels mit dem Bequemschuh-Gemüt.

Dabei ahnen die Männer schon, dass solche Frauen so selten sind wie weiße Wale. In einer Umfrage von Allensbach mussten sie Frauen typische Eigenschaften zuweisen. Neben netten Dingen wie Zärtlichkeit und Einfühlungsvermögen wurden aber auch ganz andere Sachen genannt: 49 Prozent aller Männer glauben, dass Frauen zu Nörgelei neigen. 35 Prozent meinen, sie seien hysterisch. 31 Prozent halten sie für wehleidig, 30 Prozent für stur. Du bestätigst also seine schlimmsten Vorurteile, wenn du beim ersten Date verdrahtet wirkst. Hau nicht auf den Putz, sieh die Dinge nicht umständlicher als nötig, sorge für einen geschmeidigen Ablauf. Er wird dir auf Knien dafür danken.

Essen und Sex haben einiges miteinander zu tun. Die Art und Weise der Nahrungsaufnahme erzählt uns viel über einen Menschen. Vor allem über Männer. Schlingt er das Steak innerhalb von drei Minuten in sich rein? Könnte sein, dass er im Bett ähnlich schnell ist – was nicht für befriedigenden Gourmetsex spricht. Verzichtet er auf die Vorspeise und kommt sofort zur Sache, äh, zum Hauptgang? Tja, der Begriff Vorspiel könnte ein Fremdwort für ihn sein. Ignoriert er dann noch die Serviette und wischt sich das triefende Fett mit dem Handrücken von den Lippen, kannst du wenig Zartgefühl im Umgang mit deinem Körper erwarten.

Umgekehrt scannt er dich genauso. Dabei legt er weniger Wert auf tadellose Manieren, das tun nur Schwiegermütter. Viel brennender interessiert den Mann, ob du genießen kannst. Und willst. Das geht schon damit los, dass er genau registriert, was du isst. Zwei Rucolablätter an drei Parmesanspänen? Na, guten Morgen, wie sinnenfeindlich ist das denn? Der erwartete Lustfaktor sinkt auf der Stelle gegen null. Frauen, die nur spärlich rumknabbern statt loszuschlemmen, stehen im Verdacht, dass sie auch mit fleischlichen Freuden eher knauserig sind. Ach so, du verzichtest gerade figurschonend auf Kohlenhydrate, verstehe. Oder du probierst die F. X.-Mayr-Kur aus. Hallo?

Ein Date ist der denkbar ungünstigste Zeitpunkt, eine Diät durchzuziehen.

Du musst ja nicht gleich die Speisekarte rauf und runter bestellen. Futtern bis zum Darmverschluss ist keine Lösung. Aber deinen sexuellen Hunger beurteilt er nun mal nach deinem Appetit bei Tisch. Dazu passt, was die Betreiber des britischen Datingportals OKCupid rausgefunden haben: Bezeichnen sich Frauen als »kurvig«, haben sie mehr Interesse an Sex als solche, die sich dünn finden. Kasteiungen aller Art hebst du dir besser fürs nächste Wochenende auf, denn die asketische Abteilung stimmt den Mann eher skeptisch. Er will das pralle Leben, jetzt und sofort.

Dazu gehört die Lust am Essen genauso wie enthemmte Gelüste in der Horizontalen. Die Zusammenhänge werden in seinem weitgehend stillgelegten Hirn zwar nur unbewusst hergestellt, aber dafür umso wirksamer.

Der Steinzeitmann sah es mit Wohlgefallen, wenn frau kalorienreich zuschlug. Eine gute Ernährung garantierte den gesundheitlichen Bestzustand und damit alle Voraussetzungen für zahlreichen und gesunden Nachwuchs. Erinnere dich daran, dass er seinem evolutionären Programm nicht entkommen kann. Auch notorische Singlemänner orientieren sich bei der Partnersuche unbewusst an Kriterien, die einst für die Familiengründung gedacht waren. Heute weiß man: Frauen, die das Essen verweigern, produzieren weniger weibliche Hormone. Bei starkem Essensentzug bleibt sogar die Periode aus, und die Frau wird unfruchtbar. Essen und Sex – eine magische Verbindung.

{**Schritt 5:** Iss mit Appetit und aufreizend sinnlich!}

Zurückhaltung kannst du dir sparen. Solange du nicht gezielt die teuersten Gerichte bestellst, schaut er mit Wohlgefallen zu, dass es dir schmeckt. Das solltest du auch zeigen. Schließ ruhig genießerisch die Augen, wenn du kaust. Lobe das Essen, dann fühlt er sich nebenbei auch bei der Auswahl des Lokals bestätigt. Freu dich an dem, was du auf dem Teller hast, ohne jedes Gemecker. Beschreibe, welche Aromen dich gerade in kulinarische Ekstase versetzen. Ein dezent gestöhntes »Hmm, lecker« wird die Wirkung verstärken.

Es gibt nichts Unwiderstehlicheres für einen Mann, als die Wonnen einer Frau zu beobachten. Jeder Mann ist letztlich ein Voyeur. Um ganz offen zu sein: Nur zu gern würde er dir heimlich dabei zusehen, wie du dich streichelst. So weit ist es noch nicht, aber deine Genussfähigkeit bei Tisch wird ihn begeistern. Diese aufreizende Art, wie du schlürfst, abbeißt, kaust und schluckst. Na gut, du musst nicht gleich das Messer abblecken. Doch du darfst jetzt deinen Mund einmal mehr zum Blickfang machen. Deinem Einfallsreichtum sind keine Grenzen außer Schmerzgrenzen gesetzt. Wölbe die Lippen über dem Löffel. Mach einen Schmollmund beim nächsten köstlichen Bissen. Und bitte laaangsam!

Das Schöne ist, dass du mit dieser Taktik tatsächlich intensiver genießt. Im Alltag gabelst du vermutlich so manchen Junk in dich rein, weil die Zeit für sinnliche Hingabe fehlt. Jetzt hast du Zeit. Alle Zeit der Welt. Nutze sie! Gönn deiner Zunge und deinem Gaumen eine Extradosis Sinnlichkeit. Das lässt deine Augen glänzen, und in deinem Bauch breitet sich ein Wohlgefühl aus, das man dir ansieht. Glaubst du nicht? Ist aber so. Während der Mann all das wahrnimmt, spielt ihm sein Unterbewusstsein den nächsten Streich:

Eine Frau, die sichtlich gerne isst, hält er für eine gute Köchin, die ihn allzeit mit Essbarem versorgt.

Er muss ja nicht wissen, dass die Nummer vom Pizzaservice einen Ehrenplatz in deiner Küche hat. Du musst ihm auch nicht verraten, dass der Typ vom Sushi-Express dein bester Freund geworden ist. Kein Problem, wenn du vom Kochen in etwa so viel verstehst wie der Dalai Lama von Lippenstiften. Was der Mann sieht – wie er dich erlebt –, ist für sein Unterbewusstsein ein Versprechen: Bei der werde ich nie verhungern! Ihr Kühlschrank ist bis an den Rand gefüllt mit Leckereien! Und wenn ich spätnachts Lust auf Spaghetti habe, steht im Handumdrehen ein dampfender Teller vor mir! Wahnsinn!

Keine Sorge, dieses Versprechen musst du nicht einlösen. Vermutlich will er auch gar nicht unbedingt kulinarisch bemuttert werden. Es sind eher Reflexe, die du bedienst. Nicht umsonst nennt man Tisch und Bett in einem Atemzug. Liebe geht halt durch den Magen, und Bratkartoffelverhältnisse haben sich immer als sehr haltbar erwiesen. Das ist das Geniale am Dinner Date. Mach es zu einem lustvollen Event, und du hast die erste Etappe gewonnen.

Nicht vergessen: Essen ist Kommunikation.
Und eine Quelle guter Gefühle.

Deshalb entscheide dich für ein Dessert und motiviere ihn ebenfalls dazu. Süß sollte der Nachtisch sein, süß wie die Sünde. Möglichst mit Schokolade, die sorgt für eine vermehrte Endorphinausschüttung im Hirn. Das ist eine gemeinsame positive Erfahrung, die ihn auf dich konditioniert. Sein Unterbewusstsein verknüpft das Wohlgefühl nach dem Dessert mit deiner Anwesenheit. Ein echter Brandbeschleuniger, der vor allem deshalb wichtig ist, weil die Nachspeise das Ende des Dates einläutet. Leider und zum Glück.

Du willst noch mit ihm was trinken gehen? Und dann mal abwarten, ob ihr in den Daunen landet? Grober Fehler. Kein Sex beim ersten Date! Kurz nach dem Dessert ist euer Abend unwiderruflich vorbei. Dann musst du dich verabschieden. Halt ihn hin. Wer jetzt nicht warten kann, will nicht dich, sondern deinen Körper. Du würdest dein Pulver voreilig verschießen und einen One-Night-Stand riskieren. Das ist keine Frage der Moral, es ist eine strategische Entscheidung. Also belass es beim Dolce Vita auf dem Teller. Am erotischsten ist es übrigens, wenn ihr ein Dessert teilt. Zusammen was Süßes löffeln ist auch eine Art Vorspiel.

Trink nur scheinbar viel

Mit dem Alkohol ist es wie mit Parfum: Ohne geht nicht, ein Hauch davon ist verführerisch, zu viel des Guten betäubt. Natürlich gibt es Gründe für absolute Abstinenz: Du nimmst schwere Medikamente, bist trockene Alkoholikerin oder liegst schon nach einem Schluck Wein unterm Tisch und grölst schmutzige Lieder. Dann musst du verzichten, klar. Aber immer nur Wasser kommt etwas zu nüchtern. Schwenke auf Säfte oder alkoholfreies Bier um, das wirkt geselliger. Auch wenn der Alkoholkonsum im Allgemeinen etwas zurückgegangen ist: Konsequente Wassertrinkerinnen verströmen nun mal einen gewissen Spaßbremsen-Groove.

Sofern du ein entspanntes Verhältnis zum Alkohol hast, bestelle

Wein zum Essen. Oder, besser: Lass den Mann bestellen. Wein haut rein, auch in die Brieftasche. Deshalb sollte er die Entscheidung treffen: preiswerter Hauswein oder exquisites Edelgewächs? Offen oder ganze Flasche? Weiß oder Rot? Vertrau seiner Kompetenz. Möglich, dass er einen Château Garage nicht von einem Château Migräne unterscheiden kann, aber vorlaute Interventionen oder Fachsimpeleien können ihn kränken. Nur wenn er dich fragt und du wirklich was davon verstehst, gib ihm zweckdienliche Hinweise.

Die Auswahl des Weins ist klassischerweise Männersache.

Später wirst du den Wein sowieso selber einkaufen, daher überlass ihm zumindest bei den ersten Dates die Entscheidung. Es ist ein Ritual, mehr nicht. Für ihn könnte es aber eines dieser Details sein, die ihm wichtig sind. Daran bemisst er womöglich deine Bereitschaft, ihm den dominanten Part zu überlassen. Versuche, dich ihm zunächst anzugleichen. Er nimmt ein Bier? Dann zieh nach. Er findet Cola light zum Entrecote eine gelungene Kombination? Nicht grinsen, ausprobieren. Alles nur eine Frage der Synchronisation. Je mehr Übereinstimmung in diesen Dingen sichtbar wird, desto mehr lockert er sich – und nur deshalb machst du das Spiel mit. Seid ihr erst mal verbandelt, ist das nicht mehr von Belang, und du darfst deinen geliebten Prosecco Sprizz auch zur Bulette süffeln.

Eine Vorliebe für Bier könnte allerdings etwas heikel sein. Der Harvard-Mathematiker Christian Rudder hat untersucht, wie Trinkgewohnheiten und Sex zusammenhängen. Das Ergebnis: Ein Mann, der Bier beim ersten Date bestellt, ist einer prompten Liebesnacht eher zugeneigt als ein Weintrinker. Biertrinker wollen schnellen Sex, so das Resümee. Klingt plausibel. Bier stürzt man runter, Wein wird in genussvollen Schlucken konsumiert. Sage mir, was du trinkst, und ich weiß, wie dein Timing ist. Doch auf die Menge kommt es an. Übrigens auch bei ihm. Oder willst du Zeuge werden, wie er lallend in der Kurve hängt? Besoffski und Co. musst du schnell streichen.

Wer sich beim ersten Date die Mütze begießt, lost ab.

Das wusstest du schon? Fein. Aber wieso schüttest du dich dann vor lauter Aufregung schon beim Aperitif zu? Wissen und Handeln liegen beim Thema Alkohol Kilometer auseinander. Es ist einfach zu verlockend, das Lampenfieber mit ein paar Drinks zu dämpfen. In der Tat lockert Alkohol, das weiß jeder. Doch wie viel ist eigentlich erlaubt? Wann steht man als Genussfeind da und wann als haltloser Alki? Die Grenzen sind so fließend wie die alkoholischen Flüssigkeiten. Wie viel du verträgst, solltest du spätestens seit der Pubertät wissen. Aber wie gesagt: Kein noch so peinlicher Rausch bewahrt vor dem nächsten Absturz.

Steigt dir der Alkohol zu Kopf, hat das nicht nur beklagenswerte Auswirkungen auf dein Sprachzentrum, deine Motorik und dein gutes Benehmen. Das echt Fatale ist: Du trinkst dir den Mann automatisch schön. Da, wo sonst deine Urteilskraft aktiv ist, schweben Herzchen und Seifenblasen durchs Hirn. Alles rosarot, alles toll, klasse Typ. Damit verfehlst du die obersten Ziele des ersten Dates: Erstens, den Mann zu prüfen. Zweitens, einen so guten Eindruck bei ihm zu hinterlassen, dass er dich wiedersehen will.

{ **Schritt 6:** Behalte beim Alkohol die absolute Selbstkontrolle! }

Wenn es um den Alkoholgenuss geht, brauchst du einen kühlen Kopf. Überlege genau, wie viele Gläser für dich okay sind, und halte dich eisern daran. Ein Glas Champagner oder Prosecco vorweg und ein, zwei Gläser Wein zum Essen sind im Durchschnitt das Limit. Zähl mit, so pedantisch das sein mag. Auf dein Gefühl kannst du dich nicht verlassen, denn das ist längst im Nirwana, wenn du auf einen Mann stehst. Männer vertragen mehr als Frauen. Erwecke nur den Eindruck, dass du locker mitziehst. Gieß etwas Wasser in deinen Wein, trinke in kleinen Schlucken, spiel mit deinem Glas.

Lass ihn nicht merken, dass du auf der Hut bist. Er soll das Gefühl haben, du lässt dich in seiner Gegenwart fallen. Tust du aber nicht, weil du schlau bist.

Ein Minischwips steht jeder Frau. Spiel ihn lieber, als ihn fahrlässig herbeizuführen. Kontrollverluste sind weder sexy noch vertrauenerweckend. Da Alkohol enthemmt, wirst du schwupps alle Fehler machen, die du dir mühsam abtrainiert hast: Du sprichst zu laut und zu viel. Du lässt den Mann nicht zu Wort kommen. Du verrätst Dinge, die dir später leidtun. Du brichst in hysterisches Gekicher aus. Und was er dir erzählt, rauscht an dir vorbei. Hackedicht ist voll daneben: Unmäßigen Alkoholgenuss ohne Reue gibt's nicht.

Die übelste Auswirkung ist eine sinkende Hemmschwelle beim Sex. Du hast dir geschworen, nicht übergangslos vom Tisch in der Kiste zu landen. Doch alle guten Vorsätze sind dahin, wenn du erst mal eine alkoholgetränkte Birne hast. Die kleinen Teufelchen in dir werden aktiv. Warum nicht?, flüstern sie dir zu. Ist doch ein Knaller, der Kerl. Wozu länger warten? Ich sage dir, wozu das gut ist: Beim Sex wird dein Hormonsystem komplett aus der Bahn geworfen. Es schüttet das Bindungshormon Oxytocin aus, und schon bist du verloren. Der Typ kann ein schmieriger Aufreißer sein, trotzdem willst du mehr und heulst dir die Augen aus dem Kopf, wenn er dann nicht mehr anruft.

Alkoholisierter Sex beim ersten Date ist die sicherste Strategie, unglücklich zu werden.

Die Gleichung ist so simpel wie das Einmaleins: Erstes Date plus zu viel Alkohol plus spontaner Quickie ergibt Ungemach. So fies sind die Hormone. Du produzierst dir deine eigene Enttäuschung. Das frustet. Beziehungscoach Christian Thiel bringt die Nummer auf den Punkt: »Ein paar Drinks zu viel, schneller Sex – schon sorgt der Hormonkick dafür, dass sich Frauen an Männer binden, die nicht zu ihnen passen.« Da helfe nur eins: »Nüchtern bleiben und genau hinschauen.« Guter Rat, keine Frage.

Eine letzte Falle tut sich nach dem Dessert auf. Meist bietet der Kellner dann noch einen Schnaps auf Kosten des Hauses an. An dieser Stelle musst du standhaft bleiben. Entweder bestellst du einen Espresso, oder du nippst nur am Hochprozentigen und lässt es stehen. Sonst droht die Gefahr, dass du kurz vor der Zielgeraden doch noch abschmierst. Ist alles schon vorgekommen. Oft reicht ein Obstler oder ein Averna, deinen Alkoholpegel kurzfristig auf schwindelnde Umdrehungen zu bringen. Das könnte dich zu Kurzschlusshandlungen veranlassen, die du nie gewollt hast.

Flirte dezent mit dem Kellner

Wie jetzt – du hast doch endlich das ersehnte Date, was willst du mit dem Kellner? Nun, Konkurrenz belebt das Geschäft. Beim ersten Flirt war es richtig, dich voll auf deine Beute zu konzentrieren. Jetzt bist du eine Stufe weiter. Doch der Mann deiner Wahl steht erst mit einem Bein im Netz. Noch hast du ihn nicht darin eingewickelt. Damit er bald drin zappelt, brauchst du ein wenig Beifang, um in der Fischersprache zu bleiben. Das heißt, dass du so begehrenswert wie möglich wirken solltest – und zwar prinzipiell auf alles, was zwei Beine hat und männlich ist. Der Typ muss sich ganz sicher sein, dass auch andere Kerle auf dich stehen. Das bestätigt ihn, und er aalt sich im Bewusstsein, dass er mit dir die Frau erwischt hat, die alle haben wollen.

Viele Frauen machen den Fehler, dass sie gleich beim ersten Date so tun, als seien sie schon mit dem Mann verheiratet. Sie sind komplett auf ihn fixiert, hängen an seinen Lippen und haben nur noch Augen für ihn. Beim Flirt ist das angebracht. Beim ersten Date aber kann das dazu führen, dass sein Interesse erlahmt. Du bist dann eine zu leichte Beute, und für ihn entsteht der Eindruck, dass du jetzt schon klammerst. Weckst du in Maßen seine Eifersucht, so hält das seine Reflexe wach.

Zeige dem Mann, wie begehrt du bist, das erhöht seinen Ehrgeiz!

Das Zauberwort heißt Wettbewerb. Signalisiere dem Mann, dass er sich weiterhin anstrengen muss. So wenig wie du ihn schon für dich gewonnen hast, sollte er davon ausgehen, dass ein einziges Abendessen deine Ergebenheit besiegelt. Lass ihn ein klitzekleines bisschen eifersüchtig werden. Das lohnt sich gleich zweifach. Zum einen muss dein Typ seine Anstrengungen verdoppeln, zum anderen holst du dir eine Extraportion Bestätigung, wenn du den Kellner bei der Bestellung anstrahlst und er zurückstrahlt. Das gibt dir einen Schub, und den sieht man dir an.

Warum? Der Psychologe Marcus Damm hat's herausgefunden: Dein Hirn feuert bei jedem noch so kleinen Flirt Glückshormone aus allen Rohren. Wissenschaftlich betrachtet handelt es sich um Dopamin, das immer dann ausgeschüttet wird, wenn wir etwas Neues tun oder erleben – auch, wenn wir fremdflirten. »Unser Gehirn belohnt uns für Neues im weitesten Sinne. Und neu ist in diesem Falle das Unbekannte«, so der Psychologe. Kurz gefasst: Dieser kleine Trick macht glänzende Augen und wirft deinen Ausstrahlungsturbo an.

{ **Schritt 7:** Mach ihn ein wenig eifersüchtig! }

Klar, du flirtest nur dezent. Lass deinen Charme spielen. Lächle, mach einen kleinen Scherz mit dem Kellner, lass raushängen, dass die Männerwelt dir zu Füßen liegt. Natürlich solltest du ihn nicht zuuu eifersüchtig machen. Zweideutige Bemerkungen in Richtung Service sind deshalb tabu. Doch die Sache macht Sinn, wenn er dich bei der Kommunikation mit dem Kellner beobachtet und denkt: Wow, jeder will diese Frau, aber ich habe ein Date mit ihr! Falls die Taktik gelingt, ist sie ein Knaller. Vergewissere dich aber, wie der Mann deines Herzens reagiert. Er sollte auf keinen Fall sauer werden.

Wer mit der Eifersucht spielt, spielt bekanntlich mit dem Feuer. Deshalb solltest du wissen, dass Männer grundsätzlich schneller an die Decke gehen, wenn ihre Liebste die Flirtnummer übertreibt. Dahinter steht, wie der Psychologe Marcus Damm betont, mal wieder ein evolutionäres Programm. Männer fürchten instinktiv, dass Frauen ihnen ein Kuckuckskind unterjubeln. Frauen dagegen tolerieren Flirts, solange der Mann – einst überlebenswichtiger Ernährer – bei ihnen bleibt. Ein großer Unterschied mit noch größeren Folgen. Vorsicht ist also geboten. Verzichten musst du deshalb nicht auf diese Strategie. Auch später wird dir der souveräne Flirt rechts und links der Beziehung helfen, die Aufmerksamkeit deines Liebsten zu erhöhen. Er sollte sich allerdings nicht wie ein Idiot fühlen oder beschämt werden.

Die Regel heißt: Ein Schritt beiseite, zwei nach vorn. Also kurz flirten, und dann wieder volle Kanne auf deinen Typen los. Anders gesagt: Du gibst dem Kellner ein Zuckerstückchen und dem Mann die ganze Zuckerpackung. Damit rückst du die Prioritäten zurecht, ohne dass er sich seiner Sache zu sicher ist. Und du bringst Pfeffer in den Abend. Nie sollte er das Gefühl haben, du denkst schon über das Aufgebot nach. Die meisten Männer sterben vor lauter Bindungsangst. Daher musst du das Paradoxe tun: Du bindest ihn an dich, indem du scheinbar das Gegenteil betreibst.

Ein kleiner Fremdflirt funktioniert wie ein Teaser.

In der Frauenzeitschrift *Brigitte* erläuterte eine Psychologin, was der Vorteil des Fremdflirtens ist, der umso mehr gilt, je länger man später mit einem Mann zusammen ist: »Der Stachel der Eifersucht tut weh, aber er belebt auch.« Ein Kick sei es für beide, für Frauen wie für Männer. Denn die Frau fühle sich attraktiver, und das mache sie definitiv attraktiver. Genial, oder? Damit der Stachel ihn nicht allzu sehr schmerzt, sondern nur motiviert, bleib bei Fremdflirts immer betont freundlich und unverbindlich.

Du kannst leicht erkennen, wie weit du gehen darfst. Angenommen, er beschwert sich über den Kellner oder behandelt ihn wie Luft, hast du es übertrieben. Sofort einen Gang zurückschalten!

Eine beleidigte Leberwurst kannst du echt nicht gebrauchen. Die Mission ist gelungen, wenn er Gas gibt, sobald sich der Kellner entfernt hat. Dann sprudelt er mit irgendeiner Geschichte los, oder er versucht sogar, deine Hand zu ergreifen, um sich rückzuversichern. Das ist der Moment, in dem du ihm zeigst: Alles in Ordnung, ich bin in Wahrheit nur an dir interessiert.

Dein Entgegenkommen sollte ihm nicht in den Schoß fallen, sondern eine Belohnung seiner Mühen sein!

Für ihn muss es sich wie ein Erfolgserlebnis anfühlen. Erst wenn er vergleichen kann, ist er in der Lage, deine Annäherungen wertzuschätzen. So begriffsstutzig Männer oft sind, sie verstehen blitzschnell den Unterschied zwischen einem belanglosen Kellnerflirt und den echten emotionalen Botschaften, die du aussendest. Auf den kurzen Augenblick der Irritation muss deshalb die Belohnung folgen: ein tiefer Blick in seine Richtung, ein Kompliment, eine Sympathiebekundung. Die kurze Achterbahnfahrt seiner Gefühle sollte immer ein Happy End haben. Gönn es ihm!

Oft genügt schon ein winziges Geplänkel mit dem Kellner bei der Bestellung. Anschließend ignorierst du ihn. Von nun an konzentriere dich wieder ganz auf dein Date. Der Mann sollte am Ende des Abends stolz sein, dass er dich faszinieren kann – so sehr, dass du alle anderen Männer vergisst. Lass ihm die Illusion, dass er darum kämpfen musste. Alles andere würde ihn langweilen, unseren Hobbyjäger.

Öffne einen Knopf

In Hollywood gibt es einen Spruch: Was ist das Erfolgsrezept für einen spannenden Film? Antwort: Mit einer Katastrophe anfangen, dann langsam steigern. Was natürlich ein Witz ist, umgekehrt wird ein Schuh daraus. Der Thrill entsteht, wenn die Spannung auf leisen Sohlen kommt, wenn sie sich verdichtet, der Höhepunkt jedoch hinausgezögert wird. Bis die Bombe platzt. Klingelt da was bei dir? Richtig, genau das gilt für Sex. Aber nicht nur, es ist außerdem die Regieanweisung für das erste Date. Da sollte eine gewisse Steigerung spürbar sein. Ihr kommt euch näher, mit Worten, Blicken, Gesten. Und dann?

Bisher habe ich noch nicht von Erotik gesprochen. Die mischt logischerweise kräftig mit, sofern es zwischen euch gefunkt hat. Es knistert. Es prickelt. Aus der Aufregung wird langsam, aber sicher Erregung. Dir wird warm, vielleicht wirst du unwillkürlich rot. Von Zeit zu Zeit jagt ein Schauer über deinen Rücken. Wow. Während ihr euch über irgendetwas Unverfängliches unterhaltet, explodieren eure Phantasien. Wie wäre es, wenn ihr euch berührt, wenn ihr euch küsst? Wie wäre es, wenn ihr übereinander herfallt? Euch stundenlang auf den Laken wälzt?

Ein gelungenes erstes Date ist erotisches Kopfkino.

Damit es spannend wird und bleibt, solltest du jede Phase der Annäherung genießen und keine überspringen. Das Spiel der gegenseitigen Verführung ist so unfassbar erregend, dass jede Abkürzung den Lustgewinn deckelt. Alles, was jetzt passiert, ist ein Abtasten, im übertragenen Sinne. Geh es langsam an. Beide wisst ihr, dass Sex beim ersten Date ein No-Go ist. Trotzdem braucht ihr das Feeling, dass etwas in Bewegung kommt. Für den gemeinsamen Höhepunkt ist es noch viel zu früh, aber die Spannung sollte steigen.

Dies ist der Moment, in dem du auf subtile Weise aktiv werden darfst. Dafür brauchst du Raffinesse, denn offensive Anmache schüchtert deinen Date-Mann ein. Andeutungen sind viel erotischer als expliziter Sex Talk. Welcher Mann will schon einen Vortrag über Reizwäsche oder multiple Orgasmen hören? Man kann alles zerreden, vor allem die Erotik. Auch sie kommt auf leisen Sohlen. Aber nur dann, wenn alles wie zufällig wirkt, befeuert das sein Begehren. Sei ihm einen Schritt voraus, aber lass es ihn um Himmels willen nicht merken. Er will dich ja erobern und kein Sexobjekt sein.

{ **Schritt 8:** Heize seine Phantasien an! }

Das klappt mit scheinbar unschuldigen Gesten, die du gezielt einsetzt, um sein Hormonsystem auf Touren zu bringen. Da du weißt, wie's läuft, trägst du vermutlich etwas, was deine Haut zur Geltung bringt – deinen Hals, dein Dekolleté, deine Arme. Sehr wirkungsvoll ist es, wenn du eine Steigerung einbaust. Du kannst dich bewusst so kleiden, dass du dich im Laufe des Abends etwas entblätterst. Ein Bolerojäckchen über dem Kleid. Oder eine geknöpfte Bluse. Tu so, als sei dir heiß. Dann öffne einen weiteren Knopf deiner Bluse oder zieh das Bolerojäckchen aus. Ihm werden die Augen übergehen.

Es ist wie beim Striptease: Nichts ist so erotisch wie eine Frau, die sich auszieht. Es ist ein symbolischer Akt. Du gibst seinem Eroberungstrieb Futter, ohne dass du zu viel preisgibst. Er zieht dich sowieso schon die ganze Zeit mit den Augen aus. Wenn du es dann tust, surfst du auf seiner Welle. Ich verspreche dir, dass dir das auch gefallen wird, denn jetzt betrachtet er dich mit diesem Blick, der dir das Blut in gefühlter Lichtgeschwindigkeit durch die Adern schießen lässt. Bewege dich dennoch langsam und berühre dich wie absichtslos an den freigelegten Stellen.

Wie schon beim Flirt erzählen solche Berührungen von deinem Körperbewusstsein, von deiner Sinnlichkeit. Beobachte, wie er reagiert. Gucken ist erlaubt, ein Kompliment auch, doch er darf nicht die Grenze zum Anbaggern überschreiten. Ein Gentleman genießt und schweigt, auch beim ersten Date. Seine Blicke und seine Körpersprache aber sind ein offenes Buch für dich. Spätestens jetzt findest du heraus, ob sie da ist, diese erotische Magie, die mehr verheißt als Instantbefriedigung. Er verhält sich untadelig, rückt aber näher zu dir, beugt sich über den Tisch, verschlingt dich mit den Augen? Gut so. Nun darfst du zur nächsten Phase übergehen.

Spiele mit sinnlicher Sprache.

Das ist ein bisschen wie der geöffnete Blusenknopf: Du gibst ihm Phantasieanreize, vermeidest aber billige Anmache. Bewährt hat es sich, einzelne Begriffe zu verwenden, die in ihm ein Feuerwerk erotischer Vorstellungen auslösen. Dazu gehören Wörter wie »Bett« und »Bikini«, heiß sind auch Verben wie »lutschen«, »saugen«, »schmecken« und so weiter. Nie, aber auch wirklich nie sprichst du dabei über Sex. Du kannst zum Beispiel erzählen, dass sich deine Freundin ein neues Bett gekauft hat, mit extra dicker Matratze. Oder dass du am liebsten rote Bikinis trägst. Du kannst auch schildern, dass du im Sommer gern an eiskalten Wassermelonenstückchen lutschst. Immer schön sachlich, mit neutraler Stimme, bloß nicht verrucht.

Jetzt ist in seinem Sprachzentrum die Hölle los. Es decodiert all diese Wörter und verknüpft sie mit der Situation, die er sich am meisten wünscht: mit dir im Bett zu liegen und wilde Dinge zu tun. Glaub mir, damit treibst du ihn in den Wahnsinn. Rede aber immer noch nicht zu viel, sondern überlass ihm die Gesprächsführung. Diese Wörter sind Köder, die du ihm hinwirfst. Gib ihm Gelegenheit, danach zu schnappen. Den Rest wird er sowieso nicht mitbekommen. Kommunikationswissenschaftler kommen auf die Formel: Nur sieben Prozent unserer Aufmerksamkeit richten sich auf den Inhalt des Gesagten, irre 54 Prozent auf den Tonfall, und der Rest unserer Wahrnehmung gilt der Körpersprache.

Achte darauf, ob ihm das Spiel der Verführung Spaß macht.

Ein Mann sollte unbewusst verstehen, dass deine kleinen Köder den Prickelfaktor erhöhen, aber keine Aufforderung zum schnellen Sex sind. Wird er auf unangenehme Weise anzüglich, ist er sehr wahrscheinlich kein Vollzeiterotiker, sondern ein Sexautomat. Wenn er aber ebenfalls mit verführerischen Gesten und Worten reagiert, bist du auf dem besten Weg, den Jackpot zu knacken. Dann hast du einen dieser sagenhaften Männer erwischt, die sich auch im Bett Zeit lassen und Genussfanatiker sind. Ein Quickie zwischendurch in allen Ehren, aber am Anfang sind andere Dinge gefragt: Einfühlungsvermögen, Geduld, Respekt. Und Zeit, viel Zeit.

Am Ende des Abends solltet ihr beide schwer erotisiert sein. Achtung, Höchstspannung! Und genau jetzt musst du gehen – sorry! Lass dir in deine Jacke helfen, das verschafft euch einen »unschuldigen« Körperkontakt. Verlasst zusammen das Lokal. Dann ist Schluss. Lass dich nicht nach Hause bringen und nimm ihn auch nicht in deinem Auto mit. Der Szenenwechsel ist meist ernüchternd. Die Spannung sackt ab, alles wird plötzlich banal. Also verabschieden, allein nach Hause fahren und selig ins Bett sinken. Hör auf deine Intuition, was du ihm beim Abschied erlaubst. Eine kurze Umarmung mit Luftküsschen rechts und links ist fast obligatorisch. Ein flüchtiger Kuss mit geschlossenen Lippen? Sehr schön. Zungenküsse jedoch könnten dich schwach machen, also lass es nicht so weit kommen.

Zieh eine Bilanz

Du hast bestimmt alles richtig gemacht, deshalb überlege jetzt, wie er sich eigentlich so verhalten hat. Ist alles sahnig gelaufen? Badest du in Glücksgefühlen? Oder bist du froh, dass es vorbei ist? War es heiß oder nur lauwarm? Hat dich was geärgert? Ein Fazit zu ziehen ist dummerweise gar nicht leicht. Oft sind wir Frauen so aufgeregt, dass wir vieles ausblenden oder erst gar nicht wahrgenommen haben. Einen Tag später wollen wir uns sowieso nur noch an die angenehmen Seiten erinnern. Wir wünschen uns so sehr, dass es gut gelaufen ist, dass wir uns den Abend nachträglich schöndenken. Außerdem machen uns unsere Selbstzweifel einen Strich durch die Rechnung: Fehler seinerseits schieben wir gern auf uns selbst.

Tut mir leid, wenn ich jetzt Essig in den Wein gieße, aber eine einigermaßen kritische Bilanz solltest du so rasch wie möglich ziehen. Es lohnt sich einfach nicht, Zeit und Energie an einen Mann zu verschwenden, der beim ersten Date voll danebengreift. Besser jetzt einen Rückzieher machen als später. Mit einigen Testfragen kannst du zuverlässig ermitteln, wie es wirklich gelaufen ist. Die Chancen stehen nicht schlecht. Der Flirt hat zum Date geführt, und du hast deine ultimativen Karten ausgespielt. Vielleicht ist er the one and only. Finde es heraus!

Du solltest so schnell wie möglich eine ehrliche Manöverkritik üben.

Am besten im stillen Kämmerlein. Eine Freundin anzurufen ist keine brillante Idee, weil sich der positive Erwartungsdruck vervielfacht und du drei rosarote Brillen auf der Nase hast. Also setz dich hin, mach es dir gemütlich und lass den Abend Revue passieren. Es gibt einige Punkte, die darüber Auskunft geben, was du ihm in dieser Phase bedeutest. Entschuldigen solltest du nur Tapsigkeiten, keine Kardinalfehler. Er hatte Lampenfieber wie du, daher sind ihm garantiert ein paar Schwachsinnigkeiten unterlaufen. Geschenkt. Darüber sehen wir mal großzügig hinweg.

Anders steht es um Angewohnheiten und Verhaltensweisen, die man selbst verliebten Volltrotteln nicht verzeihen sollte. Hier musst du äußerste Skepsis walten lassen. Auch er weiß schließlich, dass du ihn den ganzen Abend über gescannt hast. Er sollte wenigstens versucht haben, sich von seiner Schokoladenseite zu zeigen. Die Macken springen dir noch früh genug ins Auge, jetzt geht es um Grundsätzliches. Keine Sorge, vermutlich hält er deinem Check stand. Aber wehe, wenn nicht!

{ **Schritt 9:** Check ihn nachträglich durch! }

Mach dir eine Liste, was dir beim Date gefallen hat und was nicht. In diesem frühen Stadium ist das oberwichtig. Und da dein Herz vermutlich mit Schwärmen und Anhimmeln beschäftigt ist, nutze deinen Verstand. Hat er dauernd mit seinem Handy rumgespielt, Statements gepostet, SMS geschrieben, sogar Anrufe angenommen? Wirkte er gestresst, desinteressiert? Hat er öfter auf die Uhr gesehen? Hat er sich bei dir ausgeheult? War er geizig? Hat er mit seinen früheren Eroberungen geprahlt? Wollte er nach dem Hauptgang fluchtartig gehen?

Wenn du zwei Fragen mit ja beantwortest, sieht es schwierig aus. Drei Jas sind hoch verdächtig, und trifft so gut wie alles zu, lösch ihn aus deinem Dateprogramm. Gegen die Macht großer Gefühle für den falschen Mann hilft nur beinharter Grips. Da ist zum Beispiel die Sache mit dem Handy, Spielzeug Nummer eins des Mannes. Kann er selbst beim Dinner zu zweit nicht die Finger davon lassen, haben seine Gefühle für dich einfach nicht gereicht. Nein, es war nicht seine steinreiche Erbtante am Apparat, und er musste auch nicht die Geheimformel für ein lebensrettendes Medikament durchgeben – nee, nee. Offensichtlich hat er eine so intensive Beziehung zu seinem Handy, dass du immer an zweiter Stelle stehen wirst.

Dasselbe kannst du vermuten, wenn er einen gestressten Eindruck gemacht hat und dir nicht richtig zuhören konnte. Vielleicht hat er manche Fragen zweimal gestellt? Und deinen Beruf vergessen, von dem du doch bereits bei eurem Flirt erzählt hast? Schweres Aufmerksamkeitsdefizit. Was auch immer der Mann von dir will, mit deiner Person hat es wenig zu tun. Du darfst volle Konzentration verlangen, ohne Ablenkungen, ohne Zeitmangel. Sonst ist Abschleppalarm angesagt. Dann war das Essen für ihn nur ein notwendiges Übel, um so bald wie möglich in deinem Bett zu landen.

Am Grad seiner Aufmerksamkeit lässt sich ablesen, wie ernst es ihm ist.

Bastel dir bloß keine Ausreden zurecht. Du bist du, und das muss gefälligst reichen. Es hätte nichts gebracht, wenn du noch netter, noch witziger, noch sinnlicher gewesen wärst. Du, nur du bist der Maßstab, Ende. Wer beim Date auffällig auf die Uhr sieht, ist nicht bei der Sache. Und wer Stress vorschützt, will sich gar nicht erst mit dir entspannen. Mister Oberbeschäftigt ist immer Mister Obernervtöter in Personalunion mit Mister Wichtigtuer.

Mit dem handelst du dir ein wandelndes Problem ein, dass es nur so scheppert. Du kannst kurz seinen Humor antesten, indem du gleichziehst und deine beste Freundin anrufst. Hält er das für normal, ist er so was von abartig!

Genauso blöd ist es, wenn er dich als seelischen Mülleimer verwendet hat. Mit diesen ganzen Geschichten vom Mobbing im Job und der verpassten Beförderung und den fiesen Nachbarn, gegen die er seit Jahren prozessiert. Oder er hat über seine Ex gelästert? Geht gar nicht. Schließlich hast du ihm auch nicht als Beilage Kummer und Katastrophen serviert. So was ist nun mal ein Abtörner. Ihm war's egal? Er hat von seinen Krankheiten erzählt, von seinen Schulden, von der letzten Reifenpanne? Der wird sein Ungemach in Zukunft literweise über dich ausschütten. Schlechte Laune kannst du auch ganz allein haben. Dafür brauchst du nicht noch einen Miesepeter vom Dienst.

Kübelt er dich mit negativen Geschichten zu, entsorge ihn, so schnell wie möglich.

Ein weiterer Punkt ist der Geiz, und hier geht es ans Eingemachte. Wenn er einen schlappen Salat ohne alles als Vorspeise vorgeschlagen hat, den ihr auch noch teilen solltet, ist das eine Zumutung. Treffsicher die billigsten Gerichte auszuwählen zeugt auch nicht gerade von seinem künftigen Verwöhnfaktor. Dir die Brocken vom Teller zu klauen, weil er sich eine zu kleine Portion bestellt hat, ebenfalls nicht. Und falls er den Kellner mit 50 Cent Trinkgeld in die Nacht entlassen hat, kannst du auf Geschenke warten, bis du schwarz wirst. Merke: Geld verdirbt nicht den Charakter, es zeigt den Charakter! Und eine Buchhalterseele ist ein No-Go.

Überhaupt, das Bezahlen. Da kommen manchmal die gruseligsten Geizattacken zum Vorschein. Wie gesagt: Er hat dich eingeladen, du bist die Frau, er hat den ehrenvollen Job »Zahlemann und Söhne«. Von wegen getrennt abrechnen, womöglich noch genau für das, was du gegessen hast. Falls er den peniblen Kassenwart macht, hat er schlicht keine Lebensart. Auch Augenrollen und tiefe Seufzer, wenn er sein Geld rauskramt, darfst du ihm nicht durchgehen lassen. Oder willst du ein Leben mit Leitungswasser und Knäckebrot? Kleinliche Naturen sind eine Pest. Kein einigermaßen stilvoller Mann macht den Sparheimer, wenn er eine Frau für sich gewinnen will. Alle seine Ausrutscher beim ersten Date werden sich später als fette Charakterfehler erweisen. Gib dich nicht zufrieden damit. Du wirst den Mann nicht ändern, schmink's dir besser gleich ab.

Also Augen auf! Hat er den Test bestanden, sollte er sich pronto melden, am besten gleich am nächsten Tag. Dann musst du entscheiden, ob du ihn wiedersehen möchtest. Zwei weitere Dates solltest du noch durchstehen, bevor ihr in der Horizontalen landet. Dann geht's los!

{ **CHECKLISTE** ERSTES DATE }

- Ist er pünktlich?
- Gefällt dir das Lokal, das er ausgesucht hat?
- Habt ihr intensiven Augenkontakt?
- Bleibt sein Handy in der Tasche?
- Wirkt er aufgeregt, aber nicht gestresst?
- Ist das, was er erzählt, interessant?
- Interessiert er sich für dein Leben, deine Träume?
- Gibt's Komplimente?
- Sucht er dezenten Körperkontakt?
- Überzeugt sein Benehmen während des ganzen Abends?
- Zahlt er souverän und lässig?
- Äußert er den Wunsch, dich wiederzusehen?

KAPITEL 4
Spiel ohne Grenzen. Wie du Männer in den erotischen Wahnsinn treibst

Liebe deinen Körper

Love is in the air ... Ist das der Soundtrack, den du nach dem ersten Date im Ohr hast? Dann liegt auch Sex in der Luft. Fragt sich nur, wann der ideale Zeitpunkt dafür ist. Das Datingportal ElitePartner hat nachgefragt, wie lange es bis zum ersten Sex dauert. Und siehe da: Nur magere neun Prozent der Deutschen rödeln beim ersten Date los. In der ersten Woche danach tun es 17 Prozent, im ersten Monat gut ein Drittel und zehn Prozent innerhalb von einem halben Jahr. Im Mittelfeld liegen also alle, die eine bis vier Wochen warten. Ich würde anders rechnen: in Dates. Eine gewisse Geschwindigkeitsbegrenzung ist dabei angebracht. Spontanes Rumrammeln bringt dich nicht weiter, falls du was Festes suchst.

Gehen wir vom besten Fall aus: Das erste Date ist super gelaufen, die Schmetterlinge in deinem Bauch drehen Extrarunden. Auch ein weiteres Date liegt bereits hinter dir. Jippiiee! Beim dritten Date darfst du zur Wildkatze werden! Damit die Wartezeit nicht zu peinigend wird, solltet ihr variieren. Sonst könnte die Luft raus sein, bevor der Liebesballon platzt. Essen gehen wart ihr schon, jetzt sollte ein Spaziergang, ein Konzertbesuch oder Tanzengehen folgen. Oder auch die Bowlingbahn, das Museum, ein Fußballspiel. Währenddessen habt ihr nur noch drei Buchstaben im Kopf: ein S, ein E, ein X – SEX! Aus den ersten vorsichtigen Berührungen sind intensivere Körperkontakte geworden, Umarmungen, Küsse, auch die Hände sind schon mal auf Erkundungstour gegangen.

Beim dritten Date darfst du aufs Ganze gehen – wenn du Lust dazu hast.

Fühlt sich alles gut an? Oder riecht er wie toter Waschbär? Nein? Großartig. Schon beim ersten und zweiten Date hast du natürlich permanent daran gedacht, wie »es« mit ihm sein wird. Darauf solltest du dich vorbereiten. Für Peinlichkeiten und Pannen der ersten Nacht gibt es kein Pardon. Wir wissen zwar, dass der erste Sex mit dem Neuen immer etwas von einer Generalprobe hat, bei der alles Mögliche schieflaufen kann. Doch letztlich muss es sofort schnackeln, dass die Wände wackeln. Oder hast du Angst, dass nur dein Selbstbewusstsein wackelt? Dass du nicht gut ankommst, wenn die nackte Wahrheit nicht mehr zu verbergen ist? Dass du, autsch, nicht gut im Bett bist? Grübeleien dieser Art musst du ganz schnell canceln.

Hm, denkst du jetzt, komisch – handelt dieses ganze Buch nicht davon, wie Männer ticken? Und wie man darauf eingeht? Stimmt. Jetzt erfährst du genau das. Aber ahnst du, was Männer in den Wahnsinn treibt? Surprise, surprise! Es sind nicht deine erlernten Liebeskünste, nein, es ist dein Genuss. Sicher, es gibt ein paar zweckdienliche Handgriffe, Tricks und Stellungen, die ihn ausrasten lassen. Doch die sind so erotisch wie Nummern im Einwohnermeldeamt ziehen, wenn du Punkt für Punkt eine geheime Liste abhakst. Die Basis von allem ist deine Hingabe, deine Fähigkeit, Lust bis zur Kernschmelze zu empfinden.

Denk nicht darüber nach, was du tun solltest, freu dich auf das, was du bekommst!

Das ganze Gerede über »gut im Bett« ist ein Mythos, verlass dich drauf. Den Mann interessiert am brennendsten deine Lustfähigkeit. Diverse Umfragen bestätigen: Was Männer an Frauen sexy finden, ist bedingungslose Hingabe an ihre Leidenschaft. Der Mann will sehen, spüren, hören, dass du außer dir bist, wenn er in dir ist. Es ist nicht deine Performance, es ist deine Genussfähigkeit, die ihn antörnt. Na, und wie steht es damit? Oder hast du darüber noch nie nachgedacht? Weil du dich dauernd fragst, ob du ihm gefällst, ob dein Körper seinen Ansprüchen gerecht wird, ob du es draufhast?

Schritt 1: Versöhne dich mit deinem Körper!

Frauen machen sich viele Gedanken um ihren Körper: dass er zu dick, zu schlaff, zu teigig, zu unattraktiv ist. Viel weniger beschäftigen sie sich damit, wie sie körperliche Lust empfinden. Für den Mann ist das aber weit wichtiger. Deshalb nimm dir Zeit und erkunde deinen Körper. Streichle dich, verliere dich in erotische Tagträume, erforsche deine Phantasien. Was macht dich an? Was bringt dich zum Orgasmus? Reservier ein paar Abende nur für dich und feiere deine Lust. Probiere einen Dildo aus, kitzle dich mit einer Feder, mach, worauf du Appetit hast. So lernst du dich besser kennen und verstehst, dass dein Körper dein bester Freund ist. Dann erst bist du bereit für galaktischen Sex.

Leider hat man uns etwas anderes beigebracht: Wir sollen brav etwas Gelerntes vorführen, und wir sollen vor allem gut dabei aussehen. Damit haben wir schon die beiden fiesesten Lustkiller am Wickel. Erstens ist es nicht das Was, sondern das Wie, das Männer um den Verstand bringt; zweitens ist makellose Schönheit Nebensache. Da du beim Attraktivitätstraining gelernt hast, dich sexy zu denken, kannst du dich jetzt auch sexy fühlen. Und das beschleunigst du, wenn du deinen Körper als eine Quelle der Ekstase betrachtest, nicht als Gegenstand, der dringend verbessert werden muss.

Leg Hand an, an dich! Je freier du mit dir selbst umgehen kannst, desto ungehemmter kannst du auch seinen Körper erkunden. Und zwar ohne Nachdenken und Zweifel, die dich ablenken. Nichts stoppt die Erregung des Mannes schneller als eine Frau, die nicht bei der Sache ist. Er meint dann, dass du an den nächsten Hausputz denkst oder an die Steuererklärung. Oder er fühlt sich abgelehnt. Deine selbstvergessene Sinnlichkeit ist es, die ihn anmacht. Und wenn du weißt, wie du dich zum Orgasmus bringst, hast du auch zu zweit deinen Spaß. Du darfst sogar nachhelfen und dich beim Liebesspiel im Doppelpack selbst stimulieren, die meisten Männer finden das total scharf.

Stimm dich auf den ersten Sex mit ihm ein, indem du dich auf einen sinnlichen Level bringst.

In vielen nativen Kulturen wurden Bräute mit erotischen Riten auf die Hochzeitsnacht vorbereitet. Auf Bali zum Beispiel gibt es noch heute ein sehr schönes Hochzeitsritual: Die Braut wird mit Honig und Salz massiert, dann gebadet, mit Joghurt abgerieben, wieder massiert, diesmal mit Öl, und dabei lässt man auch die erogenen Zonen nicht aus. Glückliches Bali! Hierzulande wurden die jungen Mädchen noch vor 50 Jahren vor der ersten Nacht mit dem Angetrauten gewarnt. Muttern verdrückte Tränchen, Großmutter machte ein bedenkliches Gesicht. Alle bemitleideten die Braut und rieten ihr, die leidige Sache stumm über sich ergehen zu lassen.

Gut, wir leben im 21. Jahrhundert, aber das lustfeindliche Klima ist noch nicht ganz vorbei. Vor dem ersten Sexdate sind viele Frauen in so verspannter Verfassung, als müssten sie ein Examen bestehen. Geh es lieber balinesisch an. Zwei Stunden vor dem Date startest du ein Verwöhnprogramm, das dich rundum erotisiert. Heiz dich auf! Schwelge in deinen Phantasien! Creme dich genussvoll ein! Masturbiere ruhig, auch das gehört zum Vorglühen. Du kannst dich später viel leichter gehen lassen, wenn du schon vibrierst.

Wenn du in erotischer Stimmung bist, wird alles, was vor dem Bett passiert, zum Vorspiel.

Der Unterschied ist dramatisch: Ob du auf den letzten Drücker angehetzt kommst, nachdem du noch alles Mögliche erledigt hast – oder ob du beim Treffen vor der Nacht der Nächte einen sinnlichen Countdown hattest. Zeitmangel und Stress sind schwere Lustkiller. Runterzuschalten ist dann sowieso schon schwierig, aber den Hebel auf ein sexy Körpergefühl umzulegen, ist fast unmöglich. Sex ist nicht das, was sich im Schlafzimmer abspielt, es ist ein Gesamtprogramm. Niemand zwingt dich, das erste Sexdate auf den Abend nach einem langen Arbeitstag zu legen. Also sorge dafür, dass du vorher Zeit für dich hast.

Mit einem erotischen Backup geht dann alles wie von selbst. Du genießt das offenherzige Kleid, das du trägst, du bewegst dich auf deinen High Heels wie eine Liebesgöttin, deine Augen funkeln, deine Wangen strahlen. Deine Gesten sind weicher, dein Blick ist verführerischer. So was kann man nicht spielen, das wird nur spürbar, wenn es echt ist. Und wie der Mann deines Herzens das spüren wird: diese Mischung aus lasziver Entspannung und erwartungsvoller Anspannung. Unwiderstehlich!

Investiere in erotische Wäsche

Um dich auf Betriebstemperatur zu bringen, ist schöne Wäsche unerlässlich. Es ist sogar gut, wenn du schon während der ersten Dates ein sexy Darunter trägst, auch wenn er es noch nicht zu sehen bekommt. Das erhöht dein Körperbewusstsein und deinen Erotikfaktor. Du hast einfach ein kleines Geheimnis. Beim zweiten Date darf dann auch mal ein Hauch Spitze im Ausschnitt aufblitzen. Tu so, als ob du es gar nicht bemerkst, wenn sich sein Blick daran festsaugt. Noch ist das nur eine Verheißung.

Wie feminine Kleidung und High Heels sorgt auch Wäsche dafür, dass du dich verwandelst. Es ist immer wieder frappierend, was ein paar Quadratzentimeter Stoff ausmachen, noch dazu, wenn sie quasi unsichtbar sind. Aber sie bedecken nun einmal Stellen deines Körpers, die etwas ganz Besonderes sind und die dir Lust bereiten. Das versetzt dich in einen angenehmen Zustand der Erwartung. Wie würde er reagieren, wenn er dich auspellt und die Bescherung sieht?

Erotische Wäsche ist ein Ausstrahlungsverstärker.

Eigentlich sollte man ja denken, dass sexy Wäsche selbstverständlich ist. Weit gefehlt. Wer nachfragt, bekommt niederschmetternde Antworten. Nur etwa die Hälfte aller Frauen zwischen 25 und 55 findet, dass edle Dessous unabdingbarer Bestandteil von Erotik und Verführung seien. Nach einer Studie des Markt- und Sozialforschungsinstituts GP Forschungsgruppe und des Online-Providers ODC tragen außerdem gerade mal 41 Prozent der Frauen bei besonderen Anlässen schöne Wäsche! Und der Rest? Nö, das wollen wir uns besser nicht vorstellen. Unsere Urahnen waren schlauer: Das erste Kleidungsstück überhaupt war eine Schnur um die Hüften. Sie bekleidete aber gar nichts, sondern war reiner Schmuck und lenkte den Blick aufs Wesentliche, so die Forscher. Erst später wurde ein verhüllender Schurz drangehängt.

Textile Verführung ist also keine Erfindung der modernen Zivilisation. Im Gegenteil: Da ist manche Frau eher zurückhaltend bis lieblos. Du magst keine Reizwäsche? Findest Strapse doof und halterlose Strümpfe unpraktisch? Du meinst, ein schwarzer Spitzenbody lässt sich nicht so gut in der Maschine waschen wie ein weißer Sport-BH? Dann bleib mal schön auf dem Planeten der Asexualität, wo kochfeste XXL-Schlüpfer als ultimatives Bekleidungsstück gefeiert werden. Aber glaub nicht, dass sich dort auch nur ein Mann blicken lässt! Das Spiel von Zeigen und Verstecken ist so alt wie die Menschheit. Also spiel mit und hab Spaß dabei.

Nicht vergessen: Du bist ein Geschenk an die Männerwelt. Und was macht man mit Geschenken? Richtig, verpacken!

Aufregende Wäsche ist so etwas wie erlesenes Geschenkpapier mit einer roten Schleife darum. Du überreichst ja auch keinen Champagner in einer Plastiktüte vom Supermarkt. Oder drückst dem Beschenkten die Flasche ohne alles in die Hand. Nein, die Verpackung sagt viel über den Wert des Inhalts. Also checke deinen Wäscheschrank. Es ist schon komisch, was Frauen da alles drin liegen haben. Ausgeleierte Slips mit Blümchenmuster, fusselige BHs in undefinierbaren Farben, sogar Männerunterhemden kommen vor. Wie sollst du da ein Vollweibfeeling entwickeln? Da kannst du dich auch gleich mit einer Kerze in den Keller setzen und heulen.

Am schlimmsten ist der Hang zu Kinderwäsche. Diese Slips und Hemdchen mit Mickymäusen oder der Simpsonfamilie. Was soll das werden? Kindergartensex? Willst du im Ernst einen Mann, der auf Schulmädchenerotik steht? Ist selten und leicht pervers, so viel ist mal klar. Aber man kann es auch in der anderen Richtung übertreiben: mit wilden Tigermustern und Leopardenprints. Das riecht nach Vorstadtbordell der siebziger Jahre: p wie peinlich. Wahre Erotik ist Stil, nicht Kostümball. Ciao, Tigerlilly.

{ **Schritt 2:** Lege dir sexy Wäsche zu! }

Zeit, auszumisten! Verbanne alle Liebestöter für immer aus deinem Leben. Sie ziehen dich runter, auch im Job oder in der Freizeit. Gewöhne dich an das herrliche Gefühl, dass deine Haut von Satin und Spitze gestreichelt wird. Immer. Also weg mit dem verwaschenen Wäschemüll und her mit den verführerischen Dessous! Dafür musst du nicht dein Konto quälen. In jedem Kaufhaus gibt es preiswerte Varianten. Nur sexy sollte die Wäsche sein und sich wie maßgeschneidert an deinen Körper schmiegen. Immer anprobieren!

Tja, und was solltest du nun genau kaufen? »Normale« Slips aus kochfester Baumwolle legen wir mal gleich beiseite. Hier gibt es nicht viele Alternativen: entweder Tangas oder sogenannte French Knickers – das sind Höschen aus Seide oder Satin, die locker um den Beinansatz spielen. Tangas sind aber geeigneter, weil sie sich nicht unter der Kleidung abzeichnen. Kein Gewurschtel unter der knackengen Jeans, keine sichtbaren Nähte unter dem leichten Kleid. Außerdem ist es für den Mann absolut aufregend, wenn er Forschungsreisen unternimmt und seine Hand auf nackter Haut landet. Achte darauf, dass der Tanga vorn direkt unter dem Bauchnabel endet. Zu kleine Tangas sehen aus wie Nilpferd mit Strumpfband. Also lieber eine Nummer größer nehmen.

Deinen Busen solltest du grundsätzlich mit Push-up-BHs in Form bringen, denn sofort verwandelt sich dein Dekolleté ins pralle Leben. BHs aus T-Shirt-Stoff und ohne Push-Effekt machen nicht viel her. Schlappe Sache. So etwas können sich nur Frauen leisten, die von Natur aus einen Playmate-Busen haben – oder einen begnadeten Chirurgen. In der Realität ist der perfekte

Busen eher die Ausnahme. Und mit jedem Jahr mehr im Kalender wird's nicht gerade besser. So wie schon anfangs gesagt: Für den Mann heißt es what you see is what you get. Er nimmt dich auch nackt so wahr, wie er dich angezogen gesehen hat.

Ganz wichtig sind die Verpackungsdetails.

Prüfe zunächst die Materialien. Hier kann es gar nicht fein genug zugehen. Die Stoffe sollten sich unbedingt glatt und weich anfühlen, Satin ist erregend, auch Seide, nur dass die wesentlich teurer ist. Aber Wäsche aus glatten, glänzenden Stoffen gibt es auch zu Dumpingpreisen, und Männer bemerken den Unterschied sowieso nicht. Ob ein BH 20 Euro oder 200 gekostet hat, ist ihm völlig Banane. Hauptsache erregend! Allerdings sollte nichts scheuern und kratzen, deshalb ist die Verarbeitung sehr wichtig. Harte Kanten und wulstige Nähte hinterlassen wunde Haut und schrecken den Mann ab.

Ein Hingucker sind Verzierungen. Stell dir ein wunderschönes Gemälde in einem rohen Holzrahmen vor – du weißt, worauf ich hinaus will. Der schönste Rahmen für weibliche Reize ist durchsichtige Spitze, schwarz, weiß, cremefarben, egal. Spitze wirkt edel, unwichtig, was das Teil gekostet hat. Und Spitzenborten sind ein Augenverdreher, wenn sie an den strategisch wichtigen Stellen mehr enthüllen als verbergen. Das fetzt auch bei Spitzenbodys, die jedoch unten wie ein Tanga geschnitten sein sollten, damit man sie im Eifer des Gefechts beiseiteschieben kann.

Fang nicht bei Lack und Leder an, sondern steigere deine Wäscheoffensive nach und nach.

Fürs Erste ist »normale« sexy Wäsche ausreichend. Kennst du den Mann länger und habt ihr schon ein paar Nächte miteinander verbracht, kannst du schon mal einen Ausflug in einen Erotikshop wagen. Hat was. Ist sogar ziemlich anregend, wenn du mich fragst. Wer jedoch gleich beim ersten Sexdate als Lederdomina auftritt oder das volle Fetischprogramm am Start hat, muss sich nicht wundern, wenn der Mann schreiend davonläuft. Nuttige Sidekicks können Erregungsbrenner sein, doch dafür braucht man eine gewisse Vertrautheit. Du kannst ihn beispielsweise nach dem Sex beiläufig fragen, ob Lack ihn anschärft oder Overkneestiefel. Aber gaaanz vorsichtig. Dann merkst du schon, ob er verlegen grinst oder ob da etwas in seinen Augen aufflackert.

Strapse und halterlose Strümpfe sind jedoch schon beim ersten Mal das Erotikum schlechthin, es sei denn, die Jahreszeit erlaubt dir nackte Beine. Der Streifen nackter Haut zwischen Strumpfgummi und Schambereich ist für den Mann ein Auslöser tiefer Umnachtungen. Er ist verrückt danach. Sei nicht erstaunt, wenn er darauf besteht, dass du die Strümpfe beim Sex anlässt. Im Reich der Sinne ist eine ganze Menge los. Kann sein, dass dabei etwas kaputtgeht, dass der Slip reißt oder der Verschluss des BHs ruiniert ist. Macht nix. Da du keine horrend teuren Sachen gekauft hast, sind das Kollateralschäden, die du verkraften wirst.

Schaff eine lustvolle Atmosphäre

Oha, der große Moment rückt näher. Und jetzt taucht die Frage aller Fragen auf: Zu dir oder zu mir? Manche Frauen neigen dazu, die männliche Location vorzuziehen. Das hat gleich mehrere Vorteile. Du erfährst durch seine Wohnung mehr über ihn, als er sich jemals vorstellen kann. Gleichzeitig gibst du den intimen Ort, der deine eigene Wohnung ja ist, noch nicht preis. Außerdem kannst du jederzeit abhauen, wenn dir etwas nicht passt: Ich bin dann mal weg. Gegen die Wohnung des Mannes sprechen aber auch zwei handfeste Nachteile. Du kannst die Inszenierung nicht steuern, außerdem begibst du dich auf fremdes Terrain und damit voll in seine Hand. Schwierig. Und nun?

Wägen wir mal ab. Männer sind nicht gerade Profis für Entspannungsoasen. Sie mögen es schlicht und praktisch. Gedämpftes Licht und Kerzenschein sind so wahrscheinlich wie Schnee im August, eher erwartet dich eine gut gelüftete Kältekammer, beleuchtet von Lampen, die einem Hightech-Operationssaal alle Ehre machen würden. Die Folgen? Jede Falte eine Gletscherspalte, jede Delle ein tiefer Graben. Nicht gerade toll für dein frisch erwachtes Körperbewusstsein. Sanfte Musik und anregende Düfte sind ebenfalls kaum zu erwarten. Dabei brauchst du doch ein Wohlfühlambiente, in dem du dich fallen lässt.

Die erste Nacht sollte unter optimalen äußeren Bedingungen stattfinden, damit du wirklich loslassen kannst.

Somit ist die Frage geklärt. Falls nicht andere Gründe dagegen sprechen, lockst du ihn in dein Nest – das du selbstverständlich so gestaltet hast, dass sich dein ganzer Zauber entfalten kann. Licht spielt dabei die Hauptrolle. Nicht umsonst sind gute Beleuchter am Filmset begehrt. Sie können den Star schön und hässlich leuchten, können magische Momente erschaffen oder sterile Orte mit gnadenlosen Schlagschatten. Sei vorbereitet. Verschönerungsaktionen in letzter Minute lassen das Begehren abflauen. Wer jetzt noch seinen Krempel wegräumt, Lampen umstellt oder nach der richtigen CD sucht, kommt als Vollhektiker rüber. Der Mann will dich, sofort. Er hat lange genug gewartet. Jetzt ist Spontaneität gefragt. Volle Konzentration auf ihn, nur ihn.

Wenn ihr in deine Wohnung kommt, sollte deshalb alles paletti sein. Du hast an jedes Detail gedacht: Im Wohnzimmer und im Schlafzimmer brennt nur schwaches, indirektes Licht, das wie ein Weichzeichner wirkt. Im CD-Player liegt schon die sinnlich wabernde Wellnessmusik bereit. Ein dezenter Vanilleduft durchströmt die Räume. Das Bett ist frisch bezogen – keine verspielten Blumenmuster! –, daneben liegen Kondome und ein Bademantel, der später wichtig werden wird. Du musst dich um nichts kümmern, weil du den Job schon erledigt hast.

Allerdings ist eine beherzte Punktlandung im Bett nicht immer angebracht.

Normalerweise lockt man einen Mann unter einem Vorwand ins eigene Heim, etwa, um noch einen Schluck zu trinken. Ihr wisst beide, dass dies der Auftakt für Sex ist, doch es ist einfach charmanter, das nicht brutal raushängen zu lassen. Noch sollte ein winziges Fragezeichen durch seinen Kopf geistern, denn er will dich ja verführen. Er ist der Jäger, du die Beute. Fällst du schon im Flur über ihn her, ist das eine Katastrophe mit Ansage: In seinen Augen bist du dann leicht zu haben. Oder gleich eine hemmungslose Nymphomanin, die schmerzfrei in der Gegend rumvögelt. Das mögen nur Männer, die ebenfalls wahllos durch die Betten pflügen und eine Frau nach der anderen von ihrer Strichliste kegeln.

Deshalb tu halt so, als sei der Ausgang des Abends durchaus offen. Dafür hast du listig vorgesorgt: Das Sofa wirkt einladend, weil nicht tausend Zeitschriften darauf rumliegen, die Beleuchtung ist gedimmt, wenn du sie anstellst. Kerzen solltest du nicht entzünden, weil ihr den Raum vermutlich wechseln werdet und euer Date nicht mit einem Feuerwehreinsatz enden sollte. Im Kühlschrank stehen Bier und Wein bereit. Aber keine Abfüller wie Schnäpse kredenzen – tütendicht wird das Ganze entweder nur eine schnelle Nummer oder ein Rohrkrepierer. Zögere den Showdown hinaus, auch wenn du merkst, dass sein bestes Stück schon gierig hinter dem Reißverschluss pulsiert. Überlass ihm die Initiative. Er weiß schon, wie's geht. Und dann: grünes Licht fürs Schlafzimmer!

{ **Schritt 3:** Mach dein Schlafzimmer zum Tempel der Lust! }

Der erste Sex ist entscheidend. Jetzt sollte dich der Mann genauso wahrnehmen, wie du es gern hättest. Auch wenn er den Raum vor lauter Erregung erst mal gar nicht sieht, wird er ihn spüren. Die Wärme, den Duft, das schmeichelnde Licht, das deine Haut schimmern lässt. Geh vorher jede Kleinigkeit durch. Häng Familienfotos ab – er soll dich mögen, nicht die ganze Sippe, die ihm Angst vor einer festen Beziehung machen könnte. Lass Kuscheltiere und Kekspackungen verschwinden, die zeugen von einsamen Nächten – so wie dieses Buch. Auch das darf er nicht sehen! Räum herumliegende Klamotten in den Schrank, damit es nicht nach Rumpelkammer aussieht. Verhex ihn mit betörender, leiser Musik.

Bewusst wird er nicht registrieren, wie sorgfältig du vorgegangen bist. Aber genau das ist die Taktik. Der Mann hat wenig Sinn für solche Sachen, ist aber erfreut, wenn sich alles zu einem erotisierenden Setting fügt. Alles, was ihm hingegen Stress macht, knickt seine Libido. Neurobiologen haben herausgefunden, dass bei Stress Cortisol ausgeschüttet wird, der Gegenspieler des Testosterons. Und Letzteres braucht er, um erregt zu werden. Am meisten wird ihn jedoch umhauen, wenn du dich sichtlich wohlfühlst. Das ist die erste Voraussetzung für einen lustvollen Erstkontakt der obersten Liga.

Bist du entspannt, ohne Ängste, ohne die Komplikationen einer fremden Umgebung, kannst du dich locker machen und dich ganz auf ihn einstellen. Denn auch bei dir bewirkt Stress und damit ein Cortisolhoch, dass du wenig Lust auf Sex verspürst. In deiner Wohnung hast du im wahrsten Sinne des Wortes ein Heimspiel. Die Atmosphäre läst deine Aufregung in Erregung übergleiten. Ohne Angst vor greller Ausleuchtung und frostiger Gänsehaut ist es wunderbar, sich jetzt gegenseitig auszuziehen. Hat er deine Bluse oder dein Kleid erobert, darfst du seinen Gürtel öffnen. Geht er dir an die Wäsche, darfst du seine Boxershorts runterzuppeln und den Stand der Dinge begutachten.

Denk dran, dass er mindestens so viel Prüfungsangst hat wie du.

Mach ihm ein Kompliment für seinen Body. Du fragst dich, ob er das überhaupt will? Da kannst du auch den Papst fragen, ob er katholisch ist. Natürlich steht er darauf, denn auch Männer hadern mit ihrem Körper. Überall grinsen ihm Kerle mit Waschbrettbäuchen und Muskelpaketen entgegen, in der Werbung, in Actionfilmen, auf Flirtportalen. Ein überwältigt gehauchtes »Wow« beim Anblick seines Körpers reicht schon, dass er sich bestätigt fühlt. Aber du kannst noch mehr tun. Spare nicht mit Superlativen, obwohl du Hüftgold und Spargelbeinchen entdeckst. In seiner Phantasie ist er immer ein Hero. Lobst du dann noch seinen kleinen Freund, wird der sich zu ungeahnter Größe aufpumpen.

Da ihr im sinnlichen Halbdunkel deines Schlafgemachs rummacht, bleiben peinliche Enthüllungen weitgehend aus. Falls er Schwierigkeiten mit deinem BH-Verschluss hat oder sich in deinem Tanga verheddert, nicht kichern, sondern dezent nachhelfen. Und vor allem: genießen! Je weniger du über deine Cellulitis und deine Speckschürzen nachdenkst, desto besser. Halte Augenkontakt, dann zoomt sich sein Blick nicht an die No-go-Areas deines Körpers fest. Andererseits hat er sowieso keinen Grund dafür, denn jetzt erkundet er die Zonen, die seit langem seine Vorfreude weckten: Busen, Po und das Delta der Venus. Da kann gar nichts mehr in die Hose gehen.

Tu unschuldig, dann leg los

Es soll ja Frauen geben, die gleich beim ersten Mal ihr Spezialprogramm abziehen. Am liebsten das verschärfte Verwöhnpaket, das den Ex entzückte: inklusive Anusmassage, Brustwarzenklemmen und exzessivem Gelutsche am großen Zeh. Vorsicht. So beeindruckend das ist und so sehr der Ex darauf stand – wahrscheinlich ist das für den Neuen too much. Ihr müsst euch erst einmal kennenlernen, auch sexuell. Wenn du gleich das verruchte Biest gibst, das das Kamasutra rauf- und runtersurft, eine Kiste mit Sex Toys über ihm ausschüttest und bei der ersten Nummer alles gibt, ist er bedient. Es wirkt einfach zu professionell. Könnte sein, dass er dann glaubt, du würdest deine Brötchen beim Escortservice verdienen.

Sexuell übereifrige Frauen sind wie eine Grippe: Man hat sie eine Woche im Bett, dann will man sie wieder los sein. Es läuft genau andersrum: Die meisten Männer beginnen zu hyperventilieren, wenn sie denken, sie müssten die Unschuld vom Lande knacken. So ein bisschen in Richtung »bad boy, good girl«: – der böse Junge verführt das brave Mädchen. Du solltest ihm zeigen, dass dich antörnt, was er tut, aber es sollte so aussehen, als ob er dich dabei rumkriegt. Nur, was schwer zu haben ist, macht ihm nämlich

Spaß. Also bloß nicht ausziehen, aufs Bett schmeißen und alle viere von dir strecken. Zu einfach. Zu langweilig. Er sollte sich schon ein bisschen anstrengen, bevor du dich in Lustgestöhn auflöst.

Lass dich überwältigen, und er wird überwältigt sein.

Je unschuldiger er dich wahrnimmt, desto besser. Jede Steigerung deines Entgegenkommens empfindet er dann als seinen persönlichen Erfolg. Er gibt das Tempo vor. Und die Praktiken. Überlass dich seinem Rhythmus, werde bloß nicht gleich offensiv. Er will den dominanten Part, jedenfalls am Anfang. Männer erwarten nicht den doppelt eingesprungenen Rittberger von dir und auch nicht die Petersburger Schlittenfahrt. Abgefahrene Pornoakrobatik könnt ihr euch für später aufheben. Zunächst zählt nur, dass du seine Gesten beantwortest, seine Körpersprache. Und jede Phase deiner Hingabe zu seiner Eroberung machst.

Trauer nicht dem ausgedehnten Vorspiel hinterher, wenn er von null auf 100 beschleunigt. Bei der nächsten Nummer wird er sich die Zeit dafür nehmen. Fang aber auch nicht an, die Fliegen an der Decke zu zählen, wenn seine Zunge stundenlang nach deiner Klitoris sucht. Lass ihn erst mal sein Ding durchziehen. Er startet mit der guten alten Missionarsstellung? Völlig okay. Du wirst ihm bald zeigen, wo's langgeht zur Ekstase. Bis dahin sollte er euren Doppeldecker als sein Werk betrachten. Schauspielunterricht musst du dafür nicht nehmen. Im Grunde verhältst du dich so, wie du dich ehrlich fühlst. Denn der erste Sex hat immer eine ganze Reihe von unbekannten Faktoren im Gepäck. Ein bisschen unheimlich ist es schon, sich einem Mann zu überlassen, den man noch nicht lange kennt. Es ist ein Abenteuer mit ungewissem Ausgang. Muffensausen ist immer dabei.

{ **Schritt 4:** Lass dich verführen! }

Spiel ihm nicht vor, dass du cool nach Plan vorgehst und schon an das Bier danach denkst, während er in die Vollen geht. Zögere die Sache hinaus. Zier dich ein bisschen. Er muss sich tief vorgraben, bis er deinen Vulkan freilegt. Dann darfst du ihn mit wilder Lust überraschen. Erwidere jede seiner Berührungen, indem du ein bisschen nachdieselst – hmmm, aaah, ohhhh! – und dann erst gleichziehst. Er erobert deinen Busen? Drei Atemzüge erregte Andacht, und rein mit der Hand in sein Hemd. Streichelst du dann ausgiebig seine Heldenbrust, weiß er, dass er auf der richtigen Fährte ist. Er umfasst deinen Po? Kurz abwarten, und dann nichts wie ran an sein hoffentlich knackiges Hinterteil.

Er versteht das so, dass er dich ermutigen muss. Jede deiner Aktionen wird auf diese Weise ein Geschenk, das er sich verdient hat. Diese Strategie ist deshalb so wirkungsvoll, weil du den Sex erlebst, als sei es das erste Mal überhaupt. Und er hat das Gefühl, er sei der Erste, der dich so phantastisch versext. Ihr erlebt eine echte Premiere, mit Herzklopfen und Ohrenrauschen. Obwohl er weiß, dass du keine Jungfrau mehr bist, möchte er die Rolle des Prinzen spielen, der Schneewittchen wach küsst. Spürbare Routine deinerseits würde ihm die Prinzenrolle verderben.

Auf keinen Fall solltest du seine Bemühungen passiv über dich ergehen lassen und es bei züchtigen Seufzern belassen. Das wäre sowieso pure Heuchelei, weil du ja scharf auf ihn bist. Außerdem könnte er meinen, du wärst die Diva, die den Komplettservice will, ohne selbst einen Finger zu rühren. Die Unschuldige zu spielen heißt nicht, wie ein Brett dazuliegen. Er will das Tier in dir wecken. Gönn dir dieses Spiel, und gönn es ihm.

Männer brauchen Feedback. Gib's ihm mit deinem Körper!

Ihr spielt das Frage-Antwort-Spiel. Mit seinen Händen und Lippen, mit seinem ganzen Körper fragt er dich: Hey, ich will dich, gefällt dir das? Und du antwortest mit deinem Körper: Huch, hallo, wow, ist ja Wahnsinn, ja, ja, ja, mehr davon. Das ist was ganz anderes als die knüppelharte Botschaft: Ach so, okay, kenne ich schon, hab ich tausendmal gemacht. Das Scharfe am gegenseitigen

Hochschaukeln ist, dass er es automatisch langsam angehen lässt und dann immer enthemmter wird, weil du ihn bestätigst. Wie soll er dich ins Nirwana beamen, wenn du schon vor ihm da bist? Mit dem Body Feedback schraubt ihr euch stufenweise hoch.

Erst wenn seine Hand zwischen deinen Beinen rumwühlt, darfst du seine Erektion ertasten. Jetzt gibt es kein Halten mehr. Leider können viele Frauen genau jetzt den Mund nicht halten. Sie meinen, nun sei der Augenblick für Dirty Talk gekommen. Uuuhh, ein echter Fehlgriff. So etwas darf die überwältigte Unschuld erst in der zweiten Runde ausprobieren. Sonst fühlt er sich betrogen: Warst du nicht gerade noch die Frau, die kunstvoll verführt werden musste? Hast du ihn verladen? Steht er jetzt wie der letzte Heini da, weil er rausbekommt, dass er von Anfang an einen abgefuckten Profi am Wickel hatte?

Dirty Talk für später aufheben.

Versaute Sprüche setzen ihn ziemlich unter Druck. Sofort hält er dich für ein mit allen Wassern gewaschenes Sexmonster, das Höchstleistungen erwartet. Meist wirkt Dirty Talk auch reichlich auswendig gelernt, und nichts kommt peinlicher als eine Hobbyschlampe. Das Blöde bei der Verbalerotik ist, dass manche Frauen ihren Text nur abspulen, weil sie denken, es gehört nun mal dazu. Dann hauen sie Standards raus, die nur noch in ganz billigen Pornos vorkommen: »Mach's mir, Baby!« oder: »Tiefer, tiefer, arrrrgh!« Auch ein hysterisches »Fick mich durch, aber hart!« ist in der Regel ein Lustkiller.

Versuch nicht, irgendetwas runterzuleiern, was nichts mit dir zu tun hat. Ein beiläufig hingemurmeltes »O Mann, ist das geil« wirkt weit anregender als konfektionierte Sprachschablonen. Die sind ein Turn-off. Erst wenn er sich als Verbalo outet, darfst du vorsichtig dein Mundwerk lockern, aber nicht auftrumpfen. Nennt er dich »geile Sau«, ist das keine Aufforderung, ihn als »geilen Hengst« zu bezeichnen. Halte dich zurück, dann genießt er seine Verbalschweinereien umso mehr. Schließlich bist du das brave Mädchen, das er auf Abwege führt. Flüstere ihm nur ein heißes »Ja, ja – uuaahm, jetzt!« ins Ohr, damit lässt du ihm den Kick, der Erste und der Beste, aber nicht der Erstbeste zu sein. Nur dann schwillt sein Ego genauso an wie sein Penis.

Fessel ihn ans Bett

Nein, nicht, was du denkst. Von Handschellen und Fußmanschetten seid ihr noch Lichtjahre entfernt. Auch Flogger und Peitsche lässt du besser unter Verschluss. Die Trefferquote, einen SM-Fan zu erwischen, ist gering, und Experimente sind dafür da, später die öde Sexroutine zu durchbrechen. Ich meine etwas anderes: Deine Erfolgschancen beim Projekt »spätere Heirat nicht ausgeschlossen« steigen dramatisch, wenn dein frischgebackener Lover sich nach dem Sex an dich schmiegt und mit dir die Zeit vergisst.

Er will nach der letzten Zuckung sofort weg? Schlechtes Zeichen. Entweder war's für ihn nur ein One-Night-Stand, oder er fürchtet sich davor, dass aus der rasanten Geliebten ein Klammeräffchen wird, das schon mal die Details der Hochzeitsfeier durchsprechen will. Wobei die zweite Variante wahrscheinlicher ist, sonst hätte er nicht drei Dates mit dir durchgestanden. Wir sprechen hier von Beziehungspanik. Sosehr er dich mag, plötzlich kriegt er Fracksausen. Er will nicht eingefangen werden. Gut, dass du das weißt. Noch besser, dass du seine Flucht verhinderst. Und mit was? Mit Grund.

Die gemeinsame Entspannungsphase nach dem Sex bindet euch aneinander.

So hat Mutter Natur die Sache eingerichtet, und zwar mit voller Absicht. Sie will nämlich, dass ihr zusammenbleibt, wenn ihr's miteinander treibt. Heute weiß man, wie das funktioniert: mit einem chemischen Cocktail, der sich gewaschen hat. »Lustvolle Sexualität entfacht einen Tanz der Hormone«, schwärmt der Linzer Sexualmediziner Dr. Georg Pfau – hübscher Name übrigens für einen Mann mit diesem Fachgebiet. Mehr als 50 verschiedene Botenstoffe feuert das Hirn beim Sex ab. Während man selbst nicht mehr weiß, wo oben und unten ist, arbeitet die Neurochemie unter der Schädeldecke so zuverlässig wie ein Pharmalabor.

Schon bei den ersten Streicheleinheiten überschwemmt einen das Hirn mit den exquisitesten körpereigenen Drogen. Deren Wirkung hält auch nach dem Sex an. Speziell nach dem Höhepunkt wird der Körper vom »Kuschelhormon« Oxytocin geflutet. Im medizinischen Jargon hört sich die Ursache reichlich unromantisch an: »Freisetzungsreize für Oxytocin sind vor allem mechanische Reize der Vagina, des Uterus, der Brustwarze sowie der Orgasmus.« Uff. Danke, Doc. Wollten wir immer schon mal wissen. Aber wieso ist Oxytocin so wahnsinnig interessant? Aufgepasst: Man nennt es auch Bindungs- oder Treuehormon. Mütter produzieren es beim Stillen, so dass sie eine intensivere Bindung zum Baby entwickeln. Haben wir da etwa Bindung gehört? Richtig.

Nach dem ersten Sex solltet ihr so lange wie möglich eng umschlungen euren Oxytocinrausch genießen.

Lass dir bloß nicht die phantastischen Auswirkungen des Oxytocins entgehen, es ist eine Wunderdroge. Allgemein gesprochen, verstärkt es ein positives soziales Verhalten. Das Zeug ist wie ein Zaubertrank. Babyhirne produzieren es nach dem Nuckeln und sorgen für gute Gefühle, na bitte. Erwachsene, denen man es bei Studien verabreichte, bauten mehr Vertrauen zu anderen auf. Ehepaare streiten weniger, wenn man künstlich für einen hohen Oxytocinspiegel sorgt. Und was ist mit Männern, die nach dem Sex einen kräftigen Schuss Oxytocin im Blut haben? Ha, rate mal, wie sich die Zufriedenheit, das Vertrauen und die Friedfertigkeit auf die noch wackelige Option deiner künftigen Beziehung auswirken. Bindung! Treue! Liebe! Genau das, was du wolltest!

Du erinnerst dich: Bei Sexausrutschern ist das unerwünscht. Doch bei Mr. Wonderful ist Oxytocin dein Verbündeter. Also darf dein Lover nicht gleich wieder aus den Laken hüpfen und sich auf die Socken machen. Liegt auf der Hand, oder? Das wird jedoch oft übersehen. Frauen sind so fixiert darauf, im Bett alles »richtig« zu machen, dass ihnen gar nicht in den Sinn kommt, wie es nach dem ersten Sex eigentlich weitergehen sollte. Aber genau das sollte dir bewusst sein, sonst hat sich der ganze Aufwand nicht gelohnt. Werde kreativ. Wie verhinderst du die notorische Bettflucht? Was tust du, wenn er irgendwas von »muss morgen früh raus« oder »gleich ist die letzte S-Bahn weg« murmelt? Ach, du bist verständnisvoll? Hilfst ihm auch noch, seine Boxershorts von der Lampe zu fischen, wo sie im Taumel des Begehrens gelandet sind? Bestellst ihm ein Taxi und bettelst nach Wiederholung? Großartig. Vermutlich war's das.

{ **Schritt 5:** Bring ihn dazu, in deinem Bett zu bleiben! }

Verführe ihn, möglichst lange mit dir nachzudieseln. Auf diese Weise überkommt ihn der Oxytocinschub Haut an Haut mit dir, und die hormonell gesteuerte Glückserfahrung tackert euch aneinander. Der Orgasmus ist nur ein Sekundenkleber. Erst postkoitales Kuscheln bringt den bindenden Langzeiteffekt. Stell es schlau an – und unauffällig. Manche Männer sind nach dem Orgasmus so fertig, dass sie eine Pause brauchen, kein heftiges Geklammer. Gönn ihm eine Kopfmassage, streichle seinen Bauch, raune ihm ins Ohr, dass du hin und weg bist. Hol ihm etwas zu trinken, denn Männer haben nach dem Sex mächtig Brand. Sogar Chips darfst du ihm im Bett servieren. Nicht lange fragen – machen. Vor allem: Lobe ihn, davon kann er gar nicht genug hören, und er wird fasziniert an deinen Lippen hängenbleiben.

Positive Rückmeldungen nach dem Sex sind die sicherste Taktik, damit er bleibt. Hätten wir uns denken können, ist aber auch wissenschaftlich erwiesen. Frank Schindowski, Psychotherapeut aus Karlsruhe, betont: »Ein Mann möchte als Liebhaber bestätigt werden.« Bestätigung gibst du ihm mit deinem Körper, aber auch mit ultimativen Lobhudeleien. Deine Bindungsstrategie sollte jedoch nicht in voreilige Vertrautheiten ausarten. Vermeide unbedingt Kosenamen. »Hasi«, »Schatzi« und »Kuschelbär« gehören ins Kinderzimmer, und da sollten sie gefälligst auch bleiben. Er kennt garantiert voll verschnarchte Ehepaare, die sich gegenseitig so nennen – was darauf schließen lässt, dass sie maximal einmal im Jahr Sex haben. Wenn überhaupt. Auch sein Schwanz steht unter Verniedlichungsverbot. Bezeichne ihn als »Pipimann« oder als seinen »kleinen Kumpel«, und ich prophezeie dir, dass der Mann sich innerlich still und leise übergibt.

Alles, was ihn kränkt, treibt ihn ebenfalls in die Flucht. Pass bloß auf, was du sagst, vor allem über seinen Penis. Keine abfälligen Bemerkungen, nicht mal nett verpackte! Säuselst du: »War toll. Siehst du, auf die Größe kommt es gar nicht an …«, ist das ein technischer K. o. Ist doch wohl klar, dass er beschämt davonschleicht, denn am liebsten würde er in einem T-Shirt mit dem Aufdruck »Big dick is back in town!« rumlaufen. Auch der Klassiker »Weißt du, soooo wichtig ist ein Orgasmus gar nicht für mich« treibt ihn aus dem Bett. Damit gibst du ihm brutal zu verstehen, dass du nicht gekommen bist. An wem liegt's? An ihm natürlich. Den Schuh zieht er sich sofort an, im doppelten Sinne. Und ist schneller verschwunden, als du bis drei zählen kannst.

Vermeide alles, was ihn in Frage stellt.

Eine kritische Würdigung seiner Bettbegabung kannst du am nächsten Tag mit deiner besten Freundin nachholen. Da darfst du kichern, weil er beim Orgasmus wie ein Frosch auf Ecstasy aussieht und weil sein Rücken an einen Bergschimpansen erinnert. Du darfst dich auch wegschmeißen vor Lachen, weil er vor lauter Aufregung erst mal danebenzielte, bevor er dann doch noch eingelocht hat. Maxi-Kreisch! Schöne Anekdoten aus der Kiste, die du ihm jedoch taktvoll vorenthältst. Kann er nicht gebrauchen. Egal, wie er sich gemacht hat, du bist begeistert. Er wird es glauben, und spätestens bei der zweiten Runde hast du wahrhaft Anlass, begeistert zu sein. Nichts spornt ihn so zu unglaublichen Taten an wie Bestätigung.

Ein bisschen entertainen solltest du ihn allerdings schon, wenn ihr erschöpft auf die Kissen sinkt. Denn Oxytocin beruhigt – und macht müde. Evolutionspsychologen der Universität Michigan und des Albright College in Pennsylvania haben ermittelt, dass zwei Minuten nach dem Sex akute Einschlafgefahr droht. Wäre doch schade, wenn ihr die Bindungsphase einfach verpennt. Sag ihm, was du an ihm magst. Versichere ihm noch einmal, dass du noch nie, also wirklich noch nie so aus dem Häuschen warst. Kraul ihm die Eier. Bewundere seine Heldenbrust. Und frag ihn nie, woran er gerade denkt.

Verführe ihn mündlich

Es scheint wenig zu geben, was Männer derart anmacht wie ein Blowjob. Dein Mund ist seine bevorzugte Liebesgrotte. Da flippt er aus. Den Schwanz zu lecken ist auch ein Liebesbeweis, oder sagen wir besser: In dieser frühen Phase ist es ein Beweis, dass du bereit bist, etwas sehr Intimes mit ihm zu teilen. Auch das muss er sich verdienen. Wer einem Mann als Allererstes einen bläst, hat seinen besten Trumpf vorzeitig verzockt. Er muss überzeugt sein, dass du es speziell für ihn tust. Der schon zitierte Psychoklempner Frank Schindowski formuliert das so: »Häufig wünscht er sich, dass sie einmal über ihren Schatten springt.« Nimm Anlauf, und los!

Belohne ihn damit deshalb frühestens bei der zweiten Runde. Die ist wichtig, denn die erste Nummer ist meist viel zu schnell vorbei. Danach wird gekuschelt, und dann könnt ihr euch zu neuen Taten aufraffen. Jetzt sind Extraeinlagen gestattet. Er hat dich geknackt, das meint er jedenfalls, und deshalb darfst du dich weiter vorwagen. Der erste Heißhunger ist gestillt, nun geht es um den Appetit auf mehr. War der Sex befriedigend für dich und habt ihr harmoniert, ist das die ideale Voraussetzung für mündliche Bekenntnisse. Nee, nicht verbal. Bloß nicht über Gefühle reden, und schon gar nicht über Liebe. Dies ist der Moment für einen gepflegten Blowjob. Findest du eklig? Alles eine Frage der Einstellung.

Befreie dich vom Vorurteil, dass »Untenrum« etwas Schmutziges ist.

Wir kennen das doch aus Kinderzeiten: Das helle Handtuch war für obenrum, das dunkle für untenrum. So sind jedenfalls viele von uns erzogen worden. Vom Bauchnabel abwärts wurde es irgendwie bäh. Keine Ahnung, wieso die Natur Sex und Ausscheidung an dieselbe Stelle platziert hat, aber so isses nun mal. Akzeptier es einfach. Das Spannende ist ja, dass gerade deshalb Grenzüberschreitungen in diese Richtung sehr reizvoll sind. Es hat immer noch etwas von einem Tabubruch, wenn du in diese dunklen Gefilde aufbrichst. Er wird dich dafür vergöttern.

Der Penis ist das Zepter des Mannes. Dein King im Ring kann nicht genug davon bekommen, dass du diesem Körperteil größte Hingabe schenkst. Setzt du Mund und Lippen ein, ist das die Erfüllung seiner Träume, denn ein Blowjob steht auf dem männlichen Wunschzettel ganz oben. Keine Angst vor Schamhaaren, Schweiß und merkwürdigen Gerüchen. Sex ist keine klinische Angelegenheit. Selbstverständlich sollte alles sauber sein, aber die Sagrotanflasche ist hier fehl am Platz. Taste dich vor, erfreue dich an dem, was du siehst, und genieße es, dass er dir zutraut, im Alleingang das Terrain zu erobern. Umgekehrt wird ihn das motivieren, später auch deine südlichen Bereiche näher zu erkunden, falls er das nicht schon getan hat. Also nimm Kurs auf sein bestes Stück.

{ **Schritt 6:** Verwöhn ihn bis zum Pupillenstillstand! }

Geh es langsam an. Sobald er merkt, dass dein Mund nach Süden unterwegs ist, fängt er schon an zu kollabieren. Widme dich seinem Bauch, seinen Schenkeln, seinen Hoden. Fahre mit geöffneten Lippen darüber. Umkreise den Penis nur. Dann fang mit Handbetrieb an, wobei du die Vorhaut rhythmisch über die Eichel bewegst. Nun nimmst du sein Zepter in den Mund. Umschließe es mit den Lippen, sauge behutsam daran, lass deine Zunge um die Eichel spielen. Er wird sich bald bewegen, als ob er dich in den Mund vögelt. Je tiefer du ihn reinlässt, desto mehr törnt ihn das an. Deep Throating nennt man das, und falls dich nicht ein Würgereiz erwischt, robbt dein Lover mit weichen Knien ins Paradies.

Vergiss nicht, dass er dir gerade mit Leib und Seele verfällt. Ja, auch mit der Seele. Deshalb solltest du Blickkontakt halten. Wenn du zwischen seinen Beinen kniest, kein Problem. Das ist eine sehr innige Sache. Ihr verschmelzt mit den Augen, und du siehst auch, ob er diesen seligen Dämmerblick hat oder ob er dich entsetzt anstarrt. In diesem Fall bist du zu grob rangegangen. Achte unbedingt auf seine Reaktionen. Und lass um Himmels willen die Zähne weg! Ein Penis ist keine rohe Möhre, an der man rumknabbern darf. Unfallfrei bleibt die Aktion, wenn du die Lippen nach innen über die Zähne ziehst, ansonsten hat er Angst, im Eifer des Gefechts kastriert zu werden.

Oralsex ist Erotik aus dem obersten Delikatessenregal. Genauso solltest du es sehen. Betrachte den Penis als eine Delikatesse, die du betastest, riechst, schmeckst und an der du lutschst wie an einem Lolli. Mit der richtigen Einstellung hast auch du etwas davon. Dein gesamter Mund- und Lippenbereich ist übersät mit erogenen Nervenzellen. Stimuliere sie bewusst. Eine Hand hält seinen Schwanz umfasst, die andere kann die Innenseite seiner Schenkel streicheln, die Hoden – sanft! – pressen, ganz Mutige versuchen es mit einer Massage des Damms. Merke: Die Kombination von Lippenbekenntnis und Handbetrieb ist unschlagbar.

**Ein Blowjob wird umso lustvoller,
je mehr Körpereinsatz du zeigst.**

Deshalb sind die Hände so wichtig. Sorge für Abwechslung. Ein Bringer ist es, wenn du von Zeit zu Zeit seine Schwanzwurzel mit Daumen und Zeigefinger umfasst und sie rhythmisch drückst. Lass den Penis zwischendurch aus deinem Mund gleiten und lecke an der Naht entlang, die sich von den Hoden bis zur Eichel zieht.

Und dann wieder rein mit dem guten Stück. Speichel ist die natürliche Gleitcreme, die dir gegeben ist. Das solltest du wissen und deshalb das kostbare Nass zu Hilfe nehmen. Schmatzen erlaubt! Jetzt bist du nicht mehr die Lady am gedeckten Tisch, jetzt bist du eine entfesselte Naturgewalt.

Der Kick daran ist die einzigartige Mischung aus Kontrolle und Kontrollverlust. Einerseits überlässt er dir die Kontrolle über seinen besten Freund, andererseits kannst du ihm erlauben, deinen Kopf festzuhalten und das Tempo zu bestimmen. Ein hocherotisches Wechselbad. Und dann? Spucken oder schlucken? Eine Schicksalsfrage ist das nicht. Männer lieben es zwar, wenn du ihr kostbares Sperma trinkst, aber du kannst auch das Schauspiel seines Springbrunnens bewundern. Sachlich betrachtet, entgeht dir ein Stück Intimität und eine Extraportion Proteine. Der Geschmack von Sperma variiert, zugegeben. Aber meist ist es köstlich – es sei denn, du hast immer noch diesen Grusel im Kopf, dass untenrum igitt ist. Zwei bis sechs Milliliter erwarten dich, und gerade mal fünf Kalorien.

Wende ein paar Tricks an

So, wie du deinen eigenen Körper erkundet hast, solltest du auch seinen erforschen. Es ist immer wieder erstaunlich, was einen Mann so in den Wahnsinn treibt. Anfangs dreht sich alles um seinen Penis. Aber da ist noch mehr. Lege eine innere Landkarte seines Körpers an, nach dem Prinzip trial and error. Streichle ihn überall, hauche hier und da mit feuchten Lippen über die Haut und teste aus, wie er darauf reagiert. Beschleunigt sich sein Atem, wenn du mit den Fingerspitzen seinen Nacken berührst? Grunzt er erfreut, wenn du seine Pobacken bearbeitest? Was passiert, wenn du seine Kniekehlen leckst?

Auch hier geht es nicht um Rezepte aus der Trickkiste, sondern um Frage und Antwort. Stimmt, Männer sind immer für eine Fast-Food-Nummer zu haben, doch sie schätzen es durchaus, wenn sie zwischendurch überrascht werden. Nach einer Umfrage des Magazins *Men's Health* langweilt sich ein Drittel der Männer beim

Sex! Ist doch wohl Hammer, oder? Also lass deiner Phantasie freien Lauf. Am einfachsten sorgst du durch Stellungswechsel für Abwechslung. Ist sowieso angebracht, weil auch er deinen Körper besser kennenlernen will. Bei jeder Stellung wirkt er anders auf den Mann, deshalb stell dich auf ein Spiel ohne Grenzen ein.

Stellungswechsel erhöhen das gegenseitige Körpergefühl.

Nichts ist so öde wie stereotype Positionen beim Sex. Brav angerührter Quark, den man bald über hat. Du musst keine Angst haben, dein Body könnte sich in irgendeiner Stellung von seiner blamablen Seite zeigen. Wenn er dich will, ist ihm egal, ob da irgendwas schlabbert, hängt oder baumelt. Wirklich perfekt sind nur Gummipuppen aus dem Pornoshop. Du bist eine Frau aus Fleisch und Blut, und das ist für ihn das Wichtigste. Deine Erregung flasht ihn, und seine eigene Erregung spült ihn förmlich weg. Für Haltungsnoten wie bei einem Beauty Contest hat er gar keinen Nerv. Aber es nervt ihn, wenn du dich dauernd verkrampfst, aus Sorge, dass er deine angeblichen Problemzonen scannt.

Na gut, zwei Tricks verrate ich dir. Wenn du befürchtest, dass deine Brüste bei der Missionarsstellung rechts und links wegrutschen, einfach die Oberarme anlegen und seitlich gegen die Brüste pressen, während sich deine Hände an seinen Schultern festhalten. Macht alles wieder prall. Zweiter Trick: Wenn du auf ihm sitzt und dein Bauch dich stört, beug dich weit vor, bis eure Gesichter sich fast berühren. Dann verschwindet das leidige Fettgewebe optisch. Ist aber wirklich nur für absolute Notfälle. Normalerweise darfst du enthemmt losrattern. Und komm bitte nicht auf die Idee, das Licht auszuknipsen!

{ **Schritt 7:** Keine Angst vor Stellungswechseln! }

Jede neue Stellung gibt ihm Gelegenheit, dich bei deiner Lust zu beobachten, in immer anderen Variationen. Unten, oben, Schluss ist ziemlich einfallslos. Zeig dich ihm in immer anderen Perspektiven. Die meisten Männer fahren auf den weiblichen Po ab. Also setz dich auf ihn und kehre ihm dabei den Rücken zu. Beug dich weit vor und stütz die Hände neben seinen Knien ab, dann genießt er die ganze Pracht deiner Hinterbacken. Auch bei der mündlichen Verwöhnung ist diese Stellung großartig, dann schwebt dein Allerwertester direkt vor seinem Gesicht. Von hier aus könnt ihr zum Scharfen Hund wechseln. Bei der Hündchenstellung langst du unten durch und presst mit einer Hand sanft seine Hoden, darauf steht er. Intensiven Blickkontakt habt ihr, wenn er sitzt und du in der Hockstellung auf ihn gleitest. Ein Orgasmus plus Zungenkuss verdoppelt das Vergnügen.

Neben Stellungswechseln ist ein Wechsel der Location reizvoll. So bequem das Bett auch ist – er wird es lieben, wenn du es verlässt und ein Bein auf einen Stuhl stellst, so dass er dich von hinten oder von vorn nehmen kann. Komischerweise finden Männer es überhaupt sehr erregend, im Stehen zu vögeln. Hat was. Auch im Badezimmer, unter der Dusche oder in der Küche. Sofern du nach der ersten Nummer nicht völlig erledigt bist, lock ihn in ein anderes Zimmer. Auch dort sollte die Beleuchtung kosmetisch sein. Checke also vorher, ob Küche und Badezimmer Dimmschalter haben, sonst stell prophylaktisch eine kleine Lampe rein, die du zur Wand drehst.

Ausgesprochen lustvoll für euch beide ist es, wenn du dich streichelst. Jeder Mann würde gern mal durchs Schlüsselloch zusehen, wie es sich eine Frau selbst macht. Deshalb ist er auch abgegangen wie ein Zäpfchen, als du dich beim Flirt und bei den Dates wie absichtslos selbst berührt hast. Eifersüchtig wird er nicht. Vielmehr fasziniert es ihn, dass du deinen Körper magst und gern daran herumspielst. Das kannst du beim Sex machen, indem du beispielsweise deine Brüste massierst. Wenn ihr zwischendurch nur so rumliegt und die Atmosphäre wieder zu knistern beginnt, ist deine Hand zwischen deinen Beinen ein echter Aufreger. Fordere ihn ruhig auf, ebenfalls zu masturbieren. Dann lernst du gleich seine Lieblingstechnik kennen: Schnell oder langsam? Vorhaut ganz runterziehen oder nicht? Pausen einlegen oder ohne Umwege zum Höhepunkt?

Lass dich nicht bedienen, sondern zeig ihm, dass er dich inspiriert.

Das kannst du ruhig ein bisschen betonen. Flüstere ihm zu: »Irgendwie bin ich heute total heiß – muss an dir liegen.« Er sollte sicher sein, dass er es ist, der die Lunte gelegt hat. Und dass auch nur er das Feuer löschen kann. Deshalb treib die Solonummer nicht bis zum Orgasmus. Kurz davor ist er wieder im Team. Was ihn jetzt erregt, sind deine feuchten Finger. Berühre damit seinen Penis. Oder steck sie ihm in den Mund. Vielleicht hat er daraufhin Lust, dich zu lecken. Na, wunderbar.

Nur keine falsche Scham. Falls du die Intimbehaarung entfernt hast, wird es ihm deutlich leichter fallen. Übrigens hat er dann auch weniger Schwierigkeiten, deine Klitoris zu finden. Und damit du gut schmeckst, kannst du drei Tage vor dem Sexdate anfangen, Bananen, Papaya und Ananas zu essen. Das ist gesund und gibt deiner Vagina ein angenehmes Aroma. Oder würdest du gern an einem behaarten Liptonkäse lecken? Hat er sich über dein feuchtes Delta hergemacht, sei großzügig. Bitte keine Kritik, allenfalls Ermutigung. Du darfst zum Beispiel seine Hand nehmen und ihm signalisieren, dass er doch mal dabei seinen Daumen benutzen könnte. Verbale Regieanweisungen verkneifst du dir besser.

Gib ihm das Gefühl, dass er alles richtig macht – Korrekturen sind nur mit dezenten Gesten angebracht.

Er sollte nie den Eindruck haben, dass er ein Stümper ist. Männer sind da sehr verletzlich. Im Grunde ist ihnen der weibliche Körper ein Rätsel, und sie haben immer den Verdacht, dass sie nicht ganz auf der Höhe der technischen Möglichkeiten sind. Stimmt ja auch meistens. Reinraus halten sie schon für erotische Raffinesse. Das ist, als ob sie ein SmartPhone nur zum Telefonieren benutzen. Gib ihm lättaleicht zu verstehen, dass er alle Tricks beherrscht, dann ist er motiviert, tatsächlich Neuland zu betreten.

Und noch ein Geheimtipp: »Die enge Auster«. Hinter diesem Begriff verbirgt sich eine Technik, die deine eigene Lust vervielfacht und ihn um den Verstand bringt. Dabei ziehst du deine Vagina beim Sex rhythmisch zusammen. Äh, noch mal, wie war das? Vielleicht hast du schon mal von Beckenbodentraining gehört. Klingt komisch, ist aber höchst wirkungsvoll. Du kannst es üben, indem du beim Wasserlassen den Strahl unterbrichst. Die Muskeln, die du dabei einsetzt, sind es, die deine Vagina zum Kontrahieren bringen. Hast du es drauf, kannst du es auch »trocken« üben. Und schließlich beim Sex einsetzen. Deine Orgasmusfähigkeit erhöht sich dadurch, und er empfindet dich als besonders eng. Unbedingt ausprobieren!

Überfordere ihn nicht

Sex ist kein Leistungssport. Für Frauen ist das eine Binsenweisheit, Männer sehen das etwas anders. Höher, weiter, schneller, nach dieser albernen Maxime spurten sie durchs Leben. Immer wollen sie sich messen, immer wollen sie besser als andere sein: im Job, im Sport, sogar im Bett. Oft setzen sie Quantität vor Qualität: Je öfter sie es machen können, desto eher halten sie sich für brillante Lover. Ausreden kannst du ihnen das nicht. Umso geknickter ist ein Mann, wenn er das Gefühl hat, dass er dir zu wenige Wiederholungen anbietet. Deutlich gesprochen: So scharf er auch ist, tief in ihm schlummert die Angst vor dem Versagen.

Hier ist äußerstes Taktgefühl angesagt. Wenn nach dem ersten Rausch gewisse Ermüdungserscheinungen auftauchen, geh darüber hinweg. Nicht immer heißt es: Nach dem Sex ist vor dem Sex. Natürlich wäre das großartig, aber sei nicht enttäuscht, wenn das zweite Vorspiel im Nichts versickert. Dann war es eben ein Dessert, keine Vorspeise. Tu so, als hättest du sowieso nix erwartet. Mütterliches Verständnis solltest du auf keinen Fall äußern. »Ist schon okay ...«, »Morgen ist ja auch noch ein Tag« oder: »Hast wohl gerade ein Formtief« sind Frontalangriffe auf sein

Ego. Er ist halt keine Maschine, genauso wenig wie du. Respektiere seine Rhythmen. Manche Männer haben kurze, andere lange Erholungsphasen, bevor sie wieder einsatzbereit sind.

Bedräng ihn niemals mit Leistungserwartungen.

Bloß kein Quotenterror im Bett! Denk vor allem nicht, dass nur eine steinharte Dauererektion der Beweis seiner Zuneigung ist. Begierde kommt nicht auf Knopfdruck. Wenn er bei deinen Zärtlichkeiten eindöst oder nur ein behagliches Schnurren von sich gibt, muss das nichts Schlimmes bedeuten. Hör nicht mit deinen Verwöhnspielen auf, weil sein Ding mausetot bleibt. Die Standfestigkeit wird schon zurückkommen. Aber nur, falls du ihm keine Angst machst. Männer fürchten sich nämlich panisch vor dem weiblichen Nimmersatt. Unerbittlich fräst sich der Satz in ihr Unterbewusstsein: Hilfe, dieser Frau bin ich nicht gewachsen!

Wieso das so ist? Sobald er deine Enttäuschung spürt, befindet er sich in der Defensive. Ob du willst oder nicht: Plötzlich bist du der aktive Part, und er muss es bringen. Das verwirrt ihn, da er ja der große Verführer sein will. Doch nun bist du überlegen, denn du kannst immer, während er dummerweise gerade keinen hoch kriegt. Das verschiebt das gesamte Spiel der Hierarchie. Genau das mag er nicht. Auf einmal bauen sich vor seinem inneren Auge all die Superlover auf, die du offenbar gehabt hast: wilde Hengste, die immer können. Und da er ja das Konkurrenzgen hat – höher, weiter, schneller –, fühlt er sich unterlegen. Da bleibt ihm nur eins: nichts wie weg.

{ **Schritt 8:** Verrate ihm nie, dass du unersättlich bist! }

Nichts ist so sensibel wie die kurze Leitung vom Unterbewusstsein des Mannes zu seinem Penis. Sobald ein Mann sich überfordert fühlt, ist Schicht im Schacht. Zeig ihm daher nie, dass du mehr willst, als er geben kann. Überkommt dich wieder die Lust, dann greif nicht gleich ins volle Menschenleben, sondern massiere sanft ganz andere Körperteile. Regt sich nichts, auch gut. Auf keinen Fall den Penis stimulieren, wenn er gerade auf null ist. Das ist mühsame Aufbauarbeit, die meist danebengeht. Bleib unverfänglich mit deinen Zärtlichkeiten nach dem ersten Sex. Warte einfach ab, was sich tut. Bleibt alles ruhig, hör nicht auf. Sonst missversteht er von jetzt an jede Streicheleinheit als Sexattacke, und er seufzt: Gütiger Himmel, sie will schon wieder! Er braucht seine Pausen, bis er wieder startklar ist. Vielleicht stellst du auch fest, dass er gar nicht berührt werden will, dann halte dich zurück.

Natürlich kannst du ein bisschen experimentieren. Hauptsache, er fühlt sich nicht unter Druck. Hier könnte zum Beispiel das gute alte Massageöl zum Einsatz kommen. Es sollte schon neben dem Bett bereitstehen, damit du den Körperkontakt nicht verlierst. Wenn du erst eine Viertelstunde im Kosmetikschrank danach suchen musst, ist seine Stimmung unter dem Gefrierpunkt. Signalisiere ihm, dass er sich auf den Bauch legen soll. Das hat den Vorteil, dass sein Penis nicht unter Beobachtung steht und dass du auch gar nicht in Versuchung kommst, ihn zu berühren. Erwärme einen Klecks Öl zwischen deinen Handflächen und setz dich rittlings – nackt – auf seinen Po. Massiere in kreisenden Bewegungen seinen Rücken.

Jetzt ist Kommunikation gefragt. Erkundige dich, ob deine Massage angenehm ist, ob du härter rangehen sollst oder zarter. Widme dich ausgiebig seinen Oberarmen und sag ihm, dass er tolle Muskeln hat, selbst wenn da gar nichts ist. In seiner Phantasie ist er ja Mr. Universum. Drücke mit den Daumen die Zonen rechts und links von seiner Wirbelsäule. Und keine Anspielungen auf Sex! Je entspannter er ist, umso beiläufiger kommt seine Lust wieder ins Spiel. Nach etwa zehn Minuten rutschst du tiefer. Doch nicht sein sexy Po ist dein Ziel, vielmehr seine Unterschenkel. Es sollte so wirken, als wärst du eine professionelle Masseurin. Das verändert die Situation. Denn jeder Mann hat die erotische Phantasie, in der er eine Masseurin verführt.

Führe die Ölmassage sanft, aber so sachlich durch, als würdest du gar nicht an Sex denken.

Verrückt, aber wahr: Genau das erregt ihn. Obwohl du ihn knetest wie einen Hefeteig, bist du sozusagen der passive Part, der angeblich keinen Sex im Sinn hat. Bingo! Jetzt darf er wieder zum Verführer werden! Während du seine Oberschenkel bearbeitest, siehst du vermutlich, dass er beginnt, seinen Unterleib zu bewegen. Und du? Ignorierst es. Auch wenn du innerlich kollabierst vor Begehren. Warte unbedingt ab, bis er die Initiative ergreift. Irgendwann wird er sich umdrehen, und siehe da, sein Penis bettelt um Beachtung. Doch du ignorierst die Erektion. Machst weiter mit den Oberschenkeln, mit dem Bauch, mit den Hüften. Wenn's gut läuft, fällt er dich 20 Sekunden später an. Und schon seid ihr mitten in der nächsten Nummer.

Ein anderer Trick ist die Verhüllungsstrategie. Zieh irgendetwas über, nur nicht den ollen brettharten Frotteebademantel. Auch Jogginganzüge sind wenig hilfreich. Eine durchsichtige Bluse kommt gut, sehr sexy ist es auch, wenn du sein Oberhemd überstreifst, das du selbstverständlich offen lässt. Stolzier ein bisschen darin ums Bett herum. Zum Beispiel unter dem Vorwand, dass du die Wasserflasche vom Fensterbrett holst oder eine neue CD in den Player legst. Dann setz dich neben ihn. Erzähl irgendetwas Unverfängliches, eine amüsante Anekdote vielleicht. Berühre dabei gedankenverloren dein Dekolleté oder deine Schenkel. Einmal mehr geht es darum, dass du scheinbar nicht an Sex denkst.

Wenn du zwischendurch was anziehst, bekommt er Lust, dich auszuziehen.

Schreiend simpel, aber absolut effektvoll. Auf diese Weise wird der Eroberer in ihm wieder wach. Er sieht in dir nicht die Frau, die immer will, er sieht die Frau, die er unbedingt verführen muss. Ja, das ist schamlose Manipulation. Werde eine Meisterin der Manipulation! Wenn du merkst, dass seine Blicke immer häufiger zu deinen Brüsten oder zu deinen Schenkeln abschweifen, darfst du flirten, mit eingebauter Erfolgsgarantie. Beschwöre den magischen Moment eures ersten Flirts: »Du bist mir gleich aufgefallen, weil …« Mach ihm Komplimente für seine Augen, seine Hände, seinen Oberkörper. »Du hast ein Kreuz wie ein Hammerwerfer« ist vielleicht übertrieben, aber etwas in der Art wäre nicht schlecht. Wozu das Ganze? Die zweite Runde macht ihn stolz. Und sein Erfolg ist dein Erfolg.

Das Programm »Die nächste Nummer, bitte« gelingt jedoch nur, wenn du komplett auf ihn konzentriert bleibst. Wenn ihr euch erst kurz kennt und die Location für ihn ungewohnt ist, ist ein Mann höchst ablenkbar. Fesselt etwas anderes seine Aufmerksamkeit als du, erschlafft sein bestes Stück. Deshalb solltest du alles tun, um nicht auch noch deinerseits abzulenken. Wir Frauen sind nun einmal Multitasker, deshalb nehmen wir alles Mögliche wahr, was nicht zielführend ist. Und haben abartigerweise auch noch den Drang, das mitzuteilen: »Huch, da ist ja ein Kratzer am Kleiderschrank« und »Hörst du auch dieses komische Geräusch in der Nachbarwohnung?« Der schlimmste Erektionskiller ist und bleibt jedoch: »Oh, wusstest du, dass du so einen merkwürdigen Leberfleck am Schenkel hast? Solltest vielleicht mal zum Hautarzt gehen.«

Verschweig Erfahrungen mit anderen Männern

Du bist eine erfahrene Frau. Über die ansehnliche Liste deiner Lover könntest du tagelang referieren. Zu putzig aber auch, was dir schon so alles passiert ist: »Mein Ex hat immer die Augen verdreht, wenn er gekommen ist.«; »Ich hatte mal einen Freund, der stand auf Windeln und Babypuder.«; »Da war dieser Verrückte, dem ich immer in der Umkleidekabine einen blasen musste.« Toll. Behalte es bitte für dich. Auch den Sex auf der Parkbank, den Dildo aus Tropenholz, den ein Typ dir geschenkt hat, den Quickie mit einem Unbekannten damals auf Ibiza. Tempi passati. Wie hieß noch dieser Roman? Beim nächsten Mann wird alles anders?

Diesen Satz solltest du dir in fetten Neonbuchstaben übers Bett hängen. Natürlich nicht in Wirklichkeit, nur mental. Hast du den Mann deines Lebens – das könnte er schließlich werden – erst einmal für dich gewonnen, ist Tafelwischen angesagt. Für ihn musst du ein unbeschriebenes Blatt sein. Und nicht die Pinnwand, an der alle möglichen Erinnerungsfotos hängen. Gedenkstunden für deinen Ex solltest du für Mädelsabende reservieren, nur dort gehören sie hin. NDE ist durch, jetzt kommt VDN, das heißt, die Phase »Nach Dem Ex« wird von »Vor Dem Neuen« abgelöst.

Die Erwähnung verflossener Männer ist tabu.

Erfahrene Frauen sind anspruchsvolle Frauen, lautet die Gleichung, die ein Mann schneller ausrechnen kann als eins plus eins. In seiner dunkelsten Phantasie tummeln sich lauter pornotaugliche Kerle, die dich unter Dauerlustschreie gesetzt haben. Heizt du diese verhängnisvolle Vorstellung auch noch an, kapituliert er. »Also, mein Ex Mirko hat über eine Penisverkleinerung nachgedacht«, ist ein Schlag ins Gemächt. »Männer mit beschnittenen Schwänzen können länger« ebenfalls. Ein netter Versuch ist auch: »Verstehe ich nicht, warum du keinen Cunnilingus machst, Rainer konnte gar nicht genug davon bekommen.«

Männer sind Herdentiere, und sie wollen das Alphamännchen sein. Sobald sie einen Konkurrenten wittern, schalten sie von Empathie auf Aggression. Am liebsten würden sie das Phantom anknurren, das du gerade beschreibst. Das ist die denkbar schlechteste Voraussetzung für Sex. Instinktiv schaltet dein Lover auf Kampfmodus. Frustrationsgefühle sind die Folge, denn bekanntlich kann man gegen ein Phantom nicht kämpfen. Also muss er den Schwanz einziehen und sich trollen. Mal ehrlich: Willst du das?

{**Schritt 9:** Schweige über dein erotisches Vorleben!}

Der neue Mann in deinem Leben ist unvergleichlich. Er ist der Beste, der Stärkste, der Schönste, der Klügste. Und der

Meister aller Klassen im Bett. Wenn es um seinen Penis und seine Potenz geht, darf ihn niemand überrunden, genauso wenig wie in seinen Liebeskünsten. Suggerier ihm, dass er dein unangefochtener Champion ist. Du musst ihm nicht gleich in der ersten Nacht irgendwelche Kunststückchen beibringen, weil die mit Bernd, Moritz oder Richard auch immer so erregend waren. Sobald du ihm das reindrückst, ist seine Motivation am Boden. Gegen die versammelte Truppe deiner ehemaligen Lover kommt er nicht an.

Zurückhaltung in Bezug auf deine Vergangenheit ist nicht nur in Sachen Sex wichtig. Berichtest du von früheren Beziehungen, schießt du dir nämlich treffsicher selbst ins Knie. Irgendetwas kommt immer schräg dabei. Schwärmst du von deinen Verflossenen, wird der Neue eifersüchtig. Sprichst du schlecht über sie, hält er dich für eine Frau, die Ärger macht. Und je mehr Exmänner du aufzählst, desto mulmiger wird ihm. Denn er schließt zwei Dinge daraus: erstens, dass du ganze Baseballmannschaften drübergelassen hast, zweitens, dass du keinen Mann halten konntest. Für ihn wirkt das, als seiest du unfähig, einen Mann länger als ein paar Tage zu faszinieren. Du stehst als personifiziertes Scheitern da. Mit so einer verbringt man möglicherweise eine heiße Nacht, doch was Festes plant man nicht.

Übe dich in Diskretion, auch wenn's schwerfällt. Schließlich ist die Atmosphäre gerade so vertraut, da kommt man ins Plaudern. Doch man redet sich auch leicht um Kopf und Kragen. Unfreiwillig gibst du nämlich deine Sollbruchstellen preis – sogar die, die du gar nicht hast. Erzählst du von Streitigkeiten über Geld, folgert der Mann messerscharf, dass du eine haltlose Verschwenderin bist. Beschwerst du dich über die Freunde deines Ex, fürchtet er, dass du auch seine Freunde nicht akzeptieren wirst. Nörgelst du über typisch männliche Unarten, die dir schon begegnet sind, fühlt er sich ertappt. Das kühlt seine Gefühle schneller ab, als wenn du ihm einen Eimer Eiswürfel über sein bestes Stück kippst.

Alte Beziehungsbaustellen weiträumig umfahren!

Sobald du aus dem Nähkästchen deiner früheren Beziehungen plauderst, nimmst du dem Neuen außerdem seine Einzigartigkeit. Er fühlt sich als einer von vielen. Damit wird er austauschbar – ein Grund mehr, sich schleunigst aus dem Staub zu machen. Beherzige den alten Schlager: »Eine neue Liebe ist wie ein neues Leben.« Selbst auf Nachfrage hältst du dich bedeckt. Löchert er dich mit Fragen über frühere Erfahrungen, sag lieber: »Ach, das zählt doch gar nicht. War nicht wichtig. Du bist jetzt wichtig.« Es schadet nicht, wenn du ihn im Unklaren über vergangene Beziehungen lässt. Im Zweifel macht dich das geheimnisvoller.

So möchte ein Mann die Frau: komplett auf das Jetzt fixiert, mit einem Vorleben, das bedeutungslos ist. Auch für dich ist das besser. Wer permanent in Erinnerungen schwelgt, ist nicht offen für das, was gerade passiert. Du rennst sonst mit Anlauf in die Falle deiner Vergangenheit. Unwillkürlich fängst du an zu vergleichen: »Er hat Augen wie Sven.«; »Er röchelt beim Sex so komisch wie Ludwig.«; »Oha, der klopft ja Sprüche wie Theo.« Und schon hast du nicht mehr den Neuen vor dir, sondern nur noch ein krasses Patchworkmännchen, einen Remix deiner ehemaligen Lover. Wär' doch schade. Der Neue ist wunderbar! Jetzt fragt sich nur: Rausschmiss oder Frühstück?

Die perfekte erste Liebesnacht endet vor dem Morgengrauen.

Die Vögel fangen an zu zwitschern, und während er in die Hardcore-Schnarchphase wechselt, dämmerst du so langsam weg ... Nein, tust du nicht! Time to say goodbye! So phantastisch euer Gipfelsturm auch war, ab jetzt kann's nur noch bergab gehen. Die erste Nacht muss enden, bevor du die Kaffeemaschine anwirfst. Glaub mir, du siehst ziemlich durch den Wind aus: Haare verstrubbelt, Make-up verschmiert, Schatten unter den Augen, aufgequollenes Gesicht. Von der Sexgöttin ist nur noch eine Ruine übrig. Mein Tipp: Weck ihn, indem du unter die Bettdecke abtauchst und dich mündlich von seinem Penis verabschiedest. Da wird er wach, aber wie. Anschließend sagst du, dass du früh raus musst und noch eine Runde allein schlafen willst.

Er wird es verkraften. Und du behältst den Zauber für ihn. Noch seid ihr nicht so vertraut, dass er über morgendliche Verwüstungen hinwegsieht. Aber selbst wenn du vor ihm duschst, was Hübsches anziehst, dich exzellent zurechtmachst, wird es klemmig. Brav beim Frühstück gegenüberzusitzen und sich die Butter zu reichen ist so was von kläglich, echt jetzt. Da verpufft der Rausch, und die Magie zerbröselt wie trockener Toast. Großartig, wenn er mit einem Gefühl des Bedauerns geht. So soll es sein. Auf seinen Anruf musst du nicht lange warten.

{ **CHECKLISTE** ERSTE NACHT }

- Genieße deinen Körper
- Raus aus dem Feinrippschlüpper, rein in erotische Wäsche
- Mach dein Schlafzimmer sextauglich
- Spiel die verführte Unschuld
- Lass ihn nach der ersten Nummer nicht gehen
- Gönn ihm Oralsex
- Sorge für Abwechslung
- Setz ihn nicht unter Leistungsdruck
- Lass deine früheren Beziehungen aus dem Spiel

KAPITEL 5
Steak und Fußball. Wie du zum ultimativen weiblichen Kumpel wirst

Respektiere seine Hobbys

Wenig entzweit Paare schneller als der Streit um die Freizeit. Denn ein Paar seid ihr jetzt. Ihr lebt noch nicht zusammen, aber immer öfter übernachtest du bei ihm oder er bei dir. Kann sein, dass eure frische Beziehung sogar schon ein gemeinsames Frühstück überlebt hat. Gratulation. Das könnte etwas werden mit euch. Doch jetzt lauert eine fiese Falle: der Klammerreflex. Eine Beziehung ist für den Mann ja so etwas wie eine Schlinge um den Hals. Ziehst du die Schlinge enger, japst er nach Luft. Kurz vor dem Ersticken siegt dann sein Überlebenswille – er zerreißt die Schlinge, und schon ist er weg.

Der weibliche Instinkt versagt leider regelmäßig, wenn es um diese Dinge geht. Viele Frauen denken: Je mehr Zeit ich mit ihm verbringe, desto mehr schmiedet uns das zusammen. Irrtum. Er fühlt sich gegängelt und kontrolliert, wenn Mutti immer dabei ist. In der Westkurve des Stadions rumbrüllen und Kumpels umarmen, das geht irgendwie nicht, wenn die neue Flamme danebensteht. Er muss einfach mal unbeobachtet sein und sich wie der kleine Junge aufführen, der immer noch in ihm steckt. Das geht am besten mit anderen Männern, die genauso drauf sind. Ist ein bisschen wie Klassenfahrt: raus aus dem Wohlverhalten und rein in den Männer-Groove, das gefällt ihm.

Die Freizeitgestaltung von Männern ist gewöhnungsbedürftig. Na und? Gewöhn dich halt dran.

Männer sind anders. Frauen auch. Aber während Frauen total normale Dinge tun – die zwanzigste Diät anfangen, die dreißigste Handtasche kaufen, das fünfzigste Paar Schuhe ergattern –, leben Männer auf einem anderen Planeten. Wie sie ihre Freizeit verbringen, ist mir bis heute ein Rätsel. Was finden sie an Nintendospielen? Wieso gehen sie in Autohäuser und starren sabbernd Lamborghinis an? Warum können sie stundenlang mit irgendeiner Kneipenbekanntschaft über Laptops, Fußball und Börsenkurse labern? Keine Ahnung. Fest steht nur, dass es so ist. Und dass Frauen dabei vor Langeweile ins Wachkoma fallen.

Aha, du tust etwas dagegen. Besorgst Opernkarten. Willst mit ihm im Kino eine romantische Komödie gucken. Oder Kuchen essen gehen. Oder auf die Party der Nachbarn, die zwar spießig, aber sooo nett sind. Mach ruhig so weiter. Und vergiss nicht, über seine blöden Hobbys zu lästern. Über seinen Fußballtick und den bescheuerten Fanschal, der nach Schweiß und Bier stinkt. Über seine Leidenschaft, Modellflugzeuge aus drei Millionen Einzelteilen zu basteln. Und nicht zu vergessen über seine Angewohnheit, voll peinliche Männermagazine auf dem Klo zu lesen. Schneller kannst du einen Mann gar nicht loswerden.

{ **Schritt 1:** Lass ihm seinen Freizeitspaß! }

Verabschiede dich von der Vorstellung, dass ihr eure Freizeit grundsätzlich zu zweit verbringt. Männern gefallen komische Sachen. Sie haben Vorlieben und Macken, die kindisch und sinnfrei sein mögen, aber lebenswichtig für sie sind. Ein Mann braucht Freiräume, unbedingt. Und keine blöden Kommentare, die ihm den Spaß vermiesen. Du musst nicht das Komplettpaket mitmachen, nur das, was dir wirklich gefällt. Vielleicht will er das aber auch gar nicht. Finde es heraus. Gerade am Anfang einer Beziehung sollte er nicht auf die Idee kommen, dass jetzt alles anders wird. Er braucht seine Rituale – auch ohne dich.

Du hast keinen Volltrottel erwischt, sondern einen ganz normalen Mann. Den solltest du nicht mit der besten Freundin verwechseln, deshalb zwing ihn bloß nicht, das Damenprogramm mitzumachen. Shoppen hasst er wie die Pest. Ihn interessiert weder deine Lust auf ein neues Oberteil noch dein Wunsch nach einem roten Sofa. Mädchenrituale wie samstagmittags Prosecco trinken, im Fernsehen Klatschmagazine anschauen, schlaue Bücher lesen – und darüber reden! – sind ihm ein Gräuel. Er braucht zu seinem Glück den Geruch von Schweiß, Benzin und Computersmog. Und du? Lässt ihn machen.

Sein evolutionäres Gepäck schlägt nämlich zu. Stell dir mal vor, was unser Steinzeitmann gesagt hätte, wenn man ihn mit roher Gewalt in der Höhle festgehalten hätte. Bei den Frauen, die Felle zusammennähten, das Essen kochten und ihre Kinder herzten. Der wäre doch an die Decke gegangen. Er wollte raus ins raue Männerleben, wo das Abenteuer lockte: sich an wilde Tiere anschleichen beispielsweise. Und ab und zu wollte er die Sau rauslassen, ohne weibliche Aufsicht. So tickt er immer noch, obwohl er mittlerweile Anzug und Krawatte trägt. Im Job muss er sich benehmen, in der Beziehung auch. Da baut sich Druck auf. Den muss er rauslassen, sonst staut sich der Dampf unterm Deckel, und – peng! – kracht es.

Eine Beziehung ist keine 24-Stunden-Betreuung.

Er kommt ganz gut ohne dich klar, auch am Wochenende, wo du ihn am liebsten ganz für dich allein hättest. Er meint es nicht böse, ehrlich. Du gehst ihm auch nicht auf die Nerven. Sein Bedürfnis nach Nähe ist einfach weniger ausgeprägt. Also schmoll nicht rum, weil er keinen Bock auf die Vernissage hat und um das neue Shoppingcenter einen großen Bogen macht. Seine Hobbys sind keine Flausen, die du ihm austreiben musst. Sie sind sein Abenteuerspielplatz. Trotzdem meint manche Frau, sie müsste ihren Kerl erziehen. Sie hält eine Beziehung für das Projekt: »Wie backe ich mir den richtigen Partner?« Und schon wird genörgelt und gemeckert, dass es nur so scheppert.

Hören wir mal, was Paartherapeutin Professor Anna Auckenthaler, Leiterin des Arbeitsbereiches Klinische Psychologie und Psychotherapie an der Freien Universität Berlin, dazu sagt: »Frauen neigen eher dazu, eine Beziehung als Aufgabe zu betrachten. Sie fühlen sich dafür zuständig, an der Beziehung zu arbeiten.« Deshalb würden Frauen dauernd ansprechen, was ihnen missfällt. Und das sind vor allem all diese Nebenbeschäftigungen, mit denen er sich der Zweisamkeit entzieht.

Respektiere sein Freiheitsbedürfnis.

Er liebt seine kleinen Inseln. Das Rumschrauben am Auto. Das neuste Computerspiel, die verbissenen Stunden im Fitnessstudio, auch die Männermagazine mit Busen und PS. Klar, er verplempert damit wertvolle Zeit, die ihr zusammen verbringen könntet. Für ihn ist es Freiheit de luxe. Lass ihm die lange Leine, umso lieber kehrt er zu dir zurück. Alles, was ihn jetzt hemmt oder einengt, macht ihn nervös. Männer wollen sich nicht so schnell und so freiwillig binden. Sie haben Bedürfnisse, die wir Frauen nicht verstehen, weil unsere Bedürfnisse ganz andere sind: zusammenrücken, kuscheln, Hand in Hand durchs Leben gehen – Geborgenheit. Doch kaum huscht dir das Wort von der Zunge, und der Mann sieht aus, als hätte er auf eine Chilischote gebissen.

Da heißt es klug Abstand halten. Lass dir dadurch nicht dein Selbstwertgefühl pürieren. Du bist eine Klassefrau, aber nicht rund um die Uhr gefragt. Sei in dieser Phase die unkomplizierte Geliebte, die ein Eigenleben hat. Das sollte er mitbekommen, weil es ihn ungeheuer entlastet. Eine Frau, die wie ein kleiner Hund die Tür anstarrt – wann kommt Herrchen endlich wieder? Wuff? –, schnürt ihm die Kehle zu. Er bekommt fette Schuldgefühle. Am liebsten würde er sich gar nicht mehr blicken lassen, weil er sich vor deiner vorwurfsvollen Miene fürchtet.

Mach dein eigenes Ding – triff Freundinnen, geh zum Sport, Hauptsache, du hast ein Eigenleben.

Erst wenn ihr beide nichts aufgeben müsst, fühlt ihr euch richtig wohl. Hast du den Näheterror erst einmal überwunden, wirst du feststellen, dass es auch dir guttut, Distanz zu wahren. Du bleibst du selbst. Das wird dir später helfen, nicht zum Anhängsel zu werden. Ich spreche von diesen Frauen, die jeden Satz mit »Mein

Mann« beginnen. Frag sie, wie das Wetter ist, und sie sagen: »Mein Mann findet es für die Jahreszeit zu kühl.« Frag sie, wie der Urlaub war, und sie antworten: »Mein Mann fand es großartig, dass er surfen konnte.« Und das ist keine Parodie. So etwas gibt es häufiger, als man es sich wünschen würde.

Eine Sache lohnt sich jedoch auszuprobieren: mit ihm gemeinsam ein neues Hobby entdecken. Nee, den Brotbacklehrgang lass mal lieber stecken. Frag ihn, worauf er neugierig ist. Kanu-Rafting? Tangokurs? Volleyball? Dart? Vielleicht haut das ja hin, und ihr habt jetzt etwas, was ihr zusammen macht. Falls du aber merkst, dass es für ihn zur lästigen Pflicht wird, knick es wieder. Ihr seid ein Paar, keine siamesischen Zwillinge. Übrigens: Wenn sich ein Mann in der Anfangsphase nicht mit dir öffentlich zeigen, sondern immer nur zu Hause mit einer DVD abhängen will, ist etwas oberfaul. Dann ist er entweder verheiratet, oder er schämt sich mit dir. Den Typen musst du sofort abservieren.

Akzeptiere seine Freunde

Früher sagte man: Du heiratest nicht nur einen Mann, du heiratest auch seine Familie. In Zeiten moderner Jobnomaden hat sich das insofern geändert, als du dir heute mit einer Beziehung auch seinen Freundeskreis einhandelst. Meist hat er ein paar Kumpels, die mit ihm schon durch dick und dünn gegangen sind. Dagegen kommst du nicht an. Sie haben in der Clique gefeiert, gekifft und gekotzt, sie haben Mädchen aufgerissen und sie einander weitergereicht. Sie halten zusammen wie Zweikomponentenkleber. Dazwischen passt kein Blatt Papier. Äh, und wo sollst du da noch hin?

Erst mal gar nicht, sorry. Die Männerwelt hat eigene Gesetze, eine eigene Sprache, einen eigenen Verhaltenscodex. Es geht ziemlich rustikal zu, um es vorsichtig zu formulieren. An Kumpelsabenden wird Bier aus der Flasche gezischt, das Essen kommt von McDonald's, und zwar ohne Serviette und Tischgebet. Dafür gewürzt mit ein paar derben Witzen. Hättest du die Ambition, Mäuschen zu spielen, du würdest kein Wort verstehen. Lauter Anspielungen, die kein Mensch außer ihnen kapiert. Alle möglichen

Codewörter, bei denen sie sich brüllend auf die Schenkel klopfen. Sie haben eine gemeinsame Vergangenheit. Das beschert ihnen eine gemeinsame Zukunft.

Seine Freunde sind seine Heimat. Entwurzel ihn nicht!

Der Männertrainer – so was gibt's! – John Bellichi erklärt, warum Männer überhaupt Männer brauchen: »Sobald keine Frauen in Sicht sind, ergibt sich nämlich eine völlig neue Qualität des Umgangs von Männern untereinander. Sie begreifen, dass beides wichtig ist – Beziehungen zu Männern und zu Frauen. Fehlt eines, dann mangelt es an wirklicher Erfüllung.« Na, so was. Hättest du das gedacht? Erst unter Männern wird ihm klar, dass er den Gegenpol braucht: dich! Dieser John Bellichi gibt deshalb Workshops, in denen er Männer ermutigt, echte Kerle zu sein.

Männerfreundschaften sind keine Konkurrenz für dich. Er braucht sie, weil er sein Mannsein ausleben muss, und das geht mit Frauen nur begrenzt. Daher solltest du von vornherein akzeptieren, dass er Freunde hat. Die kommen wie er vom Mars, nicht von der Venus. Da wird die Männershow abgezogen, nicht der kultivierte Herrenabend. Das verbindet sie, ein Leben lang. Denn Männerfreundschaften überdauern in der Regel die Beziehungen, die ein Mann parallel hat. Für den Mann bleibst du möglicherweise nur eine Episode, während seine Freundschaften alle Stürme überstehen. So viel Grips hat er, um das verinnerlicht zu haben.

Männerfreundschaften sind für immer.
Und für Männer sehr unterhaltsam.

Was macht die Sache so attraktiv? Das Geheimnis ist, dass Männer gern etwas zusammen unternehmen: Fußball gucken, Bowling spielen, Fitnesstraining, Joggen. Soziologen und Psychologen sprechen von einer »Beziehungsform mit instrumentellem Charakter«. Männer wollen etwas miteinander erleben, nicht brav auf der Couch sitzen und reden. Eine Studie des Instituts für Rationelle Psychologie in München besagt: 54 Prozent der Zeit, in der gute Kumpels zusammenhängen, wird etwas unternommen. Gespräche über Arbeit, Karriere und Politik sind mit 24 Prozent schon deutlich unwichtiger, und nur in 19 Prozent der Zeit machen sich die Männer selbst zum Thema.

Dumm nur, dass du seine Freunde nicht ausstehen kannst. Wieso sucht er sich solche grottenprimitiven Typen aus? Nicht mit einem von ihnen würdest du auch nur einen Kaffee trinken gehen. Also fängst du an, sie madig zu machen. Lästerst ein bisschen über Werner, weil er müffelt. Verziehst das Gesicht wegen Johannes, des ewigen Klugscheißers. Und Pierre ist dir suspekt, weil der aussieht wie ein schmieriger Womanizer. Vermutlich hast du sogar recht mit deinen Beobachtungen. Aber der Mann deines Herzens stellt auf stur. Der Anfang vom Ende.

{**Schritt 2:** Kritisier niemals seine Freunde!}

Die verschworene Männerclique rund um deinen Lover wirst du sowieso nicht sprengen. Versuch's, und kurze Zeit später knallt dir ein Bumerang an den Schädel. Der Mann, der dich liebt, hat eine Geschichte, die du ihm nicht zu nehmen versuchen darfst – und auch gar nicht nehmen kannst. Dazu gehören die schrägen Vögel, mit denen er abhängt. Lob sie, gib ihm zu verstehen, dass du sie ganz toll findest, selbst wenn du sie lieber nach Mafiaart in der nächsten Kiesgrube verbuddeln würdest. Sei nicht besorgt, dass sie einen schlechten Einfluss auf ihn haben. Sie sind grob, sie sind uncharmant, sie sind grässliche Hirnis – aber sie kommen dir nicht in die Quere, solange du sie in Ruhe lässt. Nimm sie als gegeben hin. Er braucht sie, mitsamt den dämlichen Männerritualen.

Vergiss nicht, dass Männer im Allgemeinen emotional unterentwickelt sind. Nichts schüchtert sie so sehr ein wie ein Gespräch über Gefühle. Unter Männern kommt das nicht vor, siehe oben. Die wetten, wer den Längsten hat, die spielen Armdrücken, Karten und Playstation. Hättest du etwa Lust auf diesen Kinderkram? Na bitte, deshalb braucht er seine Freunde. Mit denen kann er rumrüpeln, so viel er will. Herzchen und Blümchen gibt's da nicht. Das beruhigt ihn, auch als Kontrastprogramm zu dir. Er hat ja immer noch eine Höllenangst, dass du ihn ins Verlies lockst, die Zellentür zuknallst und dreimal abschließt. Hat er Freigang, atmet er durch.

Um auf den Punkt zu kommen: Er ist Bindungsphobiker, und du hast Verlustängste. Erwarte nicht, dass er seine verdrehte Psyche bearbeitet. Sei tolerant. Wünsch ihm viel Spaß mit seinen Schießbudenfiguren. Würdest du sie einen nach dem anderen abschießen, könntest du sie niemals ersetzen. Ihm würde etwas fehlen. Da kannst du dich anstrengen, wie du willst, du bist halt eine Frau. Oder hast du Angst, dass seine Jungsabende eine frauenfeindliche Selbsthilfegruppe sind? Möglicherweise sogar eine Tarnung für heimliches Fremdgehen?

Männerabende sind kein Grund zur Eifersucht.

Egal, was sie unternehmen – es ist okay. Vom Tennismatch bis zur Sauftour. Der größte Fehler wäre es, wenn du misstrauisch oder eifersüchtig wirst. Klar, früher haben die Jungs bestimmt schon mal im Rudel gevögelt oder Fotos ihrer One-Night-Stands ausgetauscht. Doch die Männerabende sind kein Vorwand dafür, dass er außer Haus nach einem paarungswilligen Hintern Ausschau hält. Auch Indiskretionen wie »gestern haben wir's auf dem Küchentisch gemacht« musst du nicht befürchten. Das wird von Frauen, die in dieser Beziehung viel indiskreter sind, meist überschätzt. Wenn es in Männerrunden um Frauen geht, kommt allenfalls beiläufiges Fachsimpeln. Die Clique ist frauenloses Naherholungsgebiet. Vielleicht wird auch mal ein bisschen rumgeflirtet, aber meist bleibt alles komplett harmlos. Es sind deine Phantasien, die dir einen Streich spielen.

Bleib im Umgang mit seinen Freunden freundlich-neutral. Einfach nett. Quetsch sie nicht aus, ob sich dein Freund danebenbenommen hat oder sogar nach einem weiblichen Po gegrabscht hat. Würden sie dir sowieso nicht erzählen, denn echte Kumpels sind loyal. Dafür nehmen sie bei nächster Gelegenheit deinen Freund beiseite und sagen: »Ey, deine Alte spioniert dir hinterher.« Was für ein Gesichtsverlust. Willst du riskieren, dass er sich wie der letzte Waschlappen fühlt? Und eine Stinkwut auf dich bekommt? Steh darüber. Auch wenn diese Männerabende nerven. Er wird dich dafür lieben, dass du seine Freunde als Teil seines Lebens betrachtest.

Mach deine Wohnung männertauglich

Sobald du eine Wohnung betrittst, weißt du nach drei Sekunden, ob sie einem Mann, einer Frau oder einem Paar gehört. Über Männerwohnungen gibt es nicht viel zu sagen. Die Skala reicht von nüchtern bis schrottig. Etwas originellere Zeitgenossen leisten sich unterkühltes italienisches Design, Hilflose haben sich mit schweren Schrankwänden zugebunkert. Die Regel ist einfallsloser Minimalismus im Stil eines bekannten schwedischen Möbelhauses. Gemütlich ist das nicht. Eher sachlich. Und auf die abgewetzte Ledercouch mit verdächtigen Flecken neben den leeren Bierdosen will sich auch keiner setzen. Gekrönt wird das Ganze von eingerissenen Postern an der Wand und irgendwelchen scheußlichen Pokalen, die in der Ecke verstauben.

Ganz anders die Wohnungen von Frauen. Ja, es gibt ihn, den weiblichen Stil: warme Farben, üppige Gardinen, wuchernde Pflanzen, Kissen, Kissen, Kissen. Und dauernd stolpert man über netten Krimskrams mit Memory-Effekt: Fotos von Familie und Freundinnen, Urlaubsmitbringsel, geschenkter Edelschnickschnack wie Engelchen und Herzchen. Bei Paaren halten sich der weibliche und männliche Stil in etwa die Waage. Obwohl man sofort merkt, wer die Hosen anhat und damit Einrichtungshoheit übernimmt. Um es gleich zu sagen: Begeistert sind Männer nicht von der weiblichen Hand in ihren vier Wänden. Da du nun öfter deinen Liebsten empfängst, solltest du dir Gedanken darüber machen, ob deine Wohnung männertauglich ist.

Aus deiner Wohnung schließt er mehr, als du denkst.

Besonders Wohnungen von Frauen verraten mehr als sie verbergen. In der ersten Nacht ist der Mann testosteronblind, da schnallt er noch nichts. Doch wenn er dich jetzt häufiger besucht, fängt er an zu ermitteln. Dabei fällt ihm das eine oder andere auf, bei dem ihm mulmig wird. Als Erstes nimmt er wahr, wie überladen die Bude ist. Er kann sich kaum bewegen und fühlt sich wie ein Elefant im Porzellanladen. Wieso müssen zwei Tagesdecken, zehn Zeitschriften und tausend Kissen auf der Couch liegen? Warum starren ihn Millionen Stofftiere an, wenn er dich im Schlafzimmer bespringen will? Die Blicke deiner Eltern, die ihn überall aus goldenen Bilderrahmen angrinsen, heben seine Laune auch nicht besonders. Grünzeug findet er überflüssig, und verspielte Dekoteile belästigen seinen Sinn fürs Praktische.

Zugleich macht er sich so seine Gedanken. Vorsicht. Wenn Männer zu denken anfangen, verheißt das nichts Gutes. Hacken wir uns mal in sein Hirn. Da heißt es: Schmuseaccessoires wie Plüschdecken und Kissen zeugen von einsamen Abenden. Die vielen Zeitschriften ebenfalls. Offenbar hattest du vor ihm seit Menschengedenken keinen Kerl mehr. Das lassen außerdem die vielen Ratgeber zum Thema vermuten: »Wie angele ich mir einen Mann?« Auch herzige Stofftiere im Bett machen ihn misstrauisch, denn der Friedhof der Kuscheltiere ist ein belastendes Indiz. Wer mit einem Bärchen und einem Knuddelhasi im Arm einschläft, kann ja wohl keine sexy Woman sein, sondern ist tief im Innern ein kleines Mädchen, das lieber kuscheln will. Rate mal, wie unser Nähepaniker das findet. Niedlich? Nee, asexuell.

Vorsicht bei allem, was in seinen Augen gegen dich sprechen könnte.

Männer ticken rein funktional. Deshalb meinen sie, dass alles in deiner Wohnung eine Funktion beziehungsweise eine Bedeutung hat. Und schon zucken sie zurück. Die Farbe Rosa in Tateinheit mit Glitzerkram bedeutet, dass du eine Prinzessin auf der Erbse bist, rettungslos verwöhnt und launisch. Die zahllosen Kosmetiktiegel neben deinem Waschbecken verraten eine Frau, die drei Stunden braucht, bevor sie abends aus dem Badezimmer kommt. Dann ist er längst eingeschlafen – nachdem er seinen Trieb eigenhändig befriedigen musste. Ach, und diese hauchdünnen Tassen mit Goldrand! Bestimmt machst du ein Riesentheater, wenn mal eine davon kaputtgeht. Das wird kompliziert mit dir!

Zu viele Familienfotos erinnern ihn daran, dass er die Leute alle irgendwann kennenlernen muss – weil du ihn heiraten willst. Heilige Scheiße! So weit ist er noch nicht! Auch die Fotos mit deinen Freundinnen machen ihm klar, dass es anstrengend wird. Schließlich drohen endlose Nachmittage mit Girl's Talk und Cappuccinotorte. Fotos deiner Exlover signalisieren ihm, dass du nie über sie hinweggekommen bist. Würg. Wieso hat sie die nicht alle abgehängt, als ich in ihr Leben gebrettert bin?, fragt er sich. Und, öh, hängt sie mich etwa eines Tages daneben? In ihre Trophäensammlung?

{**Schritt 3:** Miste deine Wohnung aus!}

Auch wenn du kein Messie bist, hast du dich sehr wahrscheinlich im Laufe der Jahre mit allerlei überflüssigem Zeug zugemüllt. Du hängst daran. Aber eigentlich siehst du es gar nicht mehr. Ist nur irgendwie ein vertrauter Anblick. Mach den Check, am besten an einem Samstagmorgen. Brauchst du den ganzen Krempel, der sich bei dir staut? Nö. Trenn dich vor allem von Sachen, die einem Mann verdächtig vorkommen. Du musst sie ja nicht gleich wegschmeißen. Pack sie in eine Kiste und verstau sie im Keller. Schon bald wirst du feststellen, dass du sie nicht im Geringsten vermisst. Auch die Bücher über Schüchternheit, Depressionen und einsame Singles gehören verbannt. Oder willst du als Problemfall rüberkommen? Schenk sie einer Freundin, die das nötiger hat. Sorg für Platz und Klarheit in deiner Wohnung, dann fühlt sich auch ein Mann darin wohl.

Ich verspreche dir: Auch für dich ist das eine Befreiung. Besonders die Erinnerungsstücke müssen raus. Sonst klebst du mental in früheren Phasen und bist nicht wirklich bereit für etwas Neues. Die Aktion Ausmisten ist gewissermaßen Feng Shui für die Seele. Mit dem Einrichtungsballast wirst du auch alte Gefühle und negative Erfahrungen los. Sicher, das Urlaubsfoto mit Felix auf Lanzarote erinnert dich an eine Woche Hochspannungssex. Moment mal, war Felix nicht dieser Typ, der später deine beste Freundin angegraben hat? Willst du im Ernst täglich daran erinnert werden? Und an die Liter von Tränen, die du in deinen Teddy geheult hast, weil dich wieder mal keiner liebte?

Mach klar Schiff, sonst gehst du unter. Dein Liebster wird es dir danken. Feminine Wohnhöhlen interpretiert er als Zeichen, dass er da jeden Abend in Beugehaft sein wird. Wer sich so einkuschelt, geht garantiert nicht gern aus, lautet seine Schlussfolgerung. Und schon sieht er nicht mehr das gemütliche Nest, sondern eine Gefängniszelle. Schnörkellose Schlichtheit dagegen kommt seinem Naturell entgegen. Da muss er auch nicht dauernd aufpassen, dass er aus Versehen auf deinen Porzellanhund tritt oder die gute Kristallvase umwirft. Als Grobmotoriker fühlen sich Männer in engen Geschenkartikelshops auch nicht wohl. Sieht deine Wohnung so aus, wird's ihm unbehaglich zumute. Dann stehen vor seinem geistigen Auge lauter Warnschilder rum: »Berühren verboten!« Wie soll er sich da wohlfühlen?

Dekorier um – im reduzierten Stil.

Natürlich musst du dir nichts anschaffen, was dir missfällt. Aber überleg mal, ob statt der albernen Clownsbilder in Pink und Hellblau nicht auch gerahmte Schwarzweißfotos ins Wohnzimmer passen. Die rosa geblümten Gardinen waren sowieso nicht mehr das, was einer erwachsenen Frau steht. Wie wär's mit Holzjalousien? Und brauchst du wirklich den Strauß mit Seidenblumen für dein Lebensglück? Die Trockengestecke mit Perlen und Flitter? Die mundgeblasenen Kraniche von Tante Walburga? Passt das noch zu deinem Persönlichkeitsprofil?

Oft lebt man in einem Setting, das einem früheren Lebensgefühl entspricht. Du bist nicht mehr der Teenager, der für Pferde schwärmte und Blumen in Poesiealben kritzelte. Also raus mit dem spätpubertären Murks und rein mit Sachen, die dir entsprechen. Du bist eine erwachsene Frau mit Stil. Leb ihn aus. Lass dich inspirieren. Schlendere durch Einrichtungshäuser und merk dir, was dir gefällt. Schon Kleinigkeiten geben einer Wohnung den richtigen Touch, den auch Männer mögen. Dann fällt die Charakteranalyse deines Liebsten wesentlich günstiger aus. Dein Sherlock Holmes sieht sich um und atmet auf: Homecheck positiv, alles clean. Mit der Frau könnte man zusammenleben.

Lass ihn die *Sportschau* gucken

Es wäre natürlich ein Kracher, wenn sich euer Leben zwischen Boutiqueneröffnungen, exklusiven Partys und Seychellenurlauben abspielen würde. Normal ist, dass ihr nach und nach in einen weniger spektakulären Ablauf rutscht: Und da steht meist Fernsehen an erster Stelle. Jetzt fragst du dich, was daran so interessant ist? Nun, auch fernsehen zu zweit will gelernt sein. Der Ernstfall eurer noch jungen Beziehung sind nicht die spannenden gemeinsamen Erlebnisse, es ist der graue Alltag – da liegt der Hund begraben. Der Alltag ist der Praxistest, man könnte auch sagen: der Stresstest.

Jetzt muss sich erweisen, ob die Gefühle groß genug sind, um eimerweise Farbe ins Einerlei zu bringen. Oder ob ihr an diesen verflixten Kleinigkeiten scheitert, die einen echt auf die Palme bringen können. Hat sich euer Hormonsystem erst einmal auf einen mittleren Wert eingependelt, hängt ihr bald schon durch. Es sei denn, ihr passt auf. Leider lernen wir Umgangsformen, Tischmanieren und all das Zeug immer nur für offizielle Anlässe. Weniger bekannt ist, dass auch ein ungeschriebener Beziehungsknigge existiert. Er enthält ein paar einfache Regeln, die dafür sorgen, dass ihr nicht im Fahrstuhl zur Hölle sitzt, sobald sich die Wohnungstür hinter euch schließt.

Höflichkeit und Zuvorkommenheit sind nicht nur für Fremde reserviert.

Oha, wie ist denn das gemeint? Bitte und danke hast du doch schon im Kleinkindalter gelernt. Du bohrst auch nicht in der Nase, während dein Liebster einen Joghurt löffelt. Hm, und wie steht es mit der Glotze? Wenn Männer vom Job nach Hause kommen, wollen sie die Füße hochlegen und die Fernbedienung kapern. Die ähnelt ja auch nicht umsonst schon rein äußerlich dem Penis. Die Fernbedienung ist die Macht. Najaaa, du hattest dir den Abend eigentlich anders vorgestellt. Wenn du vom Job kommst, willst du reden, reden, reden. Sieht er fern, fühlst du dich abgehängt. Charmant, wie du bist, nimmst du ihm die Fernbedienung weg und stellst auf stumm. Oder gleich aus.

Doch man spielt nicht ungestraft mit einem Penissymbol herum. Nie. Eine Weile wird er sich das gefallen lassen. Dann rebelliert er. Seine Zugeständnisse sind wie Enthaarungscreme: Erst fühlt sich alles wieder glatt an, doch schon bald wachsen kratzige Stoppeln nach. Falls du ihn drängst, den Mund zum Reden zu öffnen, fühlt er sich wie beim Zahnarzt, wenn der Bohrer angesetzt wird. Aua. Fernsehverbot ist eine pannenfreundliche Angelegenheit, zumal in Kombination mit Zwangskonversation. Dann erlebst du dein blaues Wunder. Notorische Nicht-Redner überraschen ihre Freundin mit der Erkenntnis, dass sie für ihr Mundwerk einen Waffenschein bräuchten.

Stellst du seine Fernsehgewohnheiten in Frage, ist das für ihn ein Frontalangriff.

Das Schweigen der Männer ist so etwas wie ein Naturgesetz. Vor allem nach einem langen Arbeitstag. Dann hat ihre rechte Hirnhälfte Rushhour, um alle Eindrücke zu verarbeiten, während die linke Hirnhälfte inklusive Sprachzentrum Feierabend macht. Diese Einsicht verdanken wir den Neurologen. Wir tun gut daran, auf sie zu hören. Multitasking? Frauen schaffen das ohne Schwierigkeiten. Nicht so der Mann. Eins nach dem anderen. Wenn die linke Gehirnhälfte dann wieder aufwacht, ist ihr Besitzer oft schon eingeschlafen. Richte dich daher auf wortkarge Momente ein. Die überbrückt er mit Fernsehen bis zur Genickstarre. Irgendwann ist er dann wieder aufnahmefähig für dich.

Ignorierst du dieses Muster, gibt es Zoff. Gerade hat er sich daran gewöhnt, die Abende mit einer Frau zu verbringen, doch jetzt kommen die knallharten Fakten zutage: Ihr habt völlig unterschiedliche Vorstellungen über die Zeit zwischen Job und Kiste. Er will nun einmal mit dem Bier in der Hand die Nachrichten oder den Sportkanal anzappen. So soll es bleiben. Niemand geht eine Beziehung ein, weil er umprogrammiert werden will, Männer schon gar nicht. Er riecht den Braten zehn Kilometer gegen den Wind. Der Begriff Kompromiss ist für ihn ein Fremdwort. Da ihm sowieso schon die Muffe geht, weil eure heiße Affäre so langsam einer Beziehung ähnelt, sind Übergriffe vor dem Fernseher eine ernste Bedrohung für ihn.

{ **Schritt 4:** Red ihm nicht beim Fernsehen rein! }

Das ist gleich doppelt zu verstehen: Schreib ihm nicht das Programm vor und texte ihn nicht zu. Stiert er wie hypnotisiert auf die Mattscheibe, dann ist das nicht Liebesentzug, sondern seine Form der Entspannung. Sei froh, dass er sich fallenlässt. Offenbar kann er sich in deiner Gegenwart locker machen, und nur das gibt ihm die Gewissheit, dass ihr ein festes Paar werden könntet. Beschwer dich nicht, wenn seine Fernsehinteressen mit deinen kollidieren. Männer haben nun einmal andere Themen auf dem Schirm. Das solltest du respektieren. Legst du es auf einen Machtkampf an, wirst du ihn verlieren, und den Mann ebenfalls.

Jetzt ist aber mal Schulz!, höre ich dich aufschreien. Ich bin schließlich auch noch da! Und ich habe verdammt noch mal Bedürfnisse! Cool down. Du kommst schon auf deine Kosten. Wenn er mit seinen Jungs unterwegs ist, darfst du eine Liebesfilm-DVD nach der anderen einwerfen. Auf die Dauer wird es sogar den einen oder anderen Fernsehabend geben, bei dem du diejenige bist, die die Fernbedienung schwenkt. Am Anfang jedoch will er der Regisseur sein. Für ihn ist das ein symbolischer Akt. Er kann nicht anders, er muss seine Interessen verteidigen. Dass die in Gefahr sind, wenn Frauen das Sagen haben, ist für ihn so klar wie Korn.

Der Streit ums Fernsehprogramm ist nur ein Beispiel dafür. Er kennt genug Paare, bei denen die Männer auf der Strecke bleiben. Die müssen erst das Kinderprogramm über sich ergehen lassen, dann die kitschige Serie der Ehefrau, und danach sollen sie auch noch reden. Alles, was ihnen bleibt, sind die Sexspots nach Mitternacht. Da hängen sie dann wie einsame Wölfe vor der Glotze und heulen der verlorenen Freiheit hinterher. Dein Liebster weiß das. Kennt er schon, will er nicht.

Ständiger Streit ums Fernsehprogramm ist nur die Spitze des Eisbergs.

Ich prophezeie dir: Falls es permanent Gezeter ums Fernsehen gibt, werdet ihr bald über jeden kleinen Mist streiten: welche DVD ihr einschmeißt, welche Musik ihr hört, ob ihr besser eine Pizza bestellt oder an Vollkornbrötchen knabbert. Und schon fallen sie ab, die guten Umgangsformen, die feinen Höflichkeiten, die Rücksichtnahmen der ersten Zeit. Der große Frust steht ins Haus. Er fühlt sich missverstanden und überfordert, du bist eingeschnappt. Jeder zieht sich in seinen Schützengraben zurück und feuert Verbalsalven ab. Er: »Kann man nicht ein einziges Mal in Ruhe fernsehen?« Du: »Aber nicht, wenn du dir sinnfreien Schrott reinziehst.« Er: »Ach, ich reiche wohl nicht für deine hohen Ansprüche, was?« Du: »Das hast du gesagt.« Er: »Scheiße, jetzt habe ich das Tor verpasst, weil du alles zerreden musst.« Du: »Nee, weil bei dir nur Schweigen im Walde stattfindet.« Er: »Das war's. In der Halbzeitpause haue ich ab und gucke bei Sven weiter.«

Spar dir dieses saudumme Gerangel. Warum ausgerechnet du einen Rückzieher machen sollst? Kann ich dir erklären: Der Klügere gibt nach. Du bist klug, weil du aufgrund deiner weiblichen

Intelligenz in der Lage bist, diese Mechanismen zu reflektieren. Seine Intelligenz in allen Ehren, aber so weit ist er nicht. Er hat das Unangenehmes-wird-nicht-besprochen-Gen. Muss er wirklich mit dir *Grey's Anatomy* schauen? Für ihn ist das so, als würdest du Picasso zu Malen nach Zahlen zwingen. Er findet Serien kindisch. Irgendwann findet er auch dich kindisch. Was soll er mit einer infantilen Stressgranate?

Vermeide Fachsimpeleien in seinen Spezialgebieten

Dein Freund weiß alles über Exceltabellen. Er wird nicht müde, mit seinen spektakulären Fähigkeiten anzugeben. Auch das Liebesleben der Höhlenfledermäuse ist sein Fachgebiet. Himmel, ist er stolz darauf! Zufälligerweise decken sich eure Interessen. Und schon lässt du dein Wissen vom Stapel. Oder du hast dich ihm zuliebe durch einen Meter Fachliteratur gelesen und im Internet recherchiert. Strahlend verkündest du deine frisch erworbenen Kenntnisse. Merkwürdig, warum fällt ihm erst die Kinnlade runter, um dann maulig zu werden?

Wir leben in hammerharten Zeiten für Männer, denn Frauen sind überall auf dem Vormarsch. Sie sind besser in der Schule, machen häufiger Abitur und brechen ihr Studium seltener ab als Männer. Diese wiederum sehen sich oft als Emanzipationsverlierer. Und das geht ihnen gewaltig auf den Sack. Neunmalkluge Frauen machen ihnen das Leben schwer. Dass es Ärztinnen, Professorinnen und sogar Pilotinnen gibt, ist für sie eine narzisstische Kränkung. Haben sie dann auch noch eine weibliche Vorgesetzte, ist alles vorbei. Quotenfrau!, lästern sie. Hochgeschlafen! Aber heimlich fragen sie sich: Wieso habe ich den Job nicht bekommen? Bin ich zu blöd?

Männer fürchten sich vor intellektuell überlegenen Frauen.

Gibt eine Frau zu erkennen, wie schlau sie ist, flüchtet der Mann samt Keule auf den nächsten Baum. Da schmollt er eine Weile rum und kommt erst wieder runter, wenn sich ein harmloses Weibchen nähert. Schlau, stark, dominant – so sieht der Frauentyp seiner finstersten Alpträume aus. Schau dich um: Das ist der Grund, warum Akademikerinnen häufiger Singles sind und signifikant seltener Kinder haben. Wenige Männer trauen sich da ran, weil sie eine Höllenangst haben, dass sie untergebuttert werden.

Aber nicht nur Professorinnen mit drei Doktortiteln haben es schwer. Letztlich kann jede kluge, unabhängige und selbstbewusste Frau zur Provokation für den Mann werden, das schwache Wesen. Er fürchtet die Konkurrenz. Eine Frau in seinen Jagdgründen – no way. Gehört die nicht in die Höhle? Mit anderen Worten: in den Schatten? Er dagegen plustert sich im Sonnenlicht auf und ruft: Ich will groß sein, ich will stark sein! Eine Frau, die mir in die Kniekehlen tritt, hat bei mir nichts zu suchen!

{ **Schritt 5:** Schmier ihm nicht gleich aufs Brot, wie schlau du bist! }

Deinen Super-IQ lässt du bitte nicht raushängen. Auch dein phänomenales Wissen sollte vorerst dein Geheimnis bleiben. Männer wollen nun einmal bewundert werden. Je mehr eine Frau ihre intellektuelle Überlegenheit ausspielt, desto mehr schrumpelt sein Ego. Frag nicht, was das mit seinem Penis macht. Er braucht die Illusion, dass du zu ihm aufschaust. Wobei ich davon ausgehe, dass du dir keinen Dummi ausgesucht hast, sondern einen Mann mit akzeptablem Geisteszustand. Stell dich blond. Du weißt ja, wer du bist und was du kannst. Dein Selbstwertgefühl behältst du. Und bekommst einen Mann dazu.

Da Männergehirne bisweilen die Komplexität von Bauklötzen haben, schlägt eine kluge Frau sie auch noch aus einem anderen Grund in die Flucht: Er denkt, dass es an der weiblichen Fürsorge fehlen wird. Die ist jedoch der einzige Vorteil, den er in einer festen Beziehung wittert. Er spekuliert auf einen gewissen Service.

Ist der bedroht, geht ihm der Popo auf Grundeis. Der kleine Junge in ihm wimmert: So eine wird mich nicht bemuttern. Schluchz! Muss ich etwa meine Hemden selber bügeln? Heul! Lecker Essen kann ich auch knicken. Brüll! So jammert er vor sich hin.

Am Anfang würde ihm übertriebene Bemutterung zwar auf den Keks gehen, doch je öfter er über was Festes nachdenkt, desto mehr spielen diese Überlegungen eine Rolle.

Wenn sich am Ende herausstellt, dass du nicht die Obermutti bist, die dauernd mit Schnittchen um die Ecke kommt und seine Hand hält, sobald er einen Schnupfen hat, wird er das schon verkraften. Die Realität ist meist nicht so beängstigend wie die düsteren Phantasien, die eine selbständige Frau in ihm auslöst. Wir sprechen hier von irrationalen Ängsten. Gerade am Anfang können sie für Irritationen sorgen. Träum nicht davon, dass er emanzipierte Frauen für eine Errungenschaft des Fortschritts hält. Sagt er vielleicht, meint er aber nicht so.

Die Emanzipation ist für Männer ein Schreckgespenst.

Würdest du Männer bei einem ganz gewöhnlichen Stammtisch belauschen, würden dir die Ohren glühen. Selbst geistig grenzwertige Luftpumpen wissen heute, was politisch korrekt ist und was nicht. Frauenfeindliche Sprüche kann sich in der Öffentlichkeit keiner mehr leisten. Ein beliebtes Ventil sind daher frauenfeindliche Witze. »Was ist der Unterschied zwischen einem Yeti und einer intelligenten Frau? Einen Yeti hat man schon mal gesehen.«; »Was ist der Unterschied zwischen einem Auto und einer Frau? Autos schalten schneller.«; »Warum können Frauen beim Sex besser denken? Weil sie dann mit dem Zentralrechner verbunden sind.«

Ich erspare dir noch peinlichere Beispiele. Die Pointe ist, dass Männer Frauen für dumm halten? Nee. Dass sie Frauen für intelligent halten. Zu intelligent. Das ertragen sie so wenig, dass sie solche Witze reißen müssen. Wenigstens dann dürfen sie so tun, als seien sie das überlegene Geschlecht. Ziemlich armselig, zugegeben. Aber wer hat noch mal gesagt, dass Männer souverän sind?

Die Gebrüder Grimm? Den Traumprinzen, der dich für dein Hirn liebt, wirst du nur im Märchenland finden.

Männer orientieren sich bei der Partnerwahl »nach unten«.

Was das heißt? Männer tendieren dazu, sich für Frauen mit weniger Geld, niedrigerem sozialem Status und weniger Grips zu interessieren. Das ist fies, aber leider wahr. Du willst eine Geschichte dazu? Bei der Singlebörse Parship passierte Folgendes: Eine gewisse Susanne, 35 Jahre alt, promovierte Wirtschaftswissenschaftlerin, beschäftigt bei einer Unternehmensberatung, schrieb das alles auch in ihr Profil. Und wunderte sich, dass sie kaum Anfragen bekam. Schließlich strich sie den Doktortitel und gab als Beruf »Angestellte« an. Rätst du, wie es weiterging? Prompt hagelte es Anfragen.

Der Balzreflex stellt sich nur ein, wenn Männer ihr Gefieder spreizen dürfen – ohne dass du mit der Schere schnipp, schnapp machst und ihnen die Flügel stutzt. Sieht man ja im Tierreich. Der Pfau macht einen auf dicke Hose, sein Weibchen begnügt sich mit Tarnfarben. Braungrau paddelt auch die weibliche Ente durch den Teich, in schillerndem Grün darf das Männchen durch die Entengrütze düsen. Understatement ist gefragt – beim weiblichen Geschlecht. Missachtest du diese Regel gleich am Anfang, kriegst du einen Vollwaschgang Beziehungsstress, und zwar in der Trommel. Du willst nicht dein Licht unter den Scheffel stellen? Seid ihr erst einmal fest zusammen, darfst du offensiver werden, vor allem dann, wenn dein Kerl unter 35 ist. Sagt jedenfalls Soziologieprofessor Dr. Blossman: Nur noch ein Fünftel der Männer heiratet heute »nach unten«. Aber glaub mir: Die Frauen, die sie gewählt haben, sind garantiert nicht sofort in die Vollen gegangen. Heldenverehrung kommt einfach besser. Halte dich deshalb zunächst zurück, dann kannst du demnächst die Eheringe aussuchen.

Kritisiere nicht seinen Kleidungsstil

Männer sind einfach unglaublich. Sie tragen ihr verratztes Lieblings-T-Shirt auch noch, wenn es auseinanderfällt. Das Oberhemd, das schon zu Roland Kaisers besten Zeiten peinlich war, führen sie vor wie Haute Couture. Speckige Jeans, zerfledderte Jogginghosen und Muttis gute Popelinejacke – ein Weihnachtsgeschenk! – tragen sie so lange auf, bis der Arzt kommt. Tja, textilen Stil haben nur gaaanz wenige Männer. Beim ersten Date geben sie sich noch Mühe, aber später kommt das ganze Elend aus dem Schrank. Eine Augenweide ist das nicht. Eher eine Parade des schlechten Geschmacks. Äh, welcher Geschmack noch mal?

Verständlicherweise reagieren Frauen empfindlich auf Muff und Schmuddel. Auch modische Entgleisungen beleidigen ihr ästhetisches Empfinden, schließlich haben sie den Stil erfunden. Eifrig bastelten sie an phantasievollen Lendenschurzen für den Steinzeitgatten, der dafür kaum ein Auge hatte. Hauptsache praktisch, hieß es für den Keulenmann. Und heute? Wöchentlich holen sich Millionen Frauen Anregungen in diversen Fachmagazinen, studieren die neuesten Looks, die hippsten Farben, die angesagten Accessoires. Auch wenn sie sich nicht alles leisten können, was ihnen auf Hochglanz getrimmt entgegenspringt, versuchen sie zumindest, nett und adrett auszusehen. Das sind sie sich und ihrer natürlichen Eitelkeit schuldig. Männer dagegen betrachten Modezeitschriften als Weicheierlektüre.

Männer und Frauen bewerten Kleidung ganz unterschiedlich.

Eine *Spiegel*-Studie von 2011 besagt, dass für 92 Prozent der Frauen Kleidung wichtig oder sehr wichtig ist. Für einen Mann ist Kleidung im Allgemeinen Nebensache. Zwar kam eine Studie des Marplan-Instituts zu dem sensationellen Umfrageergebnis, dass 72 Prozent der Männer es wichtig finden, modisch gekleidet zu sein. Na, großartig. Und wieso sehen sie dann aus, als hätten sie sich im Dunkeln vom Grabbeltisch bedient? Kann ich dir sagen. Wenn du Männer fragst, ob sie gesunde Ernährung für wichtig halten, kämst du auf ähnlich beeindruckende Ergebnisse. Nur, dass sie trotzdem lieber Burger und Bier zu sich nehmen als Gemüse und Salat.

Außerdem sind männliche Vorstellungen von »modisch gekleidet« ein Klopper. Jacketts mit Schulterpolstern, groß wie Medizinbälle? Kein Problem. Zu kurze Hosen? Prima Gelegenheit, die ausgeleierten Ringelsocken spazieren zu führen. Motto-T-Shirts der Sorte »Hopfen und Malz, ab in den Hals«? So was von lustig aber auch. Keine Verirrung ist zu absurd, als dass sie nicht den Weg in den Kleiderschrank des Mannes finden könnte. Der braucht mal eine anständige Styleberatung, meint Frau. Da sie ja Expertin ist, zieht sie vom Leder. Was sie jedoch erntet, ist nicht Dankbarkeit, sondern die Hasskappe.

Männer wollen sich nicht umziehen lassen – weil sie nicht umerzogen werden wollen.

Wer den Kleidungsstil des Liebsten runtermacht, wird schnell im Altkleidercontainer entsorgt. Wieso? Weil das wie ein Signal wirkt. Wie die erste Zündungsstufe eines Umerziehungsprojekts. Wenn ihr schon meine Klamotten nicht gefallen, nörgelt sie demnächst auch an allem anderen rum – denkt der Mann. Dann setzt es das K. o.-Argument: »Wenn du mich magst, dann magst du auch meine Klamotten!« So unwichtig ihm seine Hosen, Hemden und Jacketts auch sind, irgendwie hängt seine Identität daran. Die muss er verteidigen, unbedingt. Sonst kommt er sich wie ein Schwachmat vor.

An die letzte textile Razzia kann er sich noch gut erinnern: als Mami ihm die Cowboystiefel und die zerfetzten Jeans verboten hat. Dabei hatten die anderen Jungs in der Schule auch so was irre Cooles an. Nur er nicht. Er schlich wie der letzte Bubi über den Pausenhof. Ein Trauma. Mit den Bügelfalten drängte ihm Mami zugleich den Brav-Faktor auf: »Junge, zieh was Anständiges an, und benimm dich gefälligst anständig!« Damit wurde er der Outcast, der Loser seiner Clique. Sein Raubein-Image will er sich deshalb auf jeden Fall bewahren. Für ihn steht fest: Sucht erst einmal eine Frau seine Oberbekleidung aus, sieht er bestimmt aus wie Mamis Liebling.

{Schritt 6: Hände weg von seinem Kleiderschrank!}

So sehr es dir auch in den Fingern juckt, die gruseligen Hemden und die durchgesessenen Hosen auszumisten – lass besser die Finger davon. Kritisier ihn nicht, das nimmt er nämlich sehr persönlich. Für ihn ist es komplett egal, ob das weinrote Jackett zur grünen Hose passt und ob er damit auf der Höhe der modischen Trends ist. Im Zweifelsfall orientiert er sich nicht an weiblicher Kompetenz, sondern an seiner männlichen Peergroup. Da die ebenfalls aussieht, als ob sie mit verbundenen Augen durch die Kaufhäuser stolpert, findet er sein Styling völlig okay. Vor allem: nie ungefragt etwas wegschmeißen! Mutti-Alarm!

Das erfordert ein Höchstmaß an Toleranz. Immer schön tief durchatmen, sogar beim billigen Plastikgürtel vom Ramsch, an dem auch noch sein Handy nebst Schlüsselbund baumelt. Sicher, ein edler Ledergürtel mit Silberschnalle würde seine Jeans wunderbar aufpeppen. Aber sein Ego würde mit dem alten Gürtel im Müll landen. Mecker nicht rum, trag es mit Fassung. Es gibt Licht am Ende des Tunnels. Immerhin lassen sich laut der *Spiegel*-Studie 55 Prozent der Männer bis 39 Jahre von der Frau einkleiden, bei den Männern ab 40 Jahre sind es hoffnungsvolle 64 Prozent. Ja, richtig gelesen. Die meisten Kerle ziehen irgendwann das an, was du ihnen hinlegst.

Das kommt natürlich nur in Frage, wenn ihr fest zusammenlebt und er die Kohle dafür rausrückt. Vorher darfst du nur an Geburtstagen und an Weihnachten Textilien überreichen. Vorsichtige Korrekturen also durch Geschenke vornehmen. Bleib dabei in seinem modischen Terrain. Ein Möchtegern-Cowboy, der Holzfällerhemden in der Oper für eine gute Wahl hält, wird die Smokingfliege rundheraus ablehnen. Umgekehrt wirst du einen Schlipsträger kaum mit sexy Trägerhemdchen begeistern. Zeig ihm, dass du ihn grundsätzlich annehmbar findest!

Kritik in Geschenke verpacken ist die sanfte Tour.

Zuerst wird er dir sagen, dass er nichts Neues braucht. Er kann sowieso nicht verstehen, warum Frauen so viel Gedöns ums Outfit machen. Meist fällt ihm nicht einmal auf, wenn die eigene Freundin ein neues Kleid trägt. Wieso braucht er dann etwas Neues? Auch Marken findet er überflüssig, alles überteuert. Lass dich bloß nicht auf Diskussionen darüber ein, denn die arten in unerfreuliche Machtkämpfe aus. Einfach das neue Poloshirt in seinen Schrank schmuggeln und abwarten. Eines Tages wird er danach greifen, weil er nun mal Pragmatiker ist. Kein Triumphgeheul deinerseits, bitte. Tu so, als wäre es ganz normal, dass er das Ding anzieht.

Mit dieser Salamitaktik kannst du einiges erreichen. Für gemeinsame Ausflüge in die Herrenabteilung ist es allerdings noch zu früh. Männer kaufen mit Stoppuhr: Je schneller sie wieder aus dem Laden sind, desto besser fühlen sie sich. Aussuchen, anprobieren, vor den Spiegel stellen – Hölle! Ach ja, in einer Sache darfst du intervenieren, wenn auch diplomatisch: beim Darunter. Alles, was müffelt oder löchrig ist, darfst du ihm ausreden. Nach einer Umfrage der *Apothekenumschau* wechseln 20 Prozent der Männer nicht täglich ihre Unterhose. Samthandschuhe ausziehen und einschreiten!

Koch im sexy Outfit

Eure Beziehung ist nun ziemlich eng geworden. Fast seid ihr ein Paar. Fast. Noch geistern die Bindungsängste durch sein Stammhirn. Er hat nämlich so ein Szenario im Kopf: Noch die heißeste Frau wird zur spießigen Muddi, wenn sie sich erst einmal sicher fühlt. Wenn sie ihren Typen nicht mehr anlocken muss, weil er eh schon da ist. Stimmt ja auch. Sobald der Mann an der Angel ist, lassen wir nach, Schwestern! Holen die alten Schlüpper wieder raus, die längst in der Tonne modern sollten. Tragen XXL-Pullover statt hautenger Shirts. Schlurfen in Angorasocken durch die Wohnung statt mit sexy Pantöffelchen. Uuuah!

Absolutes Schmerzthema. Wusstest du, dass Männer vieles hassen, was Frauen entzückt? Männer hassen Uggs an Frauen, Pumphosen, Jumpsuits, Wollstulpen. Und, versteht sich, ausgebeulte Jogginganzüge. Anfangs hast du diese Abtörner weggelassen, weil du ja wusstest, dass er auf feminin, beinfrei und figurbetont abfährt. Aber jetzt holst du den ganzen Krempel wieder raus. Weil's so gemütlich ist. Weil du beim Abhängen nicht auch noch den Stylecheck machen willst. Weil du es – seien wir ehrlich – jetzt mal so richtig bequem haben willst.

Lass dich nicht gehen, wenn's vertrauter wird.

Denk nach: Hätte er angebissen, wenn du abgewrackt und erotikfrei rumgelaufen wärst? Klar, ein bisschen Lässigkeit darf schon sein, aber bloß nicht die trutschige Nummer. Er hält sich ja für den Prinzen, und was soll der mit Aschenputtel? Die musste auch in Galagarderobe und Kutsche vorfahren, damit der Königssohn auf sie stand. Ganz bestimmt wollte er nicht, dass sie anschließend wieder in Sackleinen rumlief. Prinz und Aschenputtel, das läuft nun einmal nicht. Dann bist du unter seinem – gefühlten – Niveau. Er ist anspruchsvoll. Mozart hat schließlich auch keine Klingeltöne komponiert.

Eine britische Umfrage hat ermittelt, dass der unheilvolle Prozess fortschreitender Schlampigkeit sieben Monate nach Beginn einer Beziehung einsetzt. Also nicht im verflixten siebten Jahr, sondern im siebten Monat. Solange gibt man sich Mühe, doch ab da wird es ungeniert. Mit den Bequemklamotten schleicht sich dann auch gleich noch mehr ein. Der eine oder andere Rülpser verlässt ungefiltert den Körper, mit den hemmungslos verbreiteten Gasen des Darms wird fast die Wohnung abgefackelt. Huch, sorry! Auch der Satz fällt immer seltener. Eklig, eklig. Findest du nicht so schlimm? Schwesterherz, nach diesem siebten Monat wirst du so was von Single sein wie diese einzeln verpackten Käsescheiben.

Bleib appetitlich und sexy – das bist du dir selbst schuldig.

Schon vergessen? Dein Attraktivitätstraining hat sich in allen Lebenslagen positiv ausgewirkt. Es hat dir mehr Selbstbewusstsein gegeben, dich freier gemacht, deinen Alltag angeschärft. Und das willst du alles aufgeben? Wieder die graue Maus werden? Wo ist die rassige Tigerin, die im Mittelpunkt stand? Alles nur eine billige Show?

Bleib straff am Plan. Rennst du zu Hause in Schlabberhose rum, kommt es auf ein paar Pfunde mehr nicht mehr an. Und wieso überhaupt duschen? Glaub mir, Beziehungsverwahrlosung ist eine Kettenreaktion. Reißt die Kleiderordnung erst einmal ein, bist du bald der Schlumpf vom Dienst. Eine amerikanische Studie hat nachgewiesen, dass Paare in längeren Beziehungen zunehmen, und wer will das schon?

{ **Schritt 7:** Gib nicht deine Weiblichkeit auf! }

Schlampige Looks sind der sichere Weg, nur Phasen-Lover abzubekommen. Dann ist bald die Luft raus. Bleib rasend weiblich. Zieh dich auch zu Hause attraktiv an, sonst hat er das Gefühl, dass du es nur für andere tust und dass er es nicht mehr wert ist. Zeig Beine und Dekolleté, das geht auch mit hautengen Leggins und weit ausgeschnittenen T-Shirts. Sei verführerisch, auch wenn du Spaghetti kochst. Ein Quickie in der Küche wirkt ausgesprochen belebend. Und wenn du wirklich mal unbedingt einen kuscheligen Hausanzug brauchst, kauf dir welche in Schwarz und Rot, die eng sitzen und nicht wie vom Flohmarkt wirken. Lass den Reißverschluss der Jacke so weit wie möglich offen. Du solltest absolut sehenswert und verführerisch bleiben!

Ihm wird das gefallen. Mehr noch: Du zerstreust seine Bedenken, dass hinter der knackigen Fassade langsam, aber sicher die langweilige Hausfrau zum Vorschein kommt. Wie die drauf ist, weiß man ja: ein frustriertes Putzteufelchen, das nach getaner Arbeit müde lächelnd abwinkt, wenn er Lust auf Sex hat. Bald wird er dich nur noch im Schlabberlook sehen, befürchtet er. Dann bist du eine aus der Kochlöffelfraktion, in Stützstrümpfen und Gummischlappen. Verblüff ihn mit dem Gegenteil. Lass deinen geilsten Spitzenbody unterm T-Shirt vorblitzen, wenn du für ihn kochst. Und wenn du schon auf diesem komischen Frotteekleid bestehst, trag halterlose Strümpfe dazu.

Noch ein Tipp: Je sorgfältiger du dich anziehst, desto mehr spornt ihn das an. Lässt du dich gehen, ist das auch ein Freibrief für ihn. Sei also bitte nicht erstaunt, dass er im löchrigen Feinrippunterhemd auf der Couch rumlümmelt, falls du daheim den Trümmerfrauenlook rausholst. Weck seinen Ehrgeiz, optisch ein würdiges Pendant zu sein. Sonst seht ihr nach dem siebten Monat aus wie Hempels unterm Sofa. Abgefreut und fertig zum Entlieben. Aus dem Hurrikan, der ihr mal wart, wird ein lauwarmes Lüftchen.

Klamotten sind eine Art Liebes-TÜV.

Am Zustand der Kleidung kann man zuverlässig ablesen, in welchem Stadium eine Beziehung ist. Alles im Lack? Knistert es noch oder kriselt es schon? Liegt Sex in der Luft oder der Mief der Gewohnheit? Sei auf der Hut, sonst macht ihr schlapp, auch im Bett, auf der Couch, unterm Küchentisch. Der Appetit kommt beim Essen? Nee. Nur appetitliches Essen weckt den Appetit. Lecker aussehen ist gar nicht so schwer. Eher eine Frage des Bewusstseins. Sei erfinderisch und konzentriere dich beim nächsten Shoppinganfall auf das Inhouse-Styling. Was ist lässig und trotzdem sexy? Wie lassen sich Wohlfühlbedürfnis und erotischer Style kombinieren?

Der Alltagsoverkill kommt schneller, als du denkst. Die textile Tarnkappe beschleunigt den Anfang vom Ende nur. Vor allem fehlt die Spannung des Unterschieds. Ein Mann und eine Frau im ähnlichen Jogginganzug? Wie sollen sich da noch Gegensätze anziehen beziehungsweise ausziehen? Ist nur eine Frage der Zeit, dass er sich in eine Singlefrau verguckt, die noch mit einem perfekt verpackten Po wackelt. So weit solltest du es nicht kommen lassen. Gib dem Affen Zucker, äh, gib dem Mann was zum Hinstarren. Sonst wird deine Beziehung ein Sockenschuss.

Mit dem Kochen ist das so eine Sache. Gibt es ein besseres Symbol für die unterdrückte Frau? So jedenfalls sehen es Feministinnen. Stehst du erst einmal am Herd, bist du ein Heimchen am selben, giften sie. Und Männer? Woody Allen sagte: »Eine Frau gehört an den Herd, und der sollte im Schlafzimmer stehen.« Okay, der gute alte Woody ist nicht gerade ein Vertreter der Frauenbewegung. Also lassen wir den weisen Konfuzius sprechen: »Essen und Beischlaf sind die beiden großen Begierden des Mannes.« Kommt aufs Selbe raus. Willst du aber nicht hinnehmen. Was tun?

Ich muss wohl nicht daran erinnern, dass Liebe und Essen – und zwar gleichzeitig – die frühesten menschlichen Urerfahrungen sind. Das Baby weiß genau: Wer mich füttert, liebt mich. Glück fürs Baby, wenn es gestillt wird. Dann hat es Schmusen und Nahrung im Paket. Nuckeln, gestreichelt werden, futtern. Ein Fest der Sinne. Genial. Später heißt es dann: Liebe geht durch den Magen. Hast du auch schon mal gehört. Fandest du aber doof. Weil deine Küche eine Mikrowelle hat, in der Tiefkühlpizza binnen Minuten fertig ist. Kochbücher sind ein Grauen für dich. Eine schmutzige Küche kannst du nicht ausstehen, dann lieber essen gehen. Versteh ich. Ist aber nicht gut.

Männer wollen von Zeit zu Zeit bekocht werden.

Das mögen sie. Liebe plus Essen, hmmm, und schon tanzt ihr Unterbewusstsein Glückspirouetten. Dass Frauen ihnen diese Wonne verweigern, halte ich für einen schweren Fehler. Da gucken die Männer bedröppelt aus der Wäsche wie Welpen, die aus dem Körbchen gefallen sind. Ihr Love-Code erfordert regelmäßige Fütterung. Ende der Durchsage. Das Schöne ist, dass es weder täglich geschehen muss noch mit komplizierten Gerichten. Entwarnung: Einfach darf das Essen sein, deftig muss es sein, nur ohne Fleisch geht gar nichts.

Jetzt kommen wir der Challenge doch schon näher. Beobachte mal, was Männer gern essen. Du kannst das schon bei euren ersten

Dates testen. Was bestellt er sich? Salat oder Currywurst? Steak oder Pasta? Bulette oder Gemüsepfännchen? Rhetorische Fragen. Soweit du nicht andere Vorlieben entdeckt hast, sind vermutlich Steaks, Buletten und Currywurst seine kulinarische Leidenschaft. Auf übersichtlich drapierte Teller kommt es ihm dabei auch nicht an. Immer rauf mit der vollen Portion. Er will satt werden, nicht kalorienarm naschen.

Große Portionen, viel Fleisch, da strahlt der Mann.

Eine Ahnung vom männlichen Geschmack bekommst du beim nächsten Grillabend. Da langen die Männer zu, als hätten sie seit Monaten von Knäckebrot gelebt. Aber sie hauen sich nicht den Nudelsalat rein und auch nicht die eingelegten Tomaten. Immer nur das Fleisch. Ist wohl evolutionär eingetackert: Die Frauen zupften dereinst Kräuterchen und Beerchen, die Männer sorgten für die wuchtige Bärenlende. Wenn sie da reinbissen, bis ihnen der Saft vom Kinn tropfte, belohnten sie sich für ihren gelungenen Überlebenskampf. Ein erfolgreicher Jäger will kein Kresseschaumsüppchen mit Crème fraîche löffeln.

Heute ist er meist ein Bürohengst, doch die Gelüste sind geblieben. Selbst wenn sich seine körperlichen Leistungen auf das Bedienen einer Computertastatur beschränken, hat er immer noch das Gefühl, einen Eiweißschock zu brauchen. Schon wegen der Muckis, auf die er sich mächtig was einbildet, selbst wenn sie ohne Lupe nicht zu erkennen sind. Fleisch macht ihn an. Da fühlt er sich stark. Auch seine Potenz, glaubt er, kriegt dadurch einen kräftigen Schub. Unter Männern kursiert immer noch das Gerücht, dass Körnerfresser keinen hochkriegen. Stimmt sehr wahrscheinlich nicht. Doch versuch mal, Männermythen in Frage zu stellen.

{ **Schritt 8:** Koch ihm was Handfestes! }

Fang mit simplen Sachen an. Falls du nicht kochen kannst, finde heraus, wo es gute Hausmacherbuletten gibt. Brate sie zu Hause mit etwas Butter in der Pfanne an, gib einen Schuss Ketchup darauf und leg sie zwischen frisch getoastete Brötchenhälften. Superleicht sind Weißwürste. Die müssen nur ins heiße Wasser. Brezeln dazu und süßen Senf – fertig. Putzt er weg wie nix. Danach versuchst du es mit einem Filetsteak. Lass es dick schneiden, etwa sechs Zentimeter. Butterschmalz in der Pfanne brüllheiß werden lassen, auf beiden Seiten jeweils drei Minuten mit Gezische anbraten, danach sieben Minuten in den extraheißen Ofen. Die Kräuterbutter dazu gibt's fertig in jedem Supermarkt, eine Ofenkartoffel ist ein Selbstgänger: rein in die Alufolie und ab in den Ofen, nach vierzig Minuten rausnehmen, aufschneiden und Frühlingsquark dazu. Am einfachsten ist Currywurst: Bratwürste anbraten, scharfen Ketchup darüber und nicht zu knapp Currypulver.

Das alles habe ich deshalb so ausführlich beschrieben, damit du siehst, wie wenig anstrengend das ist. Eine Küchensklavin wirst du dabei nicht. Und deine Küche sieht hinterher auch nicht aus wie eine explodierte Bombe. Der Gag ist, dass diese Sachen deftig schmecken. Nur wenige Männer haben einen verwöhnten Gaumen und kennen den Unterschied zwischen Majoran und Estragon. Was sie aber sofort merken: wenn das Essen fade ist. Dies ist der häufigste Beschwerdegrund. Männer lieben Salz und Pfeffer, auch heftige Steakgewürze, die es fertig gemischt gibt. Am besten mit Raucharoma. So wie die Steaksaucen, die freundliche Menschen für dich angerührt und in Flaschen abgefüllt haben.

Du brauchst ihm übrigens nicht zu erzählen, dass du deine Kochkünste im Wesentlichen denen überlässt, die sich damit auskennen. Vielmehr darfst du mogeln, dass die Schwarte kracht. Der Mann ist ganz vernarrt in die Illusion, dass du seinetwegen stundenlang gebrutzelt hast.

Achte jedoch auf die Qualität. Den Kartoffelsalat darfst du fremdkochen lassen, aber nicht abgepackt mitnehmen, sondern aus dem Feinkostladen.

Präpariere deinen Kühlschrank.

Du solltest immer einen kleinen Vorrat zu Hause haben, damit du ihm auch mal spontan was servieren kannst. Ich gehe sicher richtig in der Annahme, dass in deinem Kühlschrank Joghurt mit zwei Prozent Fett, eine Packung »Du darfst«-Käse und ein paar Salatblättchen ihr einsames Dasein fristen. Traurig, traurig. Denn gerade heute stürmt dein Kerl mit jeder Menge Kohldampf in die Wohnung. Also: clever einkaufen! Feurige Salami zum Beispiel, die hält ewig, am besten Wildschweinsalami. Riecht wie nasser Hund und ist nicht billig, mit Butter und Brot aber eine Delikatesse. Stullen machen ihn glücklich, echt. Baguettes kannst du in der Tiefkühltruhe bunkern, und neben deine Halbfettmargarine stellst du jetzt eben einen Klumpen Butter. Wo ist das Problem?

Du hast ja schon bemerkt, was er sonst noch gern isst. Der Mann, der Wert auf gutes Essen legt, freut sich über Rohmilchkäse mit Feigensenf, der Vegetarier frohlockt bei Möhren und Staudensellerie mit einem Dip. Hast du einen Gourmet erwischt, probier es mit pürierten Gemüsesuppen – super einfach! – und pack ein paar gebratene Garnelen dazu. Für solche Aktionen wird er dich vergöttern. Und weil du dafür weder stundenlang eingekauft hast noch deine Fingerchen wundgeschnippelt sind, bist du bester Laune. Trägst du dann beim Servieren nur ein kurzes Schürzchen – sonst nichts! –, macht er dir demnächst einen Heiratsantrag.

{ **CHECKLISTE** ZWEISAMKEIT }

- Seine Freizeit ist seine Freiheit – sei großzügig
- Finde dich mit seinen Freunden ab
- Mach deine Wohnung zur Wohlfühlzone für ihn
- Lass ihm die Fernbedienung
- Übertrumpfe ihn nicht in seinen Wissensgebieten
- Akzeptiere seine Klamotten
- Style dich auch zu Hause sexy
- Koch ihm etwas Deftiges

KAPITEL 6
Locker bleiben. Wie du einen Mann unauffällig an dich bindest

Erlaube ihm Bier im Bett

Ihr seid mittlerweile ziemlich vertraut miteinander. Kann sein, dass ihr noch nicht zusammengezogen seid, aber faktisch steht eine eurer Wohnungen meist leer. Vermutlich sein Junggesellenschuppen, weil der dir viel zu ungemütlich ist. Dann besser bei dir die Kür zu zweit üben. Ist ja auch schön: zusammen einschlafen, zusammen aufwachen. Aber ob das hält? Die erste Nervenprobe wartet schon: Macken, Ticks, Marotten. Ja, du solltest ihm Bier im Bett erlauben. Wie jetzt: Proll & Co.? Doch nicht mit dir!

Najaaa, sehen wir es mal so: Männer haben komische Angewohnheiten. Und mehr davon, als irgendwer gebrauchen kann. Sie sind Eigenbrötler, mal mehr, mal weniger originell. Zum Beispiel lesen sie gern Zeitung auf der Toilette. Ich kannte mal einen Typen, der sich dafür extra einen Notenständer gekauft hat. Keine Erfindung: Er hat seine Zeitung darauf platziert und auf dem Klo mit blankem Po die Leitartikel studiert. Krass. Daran gewöhnt habe ich mich nie. Die Frau, mit der er heute verheiratet ist, fand es okay. Ist eine glückliche Ehe, was sonst.

Richte dich auf Macken ein, die zum Vorschein kommen.

Männer haben nun mal Macken, sonst wären sie keine Männer, sondern Frauen mit Penis. Sie sind sonderbar. Und sie lieben nichts mehr, als ihre leicht nervigen Gewohnheiten zu kultivieren. Die einen gehen mit Socken in die Kiste, die anderen öffnen Coladosen mit den Zähnen. Sie trinken vor dem Schlafen ein Bier im Bett und kraulen sich ausgiebig die Eier, wenn sie vor dem Fernseher sitzen. Und statt den neuen Kühlschrank im Internet klarzumachen, surfen sie plötzlich auf Handywebsites rum – obwohl sie schon drei Handys besitzen, mit denen sie synchron telefonieren, simsen und Mails verschicken. Irgendwas ist immer.

Träum nicht davon, dass ausgerechnet du ein mackenfreies Exemplar erwischst. Die statistische Wahrscheinlichkeit ist gleich null. Jetzt ist deine emotionale Dehnbarkeit gefragt. Geht er dir damit so sehr auf den Senkel, das deine Gefühle erkalten? Oder kannst du darüber grinsen? Ich sage dir: Humor ist, wenn man trotzdem lacht. Lass ihn aber nicht merken, dass du Kicheranfälle bekommst, wenn er wieder sein schräges Ding durchzieht. Mit Humor stehen Männer nämlich auf Kriegsfuß, und Selbstironie ist für sie ein Fremdwort. Kriegen sie mit, dass du sie unfreiwillig komisch findest, sind sie schwer beleidigt. Der Herrscher der Welt duldet keine Majestätsbeleidigung.

Für Macken gilt: am besten still und heimlich darüber amüsieren.

Für ihn ist das alles total normal. Auch dass er pfundweise Kleingeld in seinen Hosentaschen hortet, das du dann in den Sofaritzen, im Badezimmer und im Bett wiederfindest. Dass er dir immer wieder schlappe Tankstellensträuße überreicht, statt einen anständigen Blumenladen aufzusuchen. Dass er frühmorgens gleich nach dem Aufwachen den – falsch – pfeifenden Gute-Laune-Bär gibt, obwohl du geräuschempfindlich bist. Dass er beim Autofahren immer das Auto vor ihm anbrüllt: »Nun fahr doch! O Mann, hast du den Radfahrer nicht gesehen? Haaallooo, grüner wird's nicht!« Sagst du dann: »Vielleicht sollte mal jemand fahren, der nicht gerade seine manische Phase hat«, platzt ihm vollends der Kragen.

Falls du kurz vor der Eruption stehst, versuch es mit handfesten Korrekturen. Einen notorischen Rumliegenlasser zum Beispiel kriegst du mit der Haufentaktik auf Linie: Einfach alles, was er fallen lässt, auf einen Haufen in die Ecke schmeißen: Socken, Schuhe, Taxenquittungen, Kleingeld. Aber räum ihm nicht dauernd hinterher. So groß sollte deine Toleranz auch wieder nicht sein. Und er gewöhnt sich nur daran, Unordnung zu verbreiten. Generell aber solltest du nicht die Nerven verlieren.

{ Schritt 1: Schließ Frieden mit seinen Macken }

In meiner Badewanne bin ich Kapitän! So ähnlich klingt die Nationalhymne der Männer. Wo sonst können sie denn schon die Bestimmer sein? Im Job müssen sie sich unterordnen, bei Mami sowieso, also sind die vier Wände seine heilige Hütte. Hier ist er King, hier darf er's sein. Vorausgesetzt, du machst ihm keinen Strich durch die Rechnung. Da fühlt er sich geknechtet. Was dich stört, versteht er gar nicht – anderes Sonnensystem, leider nicht kompatibel. Zieh ein Fazit: Ist es wirklich so schlimm? Überwiegen nicht seine guten Eigenschaften? Lohnt es sich, die Beziehung zu gefährden, weil du ihn dauernd anraunzt? Besser wäre es, sich zunächst zu arrangieren. Ohne Augenrollen und Stirnrunzeln. Was dich so nervt, ist mit Abstand betrachtet vermutlich eher harmlos.

Nur Ekelgefühle ziehen die Autschgrenze, daran gibt es nichts zu rütteln. Nägelschneiden im Bett ist ein Trennungsgrund. So wie ungeniertes Nasebohren, großes Geschäft bei offener Toilettentür und benutzte Q-Tips neben dem Waschbecken. Da muss er eine Extralektion zum Thema Intimsphäre und Belästigung ertragen. Streikt er, stell ihm ein Ultimatum. Bleibt er stur, verpass ihm einen Einlauf. Den Streit musst du riskieren. Sonst ist deine Selbstachtung im Eimer. Das sind nämlich keine Macken mehr, sondern ganz, ganz schlechte Angewohnheiten, die aus ihm einen Soziopathen machen.

Alles andere solltest du mit ein bisschen Distanz betrachten. Paartherapeuten betonen, dass langjährig glückliche Ehepaare ein simples Rezept haben: Sie sehen den Partner immer noch durch die rosa Brille – und damit über kleine Schwächen hinweg. Und mal ehrlich: Hast du nicht auch deine Macken? Du cremst dir 20 Mal am Tag die Hände ein, hast eine Strumpfhosensammlung mit lauter Laufmaschen – könnte man noch mal gebrauchen! –, hortest Vitamintabletten, die du nie nimmst, und lässt deine Kaffeetassen überall rumstehen: im Bad, im Schlafzimmer, sogar im Flur. Wie fändest du es, wenn er dir das permanent aufs Butterbrot schmiert? Würdest du nicht sagen: »Och, wieso regst du dich auf? Hab ich immer schon so gemacht.« Je häufiger du ihn anhupst, desto niedriger wird auch seine Toleranzschwelle.

Wie du mir, so ich dir – das gilt auch für die Macken der Männer.

Ein Streit über Kleinigkeiten ist in dieser Phase ein Signal dafür, dass ihr euch schon auf die Nerven geht. Schade, bald werdet ihr wieder in zwei Wohnungen leben. Hoffnungsvoller sieht es aus, wenn ihr einen gewissen Großmut an den Tag legt, das sichere Zeichen für Verliebtheit. Wenn du jetzt schon nicht ertragen kannst, dass er seine nassen Handtücher auf die Heizung legt, wird eure feste Beziehung so harmonisch wie ein Rosenkrieg. Du musst dir nicht alles gefallen lassen, aber manchmal sind Frauen Prinzipienreiter, vor allem in der eigenen Wohnung. Recht machen kann es dir keiner, nur du selbst genügst deinen hohen Ansprüchen. Lohnt sich das? Selten.

Die meisten Macken sind ein Zeichen von Individualität. Man kann sie schlicht unter »anstrengend, aber liebenswert« einsortieren. Vergiss nicht: Ihr seid nicht mehr 17. Da ist es normal, dass ihr bizarre Dinge tut. Ist eine Spätfolge des Alleinlebens. Ohne soziale Kontrolle können Verhaltensweisen einreißen, die skurril, bescheuert oder einfach daneben sind. Erzähl so etwas bloß nicht in großer Runde. Zum Beispiel, dass er schon mal mit Headset unter der Dusche war, weil das Ding wie festgeschweißt in seinem Ohr hängt. Dass er eine Rolle Toilettenpapier neben das Bett stellt, wenn er Schnupfen hat. Dass er schreit und flucht wie ein Fußballtrainer, wenn er sich den Sack rasiert.

Paare, die sich gegenseitig bloßstellen, sind so ziemlich das Unterirdischste, was es gibt.

Du machst dich selbst kleiner, sobald du ihn als Mann mit Sollbruchstellen outest. Keiner hat Mitleid mit dir, vielmehr bekommst du fragende Blicke: Wieso ist die denn mit so einem

Luftpuper zusammen? Diskretion wäre besser, denn die Spannweite zwischen Schweigen und Leiden ist größer, als man denkt. Also überleg dir, wie schlimm seine Macken wirklich sind. Magengeschwüre darfst du nicht bekommen, weil du alles runterschluckst. Dann sorge für Druckausgleich, aber bitte ohne Schreikrampf.

Denk dran, dass er mit manchen Macken unbewusst deine Paarkompetenz testet. Obwohl er immer behauptet, er sei so etwas wie der Allmächtige, kräht der kleine Junge in ihm nach Mamas Verständnis. Am deutlichsten zeigt sich das an seiner Wehleidigkeit. Er will wissen, ob du ihn auch noch magst, wenn er nach einem kräftigen Nieser so tut, als hätte er nur noch sechs Monate zu leben. Oder wenn er bei leichtem Fieber von Nahtoderlebnissen faselt. Männer sind die Könige der eingebildeten Krankheiten. Im Grunde wollen sie nur, dass du ihnen ein Teechen kochst und beteuerst, dass alles wieder gut wird. Infantile Anwandlungen – sofern sie keine Dauermasche sind – könnten ein Hinweis darauf sein, dass er bei dir emotional andockt. Und das wäre doch gar nicht mal so schlecht, oder?

Sei kein Jammerlappen

Total normal, dass ihr jetzt Freud und Leid miteinander teilt. Das ist ja das Schöne an einer Beziehung: Du hast ein Abo auf die starke Schulter. Aah, tut das gut! Endlich keine wütenden Selbstgespräche mehr, weil der Chef seinen tyrannischen Tag hatte. Endlich keine Eiscremeorgien mehr, weil du deinen Frust mit einer Familienpackung Bourbonvanille runterkühlst. Auch den Zoff mit deiner besten Freundin überstehst du viel besser, denn nun hast du jemanden, bei dem du dich ausheulen kannst. Gut? Gar nicht gut.

Manche Frauen verwechseln ihren Liebsten mit einer Kummerkastentante. Sobald sich die Wohnungstür hinter ihnen schließt, klappen sie zusammen. Dann sind sie plötzlich nur noch Nervenbündel. Schluchzen los. Jammern rum. Erzählen haarklein, wie böse die Welt wieder zu ihnen war. Und steigern sich in eine Endlosschleife negativer Geschichten. Ist ja auch saugemein, dass die U-Bahn genau in dem Moment losfuhr, als du mit zehn Einkaufstüten angerannt kamst. Auch die missglückte Powerpoint-Präsentation war ein Desaster. Na, das wird ein schöner Abend! Du hast Gesprächsstoff genug für eine Woche. Der wird sich vielleicht freuen!

Viele Frauen steigern sich in negative Erlebnisse hinein – und wollen, dass der Mann ihnen dabei zuhört.

Unsere Psyche ist tricky. Wir können vor Glück über Blumenbeete springen und die ganze Welt umarmen, doch eine einzige Panne legt unser Wohlbefinden in Schutt und Asche. Ein unfreundlicher Verkäufer, ein Drängler auf der Autobahn, eine zerbrochene Lieblingstasse, und der Tag ist im Eimer. Am Abend erinnern wir uns meist nur noch an die Panne, die vielen angenehmen Erfahrungen aber sind wie ausgelöscht. Das gilt für Frauen wie für Männer. Hirnforscher vermuten, dass unser Gedächtnis darauf programmiert ist, aus Fehlern und unangenehmen Erfahrungen zu lernen. Deshalb speichern wir diese Erlebnisse viel intensiver.

Dumme Sache nur, dass Frauen so ein großes Mitteilungsbedürfnis haben. Und schon ledern sie los. Es sind ja nicht nur die tagesaktuellen Katastrophen. Das ganze Leben ist voll von Dramen und Ungerechtigkeiten, wenn man manchen Frauen zuhört. »Ich habe nie verkraftet, dass mein Wellensittich von der Nachbarskatze gefressen wurde.«; »Als Kind hatte ich total eklige Ausschläge – keiner wollte mit mir spielen!«; »Als meine Oma gestorben ist, habe ich mir eine Dauerwelle machen lassen. Zwei Tragödien an einem Tag!« Stöhn. Hast du schon einmal dran gedacht, Tagebuch zu schreiben? Da kannst du das alles geräuschlos entsorgen.

Deine Neigung, in negativen Storys zu schwelgen, ist für die männliche Seele absolut nicht geeignet.

So menschlich es ist, dem Fast-Lebensgefährten dein Herz auszuschütten – wird es zum Dauermodus, hat das den Effekt eines herrenlosen Bulldozers: immer schön drüberrollen über den Mann, bis er so platt ist wie ein Blatt Papier. Siehst du die Schwachstelle in dem Plan? Nein? Dann werde ich deutlicher. Es ist völlig in Ordnung, wenn du ab und zu berichtest, was nicht so gut gelaufen ist. Aber das Dauerfeuer negativer Geschichten verwandelt dich in eine Nervensäge. Sobald sich der Wohnungsschlüssel im Schloss umdreht, zuckt der Mann zusammen: O nee, jetzt droht wieder die Mülleimer-Nummer: Deckel auf und rein. Die nächsten zwei Stunden werden mit Beschwerden, Pechsträhnen und schlechten Gefühlen vergehen.

Männer dagegen handeln negative Dinge in wenigen Sätzen ab, dann ist die Sache für sie erledigt. Sie wollen keine larmoyanten Heulsusen sein. Dabei verankert sich Negatives bei ihnen weit tiefer als bei Frauen, fanden Forscher von der Université de Montréal heraus. Sie zeigten Männern und Frauen nette und weniger nette Fotos und testeten anschließend, an welche sie sich gut erinnerten. An die Fotos vom niedlichen Hund? Oder doch eher an die Kriegsbilder? »Bei Männern setzen sich eher emotional intensive Erinnerungen im Gedächtnis fest. Und dabei eher die negativen als die positiven«, so die Wissenschaftler. Als notorische Schweiger sind Männer allerdings wenig motiviert, unablässig darüber zu reden. Abgespeichert, Schlüsse gezogen – fertig.

{**Schritt 2:** Texte ihn nicht mit Opfergeschichten zu!}

Der weibliche Hang zum Jammern leitet sich wahrscheinlich aus der Angewohnheit her, dass viele Frauen sich unbewusst als Opfer inszenieren – und Solidarität verlangen. Sie fordern den Mann auf, seine Beschützerinstinkte zu aktivieren. Rette mich!, gellt dem Mann entgegen. Doch meistens gibt es gar nichts zu retten, außer der Beziehung. Die geht nämlich baden, falls sich die Gesprächsthemen auf Pleiten, Pech und Pannen konzentrieren. Vorsicht! Niemand möchte sein Leben mit einer Frau teilen, die ihr Problembewusstsein als Nörgelei verkauft.

Was Frauen mit der Jammerei über schlechte Erlebnisse bezwecken, ist ihnen meist gar nicht bewusst: Oft geht es um eine grundsätzliche Unzufriedenheit, die zum Ausdruck kommen soll. Damit machen sie dem Mann ein schlechtes Gewissen. Er soll denken: Die Arme, immerzu passiert ihr so was Übles, da muss ich mal ran! Und schon fühlt er sich aufgefordert, ihr Leben wieder in Ordnung zu bringen. Genau an dem Punkt wollen manche Frauen ihren Kerl haben: Er soll sich genötigt fühlen, ihnen etwas Nettes zu sagen, sie zu trösten, ihnen zu versichern, dass sie Besseres verdient haben. Manchmal klappt das sogar. Viele Ehen funktionieren mit dem Kitt des schlechten Gewissens. So richtig erfreulich ist das aber nicht.

Es gibt sogar Theorien, dass nörgelnde und jammernde Frauen auf diese Weise Rache an ihrer jahrtausendelangen Unterdrückung nehmen. Das halte ich für übertrieben, doch wenn du mal ehrlich Bilanz ziehst, was du deinem Liebsten so erzählst, fällt dir vielleicht auf, dass die Tendenz eurer Gespräche eher negativ ist. Ablästern, über andere herziehen, Wut ablassen – ist das dein Hobby? Zeit, die Notbremse zu ziehen! Du kennst das doch aus diesen Vorabend-Soaps: Wenn da dauernd gestritten wird, bekommst du auch schlechte Laune. Genauso ergeht es dem Mann. Obwohl du dich nicht über ihn beschwerst – die Gefühle sind dieselben. Damit träufelst du Gift in eure Beziehung.

Negative Geschichten erzeugen schlechte Gefühle.

Es geht auch anders. Nennen wir es Beziehungspflege oder: Mood Adjustment. Was damit gemeint ist? Du entscheidest, ob dunkle Wolken über dem Sofa hängen oder gute Stimmungen. Mach dir bewusst, dass deine Kommunikation die Atmosphäre prägt. Schon beim Flirt und beim ersten Date habe ich vor negativen Botschaften gewarnt. In einer Beziehung ist das noch viel wichtiger. Undenkbar, dass ihr kuschelt und euch küsst, wenn du empört von dem doofen Kollegen erzählst, der dich nicht an einen wichtigen Termin erinnert hat. Lust auf Sex ist auch nicht in Sicht, wenn du dich gerade über den Hund der Nachbarn aufregst, weil der sein Häufchen immer vor die Haustür setzt.

So weit, so klar? Ihr braucht positive Rituale, besonders abends nach dem Job. Eure Wohnung sollte eine Oase der Entspannung sein. Frust absondern kannst du auch anders. Erst einmal zusammen hinsetzen, Körperkontakt, vielleicht einen Drink nehmen. Schon nach zehn Minuten Kuscheln wird das Bindungshormon Oxytocin freigesetzt. Du erinnerst dich? Das ist das Pattex der Hormone, das Treuezeugs. So fangen ein guter Abend und eine erfüllende Nacht an, nicht mit Generve und Genörgel. Kurz vor genial ist auch ein Couchquickie. Danach hast du sowieso keine Lust mehr auf Pannenkommunikation. Der Ärger verblasst, und eure Beziehung pegelt sich auf Wohlfühlniveau ein. Ach ja, und in irgendeiner ruhigen Minute kannst du dann ruhig über diesen blöden Kollegen ablästern.

Klammer nicht

Ja, ja, ich weiß, das hörst du nun schon zum x-ten Mal. Doch auch jetzt ist dieser Rat nötig. Gerade jetzt. Sobald du mit einem Mann quasi zusammenlebst, könntest du nämlich noch last minute alles vergurken. Warum? Weil ihr euer Beziehungsstadium sehr wahrscheinlich komplett unterschiedlich wahrnehmt. Mental lebst du schon in einer festen Bindung, während der Mann noch denkt, dass alles offen ist. Für dich ist alles gebongt, er hat diverse Hintertürchen im Blick. Klassische Asymmetrie also. Deshalb solltest du ihm nicht dauernd beibiegen, dass du innerlich schon den gemeinsamen Bausparvertrag abschließt.

Natürlich verstehe ich, dass du allmählich ungeduldig wirst. Vielleicht erwartest du nicht den großen Heiratsantrag mit Kniefall, Rosen und Kerzen. Aber irgendetwas in der Richtung schon. Sagst du es ihm? Obacht. An dieser Stelle drohen Trennungen. Denn manche Frauen denken: Mann, ich kann die Angel nicht ewig ins Wasser halten. Wenn ich den Fisch nicht bald an Land ziehe, muss ich eben eine Stange Dynamit ins Wasser schmeißen. Also kneifen sie die Pobacken zusammen, holen tief Luft uuuund – Zugriff: »Wie hast du dir eigentlich unsere Zukunft vorgestellt?« Jetzt steht er mit dem Rücken an der Wand.

**Wer hammerharte Fragen stellt,
könnte sich ebensolche Antworten einfangen.**

Möglicherweise kommst du glimpflich davon. Mit Antworten wie: »Ich bin noch nicht so weit« – die gefühlige Variante, er macht auf Sensibelchen. »Lass es uns langsam angehen« – die Verzögerungstaktik. »Zukunft? Welche Zukunft? Ich lebe den Moment!« – Bindungsangst, verpackt in Lebensphilosophie. Könnte aber auch sein, dass er dich erschrocken anstarrt und sagt: »Großer Gott! Du willst doch nicht etwa heiraten? Sorry, nichts für mich!« Würde mich nicht erstaunen, wenn er dann am nächsten Abend in seiner eigenen Bude schläft. Um mal den Abstand zu gewinnen, den er letztlich schon hat. Nach und nach verschwinden dann seine Zahnbürste, sein Aftershave und sein Duschgel aus deinem Badezimmer, und wo seine T-Shirts in deinem Schrank lagen, entdeckst du ein leeres Regalbrett.

Daher ist es alles andere als klug, ihm die Pistole auf die Brust zu setzen. Na gut, nach einem Jahr wäre das angemessen, vorausgesetzt, du willst eine Familie gründen. Dann tickt deine biologische Uhr. Du kannst schließlich nicht riskieren, dass ihm Heirat und Kinder erst einfallen, wenn du mitten im Klimakterium bist. Doch im ersten Jahr ist die Überfalltaktik äußerst störanfällig. Die Leichtigkeit ist dahin, und deine Frage schwebt über euch wie ein Fallbeil. Nun, eine gewisse Chance besteht natürlich auch darauf, dass er auf dich eingeht. Aber wie lahm ist das denn? Hast du ihn dir so vorgestellt, den großen Moment, der eurem Schicksal die gemeinsame Wende gibt?

{ **Schritt 3:** Vermeide Zukunftspläne, wenn er dafür noch nicht bereit ist! }

Du liebst es, Zukunftspläne zu schmieden? Für den Mann klingt das nach Geiselnahme. Jede Debatte über die Zukunft macht seine Räume eng. Auch Weihnachten ist ein vermintes Thema. Deine Eltern, seine Eltern, wann, wie, wo – da wird er nervös. Alles, was auch nur entfernt nach Zukunft und Familie riecht, verschreckt ihn, wenn es zu früh kommt. Männer lassen sich ungern festnageln. Wirst du fordernd, bestätigt das sein altes Vorurteil über dominante Frauen. Du läufst Gefahr, dass er sich zurückzieht, vorübergehend oder dauerhaft. Und eine Todsünde ist natürlich die Frage: »Liebst du mich eigentlich?«

Frauen mögen es, eine ungewisse Zukunft in eine gewisse zu verwandeln. Das fängt schon im Kleinen an. Du flötest: »Also am Montag gehen wir zusammen zu Susies Wohnungseinweihung, ja? Am Dienstag wäre es schön, wenn du mich vom Sport abholst. Mittwoch würde ich gern den neuen Italiener ausprobieren, lecker Pasta essen. Donnerstag könntest du eigentlich mal mit zum Tanzkurs kommen. Und halte dir auf jeden Fall Freitag und Samstag frei, da ist meine Schwester zu Besuch!« Als hättest du einen Kalender gefrühstückt, alles verplant, alles unter Kontrolle. Damit nicht genug, außerdem zeigst du dich beängstigend vorausschauend: »Capri wäre doch mal toll, nächsten August vielleicht?« Wer in einer taufrischen Beziehung schon im Herbst den gemeinsamen Sommerurlaub plant, ist selbst schuld. Du könntest deinen Liebsten auch mit Paketband knebeln, der Effekt wäre ähnlich.

Männer sind tendenziell Einzelgänger, Frauen stehen darauf, mit jemandem zusammenzuleben. Deshalb lieben die meisten Männer das Gefühl, dass alles locker und unverbindlich bleibt. Am meisten aber hassen sie es, unter Aufsicht gestellt zu werden. In einer Studie im Auftrag des Magazins *Focus* sagten 75 Prozent der befragten Männer, es störe sie am meisten, wenn ihre Partnerin sie kontrolliere. Du hältst dein Klammern selbstverständlich nicht für Kontrolle, sondern für Nähe. Anders die Männer: Für sie dröhnen dabei unheilvoll die Hochzeitsglocken. Sie kennen genug scheidungsversehrte Kumpels; haben sie dann noch das eine oder andere Beziehungschaos hinter sich, sieht es düster aus. Speziell geschiedene Männer sind wenig wild auf die Neuauflage einer festen Beziehung oder Ehe. Geht doch auch so. Wozu etwas ändern?

Planen und Klammern sind Beziehungskiller.

Okay, Bindungsangst klingt wie eine Modekrankheit, wie Burnout oder so etwas. Dahinter steckt jedoch unter Umständen ein größeres Problem. Du kommst der Sache näher, wenn du weißt, wie viele Beziehungen er schon hinter sich hat. Da merkst du gleich, ob er lieber wegrennt oder ein Langstreckenläufer ist. Du erkennst das notorische Wechselhörnchen daran, dass es sich systematisch vor Verpflichtungen drückt. Freiheit ist bei diesem Mann ein anderes Wort für Verantwortungslosigkeit. Jeder Gefallen, um den du ihn bittest, ist schon zu viel? Er will deine Freundinnen und deine Familie nicht kennenlernen? Da hilft kein Kuscheln und kein Klammern, den Mann wirst du nie mit einem Ehering sehen.

Etwas anderes sind irrationale Ängste. Da lohnt es sich, behutsam nachzufassen. Aber so, dass er nicht unter deinen Erwartungen zusammenbricht. Häng die Messlatte niedrig. Steig nicht mit Steilvorlagen ein: »Also, die Melanie ist so alt wie ich und bekommt jetzt das zweite Kind.« Auch Sätze wie »Wäre es nicht wunderbar, an den Stadtrand zu ziehen?« machen ihm kalte Füße. Er will nicht gekidnappt und ins Schema gepresst werden. Dann lieber ein harter Cut. Sein Kopf ist vollgestopft mit Klischees, daher ist es am schlauesten, diese Klischees zu unterwandern. Aber wie?

Beim Thema feste Beziehung haben Männer einen Horrorfilm abgespeichert.

Schalten wir uns mal in eine Live-Übertragung aus dem Hirn des Mannes. Wenn wir uns durch allerlei unbrauchbares Gerümpel gekämpft haben, hören wir eine weinerliche Stimme: »Ich will Spaß, sie will vor den Altar. Dann ist mein Leben vorbei. Grau und öde werden wir uns durch den Alltag schleppen. Und warum will sie immer wissen, ob ich sie liebe, verdammt? Woher soll ich das wissen? Ich mag sie. Reicht das denn nicht? Beziehung, wenn ich das schon höre!« Man nennt es auch Kontaktallergie. Er glaubt, dass du ihn mit deinem Nähebedürfnis zu einem hilflosen Männchen machst. Und der tolle Kerl, der er mal war, wird für immer in die Grube fahren.

Wenn du diese Klischees kennst, kannst du gegensteuern. Nehmen wir mal die verbale Erpressung mit dem Satz »Ich liebe dich«. Sag's ihm nicht dauernd und quetsch die entsprechende Antwort nicht aus ihm heraus. Wissenschaftler an der University of Virginia in Charlottesville fanden heraus: Das richtige Maß an emotionaler Distanz macht attraktiv. Wer dauernd seine Gefühle auf den Lippen trägt, bewirkt kein Echo, sondern Überdruss. Erst wenn du ihm einen Rest Unsicherheit lässt, bleibst du spannend für ihn. Er muss permanent an dich denken, ist vielleicht sogar eifersüchtig: Gehört sie mir? Nur mir? Um das herauszufinden, muss er blankziehen. Nicht gleich mit einem Antrag, aber doch mit einer Frage, die in diese Richtung geht. Klischee unterlaufen, Experiment gelungen.

So ähnlich funktioniert das auch mit seinen anderen Horrorvorstellungen. Einfach das Gegenteil beweisen. Zeig ihm, dass der Alltag mit dir nicht öde, sondern überraschend abwechslungsreich ist – indem du dich zum Beispiel auch einmal kurzfristig entziehst. Oder mitten in der Nacht mit ihm Dart spielen gehst. Am wichtigsten: Verhalte dich nicht wie eine keifende Ehefrau, bleib die aufmerksame, erotische und geheimnisvolle Geliebte. Gewiefte Ehefrauen bleiben das übrigens ein Leben lang. Satisfaction guaranteed.

Zeig dich nie mit Lockenwicklern

Du bist naturschön, ach, was sag ich: eine echte genetische Goldmine! Immer hübsch, immer gepflegt, und das von ganz allein. Dein Haar ist ohne alle Tricks seidig und voll, mit deiner weichen, duftenden, schimmernden Haut bist du auf die Welt gekommen. Selbst deine Fingernägel sind ein Wunder: Sie lacken sich von selbst. So sollte es der Mann sehen. Nur du weißt, dass diese schmeichelhaften Attribute in Wahrheit deinem Attraktivitätstraining zu verdanken sind. Und harter Arbeit an dir selbst. Aber wie sollst du die Illusion aufrechterhalten, wenn ihr zusammenwohnt? Wenn er täglich Zeuge wird, wie du dich tunst?

Wird er nicht. Darf er auch nicht. Die grässlichste Entzauberung passiert durch zwanghafte Intimität. Es gibt Frauen, die sich im Wohnzimmer die Nägel lackieren, mit einer Avocadomaske ins Bett gehen und mit Lockenwicklern am Frühstückstisch sitzen. Sie zupfen sich in der Gegenwart ihres Liebsten die Augenbrauen, rasieren unter seinen entsetzten Blicken ihre Achselhöhlen und bearbeiten ihre verhornten Fußballen mit einem Bimsstein. Ganz normale Szenen aus dem täglichen Grauen fester Beziehungen. So viel Nähe will kein Mann. Aber was soll er machen? Seine Enttäuschung wird er dir nicht verraten, nur fassungslos denken: Die Göttin ist eine stinknormale Durchschnittsfrau! Schock! Und eklig ist es auch.

Männern sollten weibliche Verschönerungsaktionen verborgen bleiben.

Bei aller Liebe: Wandelnde Kosmetikabteilungen finden Männer abstoßend. Es ist für sie eine beklemmende Erfahrung, ihrer Liebsten beim Schminken zuzusehen. Sie gruseln sich vor gefühlt 30 verschiedenen Cremetuben und Hunderten verschiedener Nagellackfläschchen. Am gemeinsten aber sind alle Betätigungen der Körperpflege. Aktionen wie Mitesserentfernung und Pediküre verursachen ihnen Brechreiz. Vom Anblick einer Frau beim Pipimachen ganz zu schweigen.

Attraktivität ist immer mit einem Geheimnis verbunden. Das zerstörst du nachhaltig, sobald du dein Schamgefühl entsorgst und alles, wirklich alles mit ihm teilst. Die fatalen Folgen kannst du in jeder beliebigen Beziehung beobachten: Erst fehlt es am Respekt, dann an der Lust aufeinander. Sex? Wie soll es prickeln und knistern, wenn man gesehen hat, wie sie sich den einst heiß umkämpften Venushügel enthaart? Wie sie sich Fusseln aus dem Bauchnabel pult und den dunklen Ansatz ihrer Blondmähne nachfärbt?

{ **Schritt 4:** Mach die Badezimmertür zu! }

Eine intime Beziehung heißt noch lange nicht, dass man seine Intimsphäre zur Knautschzone erklärt. Bewahre das Geheimnis deiner Attraktivität, indem du dich zurückziehst, wenn Körperpflege angesagt ist. Er soll dich als Gesamtkunstwerk wahrnehmen und nicht hinter die Kulissen schauen. Teilt ihr ein Badezimmer, dann legt fest, wer wann drin ist. Allein. Das erfordert ein gewisses Zeitmanagement, vor allem morgens. Doch es lohnt sich. Anziehungskraft ist wesentlich das Produkt von Phantasien, und die zerlegst du, wenn er dich in allen Lebenslagen kennt.

Du musst nicht morgens um fünf ins Badezimmer huschen, um ihn perfekt geschminkt zu wecken. Darum geht es nicht. Auch ungeschminkt und bettwarm mag dich der Mann und ist einem erotischen Wake-up-Call durchaus nicht abgeneigt. Aber zwischen morgendlichem Sex und gemeinsamem Frühstück liegt eine Phase, die nur dir allein gehört. So wie auch Toilettengänge und der kosmetische Countdown für einen Abend zu zweit. Unbedingt. Was du zwischen Waschbecken, Toilette und Dusche tust, bleibt gefälligst dein Geheimnis.

Distanzlosigkeit ist eine Beziehungsfalle. Klar, man gewöhnt sich aneinander, und die Schamschwellen werden niedriger. Doch dabei wird es leicht so spannungslos, als wärt ihr Brüderchen und Schwesterchen. Erotikfaktor: null. Deshalb ist größte Diskretion geboten. Kommst du aus einer großen Familie, wo man sehr entspannt miteinander umging, ist das vielleicht ungewohnt. Du fandest es nie schlimm, dass abgeschnittene Fingernägel deiner großen Schwester im Waschbecken lagen und dass dein kleiner Bruder seine benutzten Tempos schon mal neben den Abfalleimer warf. Eine Anleitung für Beziehungshygiene ist das nicht.

Achte auf saubere Verhältnisse in Bad und Toilette.

Im Grunde versteht sich das von selbst. Trotzdem werden manche Frauen mit der Zeit ganz schön nachlässig. Handtücher mit Make-up-Resten liegen rum, Schachteln mit Tampons und Slipeinlagen stehen neben der Toilette. Benutzte Zahnseide und Hornhauthobel auf der Ablage sind ebenfalls ein Killer. So wie der gut sichtbare Tiegel mit Anti-Cellulitis-Creme. Aufräumen und wegpacken! Achte darauf, dass das Badezimmer allen Ansprüchen von Appetitlichkeit und Hygiene genügt. Kauf dir zur Not einen größeren Badezimmerschrank, in dem du deine Utensilien blickdicht verstaust. Je übersichtlicher die Nasszelle ist, desto stilvoller wirkt sie auch.

Die Wahrung der Intimsphäre beschränkt sich bei weitem nicht nur aufs Badezimmer. Rücksicht und Selbstkontrolle sollten auch bei längerem Zusammenleben nicht den Bach runtergehen. Zeig dem Mann, dass du dich selbst bei größerer Vertrautheit nicht gehen lässt. Blähungen kann man auf der Toilette loswerden, Rülpser gehören hinter die vorgehaltene Hand, und Zahnstocher sollten ausschließlich bei geschlossener Badezimmertür ihrer Bestimmung zugeführt werden.

Noch ein Beispiel: Manche Frauen laufen ungeniert nackt durch die Wohnung. Für den Mann ist das ein Anschlag auf seine Libido. Im Taumel der Sinne bist du für ihn die begehrenswerteste Frau der Welt. Bei Tageslicht besehen und in einer normalen Situation fällt sein Urteil jedoch weit kritischer aus. Da sieht er auf einmal die Dellen in deinen Oberschenkeln, den Pickel auf dem Po, den nicht ganz so straffen Busen. Abtörner. Wie soll er sich bei der nächsten Nummer wieder scharf machen? Und geht es dir nicht genauso mit ihm? Möchtest du wirklich sehen, wie sein schlaffes Gemächt wackelt, wenn er telefonierend durch die Wohnung tigert?

Lauf im Alltag nie nackt durch die Wohnung.

Es gibt flauschige Bademäntel in teintfreundlichen Farben, durchsichtige Negligés, federleichte Satinjacken, die halb die Schenkel bedecken. So was sollte immer griffbereit neben dem Bett liegen, und zwar von der allerersten Nacht an. Die Vergleichsmöglichkeiten sind zu erdrückend. In jeder Zeitung, in jedem Magazin, in jedem Internetporno sieht er Strahlegesichter und Hochganzkörper. Dass da kräftig gespachtelt, gepudert und gespritzt wurde oder manches Kilo Silikon zum Einsatz kam, darüber denkt er nicht eine Sekunde nach. Gebannt starrt er hin und will glauben, was er sieht: dass solche Weibsbilder freilaufend und naturbelassen an jeder Ecke auf ihn warten.

Mit diesen Frauen kannst und willst du dich nicht messen. Deshalb bedecke deine Blöße. Selbst wenn du Miss Perfect sein solltest, wäre Zeigefreudigkeit fehl am Platz. Erotik baut sich nun einmal nicht durch nüchterne Fleischbeschau auf, nur durch strategisches Verhüllen. Das ist weitaus verführerischer und erspart dir Kommentare wie: »Hast du mal über eine Bauchstraffung nachgedacht? Und diese Leberflecken auf deinem Rücken, waren die immer schon da?« Wär doch verständlich, wenn du gereizt reagierst. Und schon winkt ein kapitaler Streit. Du bist beleidigt, er hält dich für ein Mängelexemplar. Blöd gelaufen. Also beuge vor.

Inszeniere Sex Dates

Wie war das? Der Typ liegt nachts in deinem Bett, trinkt morgens seinen Kaffee mit dir, und abends seid ihr jetzt auch als Doppeldecker unterwegs. Wieso also Sex Dates? Gelegenheit habt ihr doch genug, oder? Leider ist genau das ein Abgewöhner in puncto Sex. Was jederzeit problemlos zu haben ist, verliert bekanntlich an Reiz. Vorbei die Zeiten, als ihr der nächsten Nacht entgegenfiebertet. Unwiederbringlich die Sternstunde, als er vor lauter Ungeduld deinen String zerriss und am nächsten Morgen sogar Knutschflecke am Penis hatte. Jetzt schleichen sich sexlose Nächte ein, und phantasievoll sind die spärlichen Bettaktivitäten auch nicht gerade. Das bisschen Gerödel nach den Spätnachrichten zählt nicht. Bald wird euer Liebesleben so fest eingeschlafen sein wie dein Liebster vor dem Fernseher.

Kurzdiagnose: Die Asche glüht noch, aber das Feuer ist erloschen. Hm, schwerer Fall. Doch kein Grund, sich damit abzufinden. Denn weder dein Verlangen noch seine Leidenschaft sind ja verschwunden, nur irgendwie durch zu viel Nähe weggeklettet. Der Trieb sucht sich daraufhin andere Ventile. Halt dich fest: Laut einer Umfrage des *Focus* gehen 24 Prozent aller Männer zu Prostituierten, und 39 Prozent konsumieren regelmäßig Pornos. Aber jetzt kommt's: 40 Prozent aller Männer waren schon einmal untreu! Von wegen tote Hose. Alles lebendig, dummerweise nicht bei dir ... Stopp! So weit ist es noch nicht! Oder besser: Lass es nicht so weit kommen! Sonst rastet ein weiteres Vorurteil bei ihm ein: Eine feste Beziehung ist erotische Wüste. Wieso soll er so was wollen?

Auf Dauer bleibt euer Sexleben nur spannend, wenn du in die Trickkiste greifst.

Aha, schon wieder ich, stöhnst du. Muss man denn alles selber machen? Wieso kann der Mann nicht auch mal aufdrehen? Nun ja, Phantasien hat er ohne Ende, aber bei der Umsetzung hapert es gewaltig. Erstens ist er von der spontanen Sorte, lange Vorläufe mit Requisiten und Spielzeug hat er nicht drauf. Zweitens ist er nicht sicher, ob er damit bei dir ankommt. Du bist fast schon die Frau an seiner Seite. Dass du immer noch der wilde Feger bist, kann er sich kaum noch vorstellen. Also phantasiert er fremd.

Du bist dran! Die Macht der Gewohnheit hat euch am Wickel. Und was hilft gegen zu viel Routine? Richtig, Abenteuer! Frag dich mal, was du gern ausprobieren würdest. Handschellen? Augen verbinden? Heißes Kerzenwachs? Zusammen Pornos gucken? Telefonsex? Die Krankenschwesternummer? Da, wo's bei dir kribbelt, setzt du an, denn was dich erregt, ist auch gut für ihn. Allerdings funktionieren solche Anheizer nicht mal eben zwischen Zähneputzen und Tiefschlaf. Dafür muss man sich Zeit nehmen.

Viel Zeit. Gourmetsex schlingt man nicht runter wie einen Big Mac. Jetzt kommt der Genuss. Bereit?

{Schritt 5: Überrasch ihn mit Sex der Luxusklasse!}

Such dir einen Abend oder einen Nachmittag am Wochenende aus, wo ihr nichts weiter vorhabt. Besorge Sex Toys, ausgefallene Wäsche oder Requisiten deiner Wahl. Sag ihm schon ein paar Tage vorher, dass du etwas Besonderes mit ihm anstellen möchtest. Du steigerst seine Vorfreude, wenn du ihn systematisch aushungerst – drei Tage vorher kein Sex, verkündest du ihm. Das erzeugt einen lustvollen Stau und erhöht die Spannung. Man könnte auch sagen: Künstliche Verknappung eines Guts erhöht die Nachfrage. Schick ihn unmittelbar vor dem Sex Date einkaufen – er könnte zum Beispiel eine Flasche Sekt besorgen. Während er weg ist, bereitest du alles vor, wie beim ersten Date: sanftes Licht, erotische Musik. Kommt er zurück, wird nicht lange geredet oder erklärt. Sofort loslegen.

So ein Sex Date wirkt sensationell. Alles ist wieder da: die Aufregung, das Knistern, die unbestimmte Erwartung des Unbekannten. Ihr betretet gemeinsam Neuland, entdeckt euch neu. Ihr dachtet, ihr wisst alles übereinander? Weit gefehlt. Du wirst staunen, wie er auf exotische Spielereien abfährt, wie geil ihn das macht. Eure Intimität steigert sich, weil ihr nun ein gemeinsames Geheimnis teilt. Natürlich weiß jeder, dass ihr Sex habt. Aber jeder denkt, dass er dich nach Schulbuch knallt. Ob verbundene Augen oder Sprühsahne auf dem Po – das ist euer kleines Geheimnis. Es schmiedet euch zusammen, und je mehr ihr ausprobiert, desto intensiver wird eure Beziehung.

Fang moderat an, zum Bespiel, indem du ihm ein Seidentuch überreichst. Frag ihn, ob er deine Augen verbinden möchte oder sich lieber selbst ausliefert. Eins von beidem wird er mögen. Außerdem weißt du dann gleich, ob er lieber den aktiven oder den passiven Part übernimmt. Danach will er mehr? Einen zweiten Trumpf solltest du im Ärmel haben, beispielsweise Analsex, der bei Männern wesentlich beliebter ist als angenommen. Nicht die Vaseline vergessen! Oder du lenkst sein bestes Stück in die Grube zwischen deinen Brüsten, die du dabei eng zusammenpresst. Wow. So hat er dich noch nie gevögelt. Nach dieser Erfahrung kannst du ihn unauffällig aushorchen, welche Phantasien er denn zukünftig gern ausleben würde. Bereit für das nächste Sex Date?

Rollenspiele schaffen eine erotische Fremdheit zwischen euch.

Das Problem ist eure Nähe. Natürlich ist eure emotionale Nähe wundervoll, doch sie ist nicht mit der Routine der Gewöhnung zu verwechseln. Also ist künstliche Distanz ein Bringer. Rollenspiele katapultieren euch in eine andere Realität, weit weg vom Alltag. Ihr werdet euch auf prickelnde Weise wieder fremd. Dem Einfallsreichtum sind keine Grenzen gesetzt. Allerdings verkleidet er sich nicht so gern wie du, deshalb konzentriere dich auf deine erotischen Outfits. Ein Schwesternkittel mit Häubchen und halterlosen weißen Strümpfen hat selten seine Wirkung verfehlt. Auch die guten alten Strapse und BHs, die die Brüste freilassen, sind eine sichere Karte. Und High High High Heels, auch als »those little fuck me shoes« bekannt.

Ja, das kann auch furchtbar albern werden, ich weiß. Deshalb ist es ja so wichtig, dass du nach seinen Phantasien fragst. Sonst stehst du in einem irren Lackoutfit da, und er fällt vor Lachen aus dem Bett. So etwas frustet und wird eure Experimentierfreudigkeit ausbremsen. Wäre doch ein Jammer. Ihr könnt auch zusammen in einen Erotikshop gehen und in den Regalen stöbern – sehr, sehr anregend. Vermutlich bekommt er schon in dem Laden einen Ständer. Zögere die Auswahl hinaus, dann probiere in der Umkleidekabine etwas an. Selbstverständlich in seiner Gegenwart. Umkleidekabinen haben etwas Magisches. Stell dich schon mal auf einen gepflegten Quickie ein.

Sich Anregungen holen ist völlig legitim.

Klar, Pornos sind Geschmackssache. Dumpfes Geknatter mögen Frauen selten. Am besten, du suchst den Porno selbst aus, entweder im Erotikshop oder auf Internetseiten wie YouPorn. Es kann sehr erregend sein, sich zusammen Appetit zu holen. Pass nur auf, dass dies Ergänzungen bleiben und keine Routine daraus wird. Blümchensex zwischendurch ist genauso wichtig wie eure speziellen Sex Dates. Die müssen Highlights bleiben. Aber sie schärfen auch den Alltag an. Erzähl mal bei der nächsten Dinnerparty, dass du eine sehr nette Krankenschwester kennst. Er wird sofort verstehen, dass dies ein Codewort ist, falls du ihn kurz vorher im weißen Kittel verwöhnt hast.

Habt ihr erst einmal diese Ebene erreicht, kannst du ihn in allen möglichen Situationen anmachen. Zum Beispiel erzählst du ihm im Restaurant, dass du kein Höschen trägst. Da hält er wahrscheinlich nicht mal bis zum Dessert durch. Kann sein, dass er so erregt ist, dass ein Blow Job auf dem Parkplatz folgt. Keine Sorge, für dich bleibt auch noch was übrig. Denn bei euren Sexeskapaden kannst du ihm noch mal beiläufig zeigen, wie du dich selbst zum Orgasmus bringst. Und dann heißt es: Scotty, beam me up!

Prickelnd ist es auch, wenn du ihm eine SMS schickst, während er arbeitet. »Heute Abend Handschellen«, mehr nicht. Auf Überstunden im Büro wird er wenig Lust haben. Seid ihr eine Nacht getrennt, verführ ihn mit Telefonsex. Sag ihm, dass du diesen oberscharfen Ledertanga anhast, der im Schritt offen ist. Erzähl ihm, wo du dich gerade streichelst und frage, was er jetzt gern mit dir tun würde. Übrigens auch eine brillante Gelegenheit, mehr über seine Phantasien zu erfahren. Was man erst einmal verbal antestet, bereitet einen stürmischen Abend vor, mit Gelinggarantie!

Bedräng ihn nicht mit Familie und Freundinnen

Wenn sich ein Mann auf dich einlässt, überrollt es ihn irgendwann wie eine Flutwelle: Dein Anhang steht auf der Matte. Will ihn kennenlernen, begutachten, ausfragen und am liebsten gleich adoptieren. Egal, ob Freundinnen oder Familie: Da sieht er dunkelrot. Er, der notorische Einzelgänger, hat schon all die bohrenden Pflichttermine vor Augen, die ihm blühen: Geburtstagskaffees, Essenseinladungen, Weihnachtsliedersingen im Familienkreis. Abgesehen von ein paar seltenen Männern, die gesellig sind, musst du vom einsamen Wolf ausgehen, der allenfalls seine Kumpels erträgt. Der Rattenschwanz aus Eltern, Geschwistern, Tanten, Onkel, Freundinnen und Freunden ist ihm nicht geheuer. Sobald er damit konfrontiert ist, gerät er unter Druck: Muss er die etwa alle mögen? Und ist das der Anfang einer endgültigen, unwiderruflichen Beziehung mit dir?

Natürlich ist es das, jedenfalls aus deiner Perspektive. Du schleppst ja nicht irgendeinen verkorksten Kurzzeitlover auf die Party deiner Freundin. Deine Eltern und der Rest der Familie sind sowieso ein Hochsicherheitstrakt. Hier bekommt nur Zutritt, wer das Zeug zur Dauerwurst hat, leicht verderbliche Affären müssen draußen bleiben. Und er? Der Hintertürenfreak? Der Typ, der sich gern alle Optionen offenlässt? Dem gehen die Nerven durch. Panisch verkriecht er sich in seinen Schmollwinkel. Er fürchtet, dass es kein Zurück mehr gibt, sobald er von deinem Anhang eingekesselt ist. Volle soziale Kontrolle!

Dein Anhang ist ihm unheimlich.

Er weiß aus eigener Erfahrung: Gerade die Familie neigt zum »emotional blackmailing«, also zu emotionaler Erpressung. Das haben familiäre Bindungen nun einmal so an sich. Der Vater besteht darauf, vom Bahnhof abgeholt zu werden, die Mutter ist sauer, wenn nicht pünktlich am Geburtstag der Blumenstrauß auf dem Tisch steht – weil solche Aktionen als Liebesbeweise gewertet werden. Jede Familie hat ihre Rituale, die in emotionalen Stress ausarten können. Je fordernder vor allem seine Mutter ist, desto massiver geht er in Deckung. Er will nicht Mamis Liebling sein, aber der kleine Junge in ihm hat deshalb ein schlechtes Gewissen. Du kennst das ja selber: Eltern bekommen nie genug. Sie haben exakte Vorstellungen über Aufmerksamkeit und Kinderservice.

Besuche sollten nicht unter einer Woche dauern, Familienfeiern darfst du nicht einmal schwänzen, wenn du mit 40 Grad Fieber im Bett liegst. Als Paar habt ihr gleich zwei Familien an der Hacke. Kann schön sein, kann aber auch zur Belastung werden.

Ähnlich verhält es sich mit deinen Freundinnen. Die hast du dir freiwillig ausgesucht. Umso größer ist dein Bedürfnis, sie in dein Leben zu lassen. Ihn jedoch packt das Grauen: Mädelsalarm! Was hast du denen wohl alles erzählt?, fragt er sich. Wissen die über euer Sexleben Bescheid? Beschwerst du dich heimlich über ihn? Muss er bei denen demnächst Bilder aufhängen und die Wände streichen? Auch Neid und Eifersucht könnten sein Ego verätzen. Wieso braucht meine Freundin diese Herde um sich? Reiche ich ihr denn nicht? Warum schießt überall die Konkurrenz aus dem Boden wie Pilze an einem nassen Oktobertag?

Ein Mann wird nicht über Nacht vom Einzelgänger zum Herdentier.

Als geborenes Alphatierchen will der Mann eine klare Hierarchie: Erst kommt er, dann eine Weile gar nichts. Unter ferner liefen dürfen dann noch ein paar Zaungäste in sein Revier. Aber bitte mit Sicherheitsabstand. Er findet es gar nicht witzig, wenn deine beste Freundin samstagmittags unangemeldet mit Muffins und Prosecco aufkreuzt. Er hasst auch das sonntägliche Mittagessen bei deinen Eltern, das ihn davon abhält, auszuschlafen oder mit seinen Freunden auf den Bolzplatz zu gehen. Alles quälend, alles überflüssig. Außerdem muss man sich da benehmen, das butterzarte Weichei mimen. Der Mann, das wilde Tier, soll gezähmt werden? Da macht er dicht.

Bei uns Frauen ist das anders. Wir lieben das emotionale Lagerfeuer von Familie und Freundinnen. Sie sind Spaßverstärker, Trauerbegleiter und Love Coach in einem. Das gibt uns Rückhalt und hat uns schon über manche Krise hinweggeholfen. Für Einzelgängertum sind wir nicht geschaffen. Wir lieben es auch, uns über den neuesten Klatsch auszutauschen und ein bisschen zu lästern. Dabei merken wir nicht einmal, wie die Stunden verfliegen, während Mr. Schweigsam schon nach fünf Minuten verzweifelt auf die Uhr starrt. Erzwungenes Rumgehocke? Gespräche? Weiberkram! Wer rettet mich?

{ **Schritt 6:** Dosiere den gemeinsamen Kontakt mit Familie und Freundinnen! }

Konsequente Kontaktsperre wäre falsch. Ohne das warme Nest deiner Herzensmenschen bist du verloren. Genieß es, dass du Familie und Wahlverwandtschaft hast. Aber respektier auch, dass er sich davon in der Regel überfordert fühlt. Abgesehen von ein paar Terminen, wo du ihn unbedingt dabeihaben möchtest, solltest du ihn nicht an deinen Anhang kletten. Da kriegt er klaustrophobische Anwandlungen. Bau lieber deine eigenen Freiräume aus, in denen du triffst, wen du möchtest. Das ist wesentlich gesünder für eure Beziehung und verhindert den Eindruck von Sippenhaft. Mitgefangen, mitgehangen, dieses Motto weckt seine vitalsten Fluchtinstinkte.

Seit längerem lässt sich beobachten, wie Frauen zu einer pragmatischen Lösung übergehen: Sie machen Frauenpartys, bauen ihre weiblichen Networks aus und gehen regelmäßig mit ihren Freundinnen essen – ohne Männer. Da, wo Herrenpräsenz ausdrücklich gewünscht ist, lässt sich indes erleben, was dabei herauskommt, wenn Männer verpflichtet werden: Sie kommen später – »'tschuldigung, hatte noch sooo viel zu tun« –, gehen eher – »sorry, morgen früh ist ein wichtiges Meeting« –, und während ihrer flüchtigen Anwesenheit nutzen sie jede Gelegenheit, mit dem Handy Außenkontakt zu halten. Die Folge: Die meiste Zeit ist der gedeckte Tisch halb leer, und irgendwie fühlen sich die Frauen gemobbt. Zu Recht. Kurze Gastspiele sind nerviger, als wenn die Kerle erst gar nicht aufschlagen.

Ohnehin befürchten Männer, nur geduldet zu sein. Ja, ihnen schwant, dass der Antrittsbesuch bei deiner Familie, aber auch bei deinen Freundinnen mit gesenktem Daumen enden könnte. Nur ungern stellen sie sich dem hohen Strafgericht deines Anhangs. Bei dir darf der Mann auf Nachsicht hoffen, doch die Kriterien der anderen sind gnadenlos: Sieht er gut aus? Ist er charmant? Bringt er anständig Kohle nach Hause? Und schon hört er Warnungen hinter seinem Rücken: »Kind, bist du sicher, dass er der Richtige ist?«; »Hey, du kannst was Besseres haben!«; »Ist dir gar nicht aufgefallen, dass er deine Schwester Betty anglüht?«; »Au weia, seine Frisur war schon in den Siebzigern out!«

Dein Umfeld will dich vor Aufreißern und Ausnutzern schützen. Schütze deinen Liebsten vor gnadenlosen Vorurteilen.

Zerrst du ihn gegen seinen Willen in die Welt deiner Familie und Freunde, ist absolute Solidarität nötig. Steh zu ihm. Sprich nett über ihn. Gib ihm das Gefühl, dass du dich nicht beirren lässt. Du kennst seine Schwachstellen zur Genüge, und die fallen auch anderen auf. Doch du kennst auch seine guten Seiten, und die sind nicht immer auf den ersten Blick sichtbar. Andocken ist Schwerstarbeit für ihn, da braucht er Rückendeckung. Nichts ist schlimmer, als wenn du überläufst und er alle gegen sich hat. Passiert leider öfter. Die Durchfallquote ist ziemlich hoch. Alle mögen dich und wollen nur das Beste für dich. Dabei begreifen sie nicht, dass sie dir ganz schön einen reinsemmeln, wenn sie deinen Freund niedermachen.

Auf Dauer werden Kompromisse weiterhelfen. Handle sie cool aus. Wie oft im Monat darfst du den Klettverschluss zumachen? Ihn mitnehmen, auch wenn er Magengrummeln hat? Wie viele Zugeständnisse sind nötig? Besser vorher darüber reden, sonst geht die Zeitbombe am Geburtstag deiner Mutter los. Oder bei der Hochzeit deiner besten Freundin. Dann flippt er aus, und Druckbetankung, Wutausbrüche und Türenschlagen sind nicht ausgeschlossen. Solche hässlichen Szenen kannst du vermeiden. Solltest du auch. Denn an Lagerkoller wegen Familie & Co. ist schon manche Beziehung zerbrochen.

Rede nicht zu früh über Kinder

Wo wir gerade beim Thema Familie sind: Siehst du in deinem Freund schon den Vater deiner zukünftigen Kinder? Guckst du immer öfter in fremde Kinderwagen und tirilierst: »Oh, wie süüüüß!«? Dann achte mal auf sein Gesicht. Ein mildes Lächeln wäre phantastisch. Könnte aber auch sein, dass schweres Augenrollen und Stirnrunzeln die Folge sind. Fragt sich nur: Wann ist der richtige Moment, über Kinder zu sprechen?

Tatsache ist: Besonders junge Männer befinden sich im Zeugungsstreik. Das fand die Expertenkommission Familie der Bertelsmann Stiftung heraus. Demnach haben diese jungen Typen nur drei Prioritäten: wohnen bei Mutti, Hobbys und Selbstverwirklichung. Ich sage dir: Später sieht das auch nicht viel besser aus: wohnen bei der Freundin, Hobbys und Beruf. Kinder? Ziemlich unsexy. Schlaflose Nächte, Babyerbrochenes auf dem Designer-T-Shirt, Familienkutsche statt Sportwagen – ein Frontalangriff auf seine Männlichkeit. Der tolle Hecht soll zum Goldfisch werden, und wenn er was erleben will, kann er nur noch an die Wand des Aquariums bummern.

Viele Männer schwächeln beim Thema Kinder.

Heute ist Männern bewusst, dass Vatersein eine echte Challenge ist, bei der sie ähnlich stark wie die Mutter gefordert sind, und nicht nur wegen der Ernährerrolle. Laut einer Forsa-Umfrage meinen 83 Prozent der Männer, ein guter Vater verbringe viel Zeit mit seinen Kindern. Aber wollen sie das auch? Klar, Kindermachen ist ein Männermythos mit Sexappeal. Aber wie geht's dann weiter? Männer zweifeln an ihren Vaterqualitäten, sehen schon ihre Freiheit beschnitten und fürchten eine Frau, die nur noch Windeln im Kopf hat – womit sich die rasante Geliebte ja wohl erledigt hätte. Herzlich willkommen in der Familienhölle, wo Sex sich in klammheimlicher Autoerotik erschöpft, wo man nie wieder in Ruhe eine Zeitung lesen kann und Männerabende bis zum Morgengrauen verboten sind.

Bevor ihr zwei nicht so etwas wie ein festes Commitment habt – zusammenbleiben, treu sein, gemeinsamer Haushalt –, ist Nachwuchs ein schwieriges Thema. Gehst du zu aufdringlich vor, bekommt er Angst, dass du Kinder produzieren willst wie eine Legehenne im Hühnerknast. Viele, viele kleine Babys, und er ist abgemeldet. Im frühen Stadium einer Beziehung die K-Frage zu stellen, wäre daher ungeschickt. Was, wenn er nein sagt? Was, wenn er noch nicht will und deshalb abblockt? Ein Jahr später könnte seine Antwort positiv ausfallen. Im Moment ist das noch weit weg.

{ **Schritt 7:** Verunsichere ihn nicht mit Kinderwünschen! }

So wie voreilige gemeinsame Zukunftspläne sind auch Kinder für ihn eine heikle Sache. Ihr habt euch gerade erst kennengelernt, und es war für ihn heftig genug, sich an ein Leben zu zweit zu gewöhnen. Nach wenigen Monaten Beziehung ist Baby Talk definitiv zu früh. Männer träumen länger als Frauen vom gigantischen beruflichen Durchbruch, von der dreijährigen Weltumseglung, von der Erfindung eines neuen Medikaments, von der Rettung der Welt. Dafür wollen sie die Hände frei haben – und nicht Breichen kochen. Außerdem ist dein Kinderwunsch ein sicheres Zeichen für ihn, dass du ihn final einsacken willst.

Tief in seiner Seele nistet eine sehr traditionelle Vorstellung: Als Vater muss er der Versorger sein. Bisher habt ihr euer Geld geteilt oder getrennt ausgegeben. Mit einem Kind, so seine Befürchtung, muss er gleich finanzielle Verantwortung für drei tragen. Noch kann er sich nicht vorstellen, wie das laufen soll. Was ist mit der jährlichen Kanureise mit seinen Freunden? Fällt die bald einem Wickeltisch zum Opfer? Worauf muss er noch verzichten? Auf seinen Sport? Auf Überstunden? Und dann zusehen, wie kinderlose Kollegen lässig an ihm vorbeiziehen?

Im Gegensatz zu dir läuft bei ihm kein Countdown. Vater kann er auch noch mit siebzig werden, falls er dann Bock darauf hat. Nur nichts überstürzen, ist seine Überzeugung. Erst einmal das Leben ausprobieren, ohne lästige Pflichten. Auch eure Beziehung hat noch etwas Spielerisches, solange sie ohne Eheringe und Kinder auskommt. Rechne damit, dass dein Babythema ihn ziemlich durcheinanderwürfelt. Verantwortung, o nee – ein Wort, für ihn so vertrauenerweckend wie eine Würgeschlange. Man könnte auch sagen: Er will nicht erwachsen werden. Welcher Mann will das schon? Das ewige Kind im Manne rebelliert.

Viele Männer haben das Peter-Pan-Syndrom, deshalb fürchten sie sich vor der Vaterrolle.

Und was, zum Teufel, ist das Peter-Pan-Syndrom? Sag ich dir: Selbst Fünfzigjährige rennen in ihrer Freizeit noch in Fetzenjeans und Neonsneakers rum und finden Baseballkappen toll, nach der Devise: Fünfzig ist das neue Zwanzig. Was die einen als Berufsjugendlichkeit belächeln, ist für andere schon eine ernstzunehmende Verweigerung. Infantile Spätpubertierende stolpern durchs Leben wie in einem Hit-and-Run-Spiel auf der Play Station. Alles nicht so ernst gemeint. Ich will ja nur spielen. Lasst mich bloß in Ruhe mit diesem öden Erwachsenending. Die Luft über einer Mama-Papa-Kind-Kombi ist einfach zu dick zum Abheben, und Peter Pan will fliegen.

Du kannst Reife nicht erzwingen. Ignorierst du diesen Punkt, liegt Peter Pan gemeuchelt am Boden, während Frau und Kinder fröhlich auf ihm rumhüpfen. Der spielende Junge als Vater – eine Fehlbesetzung. Gib ihm lieber Gelegenheit, in der Beziehung zum Mann zu werden. Mit etwas Glück setzt bei ihm ein Reifungsprozess ein. Oder du hast eine Niete erwischt und liegst damit voll im Trend: Gemäß einer Studie der Bundeszentrale für gesundheitliche Aufklärung werden speziell hochqualifizierte und gebildete Männer immer seltener Vater. Oder entschließen sich erst kurz vor dem Rentenalter dazu. Wen wundert, dass mittlerweile fast 50 Prozent der Frauen kinderlos bleiben?

Nach etwa einem Jahr musst du Tacheles reden – ohne Verhandlungsspielraum.

Dann gibt es keine Zeit mehr zu verlieren, und er muss Farbe bekennen: ja oder nein? Ein bisschen Kind gibt es so wenig wie ein bisschen schwanger. Sobald sein Sperma deine Eileiter flutet und erfolgreich den Fortbestand der Menschheit sichert, ist die Diskussion durch. Doch sie sollte natürlich vorher beendet sein. Stell ihn bloß nicht vor vollendete Tatsachen. Peter Pan hat die Angewohnheit, sich in Lichtgeschwindigkeit zu pulverisieren, wenn er gelinkt wird. Ihr müsst es beide wollen, sonst steht ihr den Stress nicht durch. Aber das ist zunächst Zukunftsmusik. Alles zu seiner Zeit.

Also fall nicht mit der Tür ins Haus, bevor das Haus fertig ist. Träumerische Blicke und die Frage »Findest du Sarah oder Beatrice schöner als Mädchennamen?« können emotionale Erdrutsche auslösen. Männer, die in der Gurkentruppe von *Hangover* Leitbildpotenzial sehen und am liebsten mit ihren Kumpels Computer Conventions veranstalten, sind nicht bereit fürs Familienleben. Ewig warten solltest du nicht, aber ein Frühstart, das lehrt die Flugkunde, kann leicht zum Absturz führen.

Lade seine Freunde zu Bier und Buletten ein

Nach den vielen Don'ts dieses Kapitels kommt jetzt ein echtes Do: eine Charmeoffensive der hochraffinierten Sorte. Nennen wir es ein Versprechen auf Kontinuität. Einfacher gesagt, signalisierst du deinem Freund: Ja, du darfst deine Freunde behalten, und sie sind sogar willkommen. Warte einen guten Anlass ab. Zum Beispiel ein wichtiges UEFA-Cup-Spiel oder den Geburtstag deines Liebsten. Nein, du lädst nicht deine Freundinnen und deine Oma ein. Nur seine Kumpels. Ein Männerabend in eurer heiligen Hütte, da staunt er. Echt jetzt?

Eifriges Nicken. Sind doch nett, die Typen. Überlass alles mir. Du kannst mich ja einen Tag später zum Essen einladen. Das wäre ein guter Deal. Lehnt er den kategorisch ab, ist etwas faul. In diesem Stadium eurer Beziehung sollte er genug Vertrauen gefasst haben, um dir so einen Abend zuzutrauen. Freunde, die du nicht zu Gesicht bekommen darfst, sind kein gutes Zeichen. Oder schämt er sich, dich vorzuzeigen? Noch schlimmer. Im Normalfall wird er jedoch freudig auf dein Angebot eingehen. Mach nicht zu großes Bohei. Alles muss ganz beiläufig wirken. Dann mach dir ein paar Gedanken, wie die Sache flutscht.

Ein Jungsabend in eurer Wohnung sollte betont rustikal sein.

Ja doch, eigentlich bestehst du darauf, dass sich Gäste an der Haustür die Schuhe ausziehen. An diesem Abend nicht. Roll die Flokatiteppiche ein und lagere sie im Schlafzimmer. Habt ihr einen fest verklebten Teppichboden, bereite dich für den Tag nach der Party mental auf eine größere Staubsaugeraktion vor. Breite zwei, drei bunte Foulards über die edle beigefarbene Couch, damit sie fleckenresistent ist und du nicht dauernd »Vorsicht!« schreien musst, wenn die Getränke überschwappen. Nimm dickwandige Gläser und robuste Teller, sonst gerätst du in Schockstarre, sobald etwas runterfällt. Betrachte es als eine Art Kindergeburtstag: Da landet die Hälfte des Buffets auch überall, nur nicht im Magen der Kurzen.

Sobald die Wohnung startklar ist, kommt die nächste Stufe. Ist es ein Fernsehevent, könntest du einen Beamer und eine Leinwand leihen. Ist gar nicht so teuer, aber irre effektvoll. Fußball im Kinoformat – Wahnsinn. Auch beim Geburtstag kann das ein Bringer sein, zum Beispiel mit einem knallharten Actionfilm. Auch Kühlschränke kann man übrigens in Getränkemärkten ausleihen, denn du brauchst eiskalte Getränke bis zum Abwinken. Frauen mögen es ja handwarm, Männer polarkalt. Bestell beim Getränkeservice kistenweise Bier – es sei denn, seine Freunde sind Weintrinker – und vergewissere dich, dass du überzählige Kisten wieder zurückgeben kannst. Damit ist das Wichtigste erledigt.

Beim Männerabend gibt es Männeressen – am besten Fingerfood.

Komplizierte Gerichte, die man nur mit Messer und Gabel bewältigt, sind nicht so doll. Heute dürfen dein Liebster und seine Freunde ihre Vorliebe für Griffiges ausleben. Umso einfacher wird es für dich: Würstchen, Hot Dogs, Bouletten, dazu Chips und gesalzene Nüsse, so etwas reicht vollkommen aus.

Lassen die Temperaturen es zu, kannst du einen Grill auf den Balkon stellen und Fleischstücke daraufwerfen. Nicht die starken Grillgewürze Marke Hickory Rauchsalz vergessen. Damit auch hier kein Besteck zum Einsatz kommen muss, verpack das Fleisch zwischen geröstete Brötchenhälften, dann bekommt es Mampfqualität. Alles sollte extrem unkompliziert wirken – auch du. Wenn du ausstrahlst, dass du den ganzen Tag in der Küche gestanden hast – stimmt ja sowieso nicht – und deine Mundwinkel vor lauter schlechter Laune am Kinn hängen, hat der Abend seinen Zweck verfehlt. Seine Freunde fühlen sich nur wohl, wenn du locker bist. Hausfrauenfrust beschämt sie, und sie kommen nie wieder.

{ **Schritt 8:** Veranstalte einen lässigen Männerabend! }

Und was ist der Sinn der Übung? Hochtrabend gesprochen: Die Versöhnung von Frauen- und Männerwelt. Auch im 21. Jahrhundert ist das nicht selbstverständlich. Männer denken oft, der Spaß finde nur aushäusig statt, während die gemeinsame Wohnung zur Etepetete-Zone wird. Beweis ihm das Gegenteil. Spiel nicht die gestrenge Mami, wenn's laut wird. Gebrüll und Gegröle sind männliche Wohlfühlgeräusche. Überhaupt solltest du dich zurückhalten. Niemand erwartet, dass du dich dazusetzt und klemmige Konversation machst. Einen Abend lang muss deine innere Diva in die Besenkammer. Du bist die Servicefee, na und? Da bricht dir schon kein

Zacken aus der Krone. Im Gegenzug lädt er dich ja auch am nächsten Tag zum Essen ein.

Du wirst sehen: Dieser Abend ist eine vertrauensbildende Maßnahme. Und du bekommst eine ganze Menge zurück: Komplimente – auch wenn sich die auf ein schmatzendes »nicht schlecht« beschränken. Anerkennende Blicke seiner Freunde – »die ist echt in Ordnung«. Und schließlich grenzenlose Dankbarkeit deines Liebsten. Er fühlt sich von dir voll und ganz anerkannt. Und er hat keine Angst mehr, dass eine Beziehung der Todesstoß für seine Männerfreundschaften ist. Weil du ihm seine Männlichkeit lässt und kein handzahmes Schoßhündchen aus ihm machst, das nicht mit den wilden Jungs spielen darf.

Zieh dich sexy an an diesem Abend, aber kein Kleid, lieber enge Jeans, hochhackige Schuhe und ein nicht zu weit ausgeschnittenes T-Shirt. Gut ist auch ein Holzfällerhemd, das du in die Jeans stopfst. Jeden Mutti-Touch vermeiden. Aber bloß nicht flirten – bleib erotisch neutral. Du musst nicht beweisen, dass du ein Sexsymbol auf zwei Beinen bist. Das wirkt billig und stellt deinen Freund bloß. Er will stolz auf dich sein, weil du kumpelkompatibel bist. Unkompliziert eben. Erfrischend natürlich. Und weil du Verständnis dafür hast, dass Männer nun mal keinen Tanztee wollen.

Freundliche Distanz macht dich zur Queen seiner Kumpels.

Das heißt: Zwischendurch solltest du dich immer mal zurückziehen. Verschärfte Beobachtung mag keiner, wenn er abfeiert. Telefonier mit einer Freundin, check deine Mails, sorge von Zeit zu Zeit für Nachschub. Das reicht. Pseudointeresse fällt sofort auf, und bierselige Verbrüderungen wären peinlich. Du musst dich nicht ranschmeißen. Die Geste der Einladung und deine Art der Bewirtung sind genug, um deine Qualitäten herauszustellen. Und wenn du müde bist, gehst du einfach ohne Ansage ins Bett. Dramatische Verabschiedungen werden als Rausschmiss missverstanden. Vorher räumst du alle Reste auf eine Platte und stellst sie in die Küche – ab jetzt sind die Herren Selbstversorger.

Freu dich auf den Morgen danach. Okay, die Wohnung ist ein Schlachtfeld. Augen auf und durch. Aber dein Freund wird begeistert sein, verlass dich drauf. Öfter als zwei-, dreimal im Jahr musst du so was nicht durchziehen. Das kriegst du schon hin. Und du musst nicht lange diskutieren, wenn du demnächst mal einen Mädelsabend bei euch zu Hause veranstalten willst. Ohne Würstchen und Grillfleisch.

{ **CHECKLISTE** LANGZEITBEZIEHUNG }

- Macken und Marotten möglichst weglächeln
- Missbrauch ihn nicht als seelischen Mülleimer
- Verplane nicht die – gemeinsame – Zukunft
- Achte auf die strikte Einhaltung deiner Intimsphäre
- Mach euren Sex zum Abenteuerspielplatz
- Überforder ihn nicht mit deinen Freunden und Verwandten
- Bedräng ihn nicht zu früh mit der Familiengründung
- Veranstalte einen Bubenabend mit Spaßfaktor

KAPITEL 7

Männer forever. Wie du eine Beziehung lebst und trotzdem Spaß hast

Sag ihm nie, was deine Klamotten kosten

Tusch, Applaus, Gratulation: Ihr seid ein Paar! Nicht auf Abruf und mit Rückgabegarantie, sondern richtig. Ihr wohnt zusammen, habt Heiratspläne oder sogar schon Ringe getauscht. Wie fühlt sich das an? Gut? Na, wunderbar. Endlich angekommen im heiß ersehnten Zweierpack. Eine rosige Zukunft liegt vor euch. Trautes Heim, Glück allein und so weiter und so fort? Dann tu alles, damit es so bleibt. Auch wenn ihr fest gebunden seid – nichts ist für die Ewigkeit. Denn nun erwarten euch sportliche Disziplinen, die so entspannend wie Sackhüpfen und so konfliktfrei wie Schlammcatchen sind. Zum Beispiel, finanzielle Entscheidungen gemeinsam treffen. Wieso ich damit anfange? Weil hier die größten Querschläger lauern.

Um es gleich vorwegzunehmen: Frauen langen gern voll in die Torte, Männer begnügen sich mit Konferenzkeksen. Weibliche und männliche Ansichten darüber, wie man sein Geld ausgeben sollte, klaffen so weit auseinander wie die Felsmassive des Grand Canyon. Dazwischen: ein Abgrund. Auf der Hitliste der Streitthemen in Beziehungen steht Geld deshalb an oberster Stelle. Ein Dauerbrenner. Sei froh, wenn du dein eigenes Geld verdienst, sonst sind deine Spielräume begrenzt. Die Masche mit der Asche läuft nämlich immer nach dem gleichen Strickmuster: Wer das Geld hat, hat die Macht.

Hinter Streitigkeiten über Geld verbergen sich meist Machtkämpfe.

Der Soziologe Jeff Dew von der University of Virginia hat den Clinch um die Kohle in einer Langzeitstudie untersucht. Muss ein nervenstarker Typ sein, denn er ließ Streitprotokolle anfertigen. Sein Fazit: Der Hickhack ums Finanzielle ist Trennungsgrund Nummer eins. Die Wahrscheinlichkeit, dass eine Beziehung scheitert, schnellt auf 70 Prozent hoch, sofern hier permanente Uneinigkeit besteht. »Dinge wie Hausarbeit und Sex scheinen nicht dieselben wichtigen Fragen aufzuwerfen wie Geld«, stellt Jeff Dew fest. Und weist darauf hin, dass der Streit einen ganz anderen Hintergrund habe: Es werde verhandelt, wer die »Entscheidungshoheit« in der Beziehung hat.

Oho, das lässt uns doch aufhorchen. Nix mit Harmonie und Kuschelreflex – eine feste Beziehung ist offenbar eine Arena, in der zwei Gladiatoren gegeneinander antreten. Abhilfe verspricht der Gang zum Standesamt. Sobald ihr verheiratet seid, sinkt das Trennungsrisiko aufgrund ökonomischen Zwists auf 25 Prozent. Unverheiratete Paare hingegen zoffen sich meist so ausgiebig ums Geld, bis einer von beiden die Koffer packt, ermittelte der Soziologe. Macht Sinn. Ohne Trauschein haftet dem Ganzen eben noch etwas Vorläufiges an, auch wenn man gern etwas Festes darin sieht. Und in dieser Zone wird um die Hackordnung gekämpft. Wer darf bestimmen? Welcher Lebensentwurf ist der richtige?

Die erbitterte Debatte ums Geld ist nur ein Stellvertreterstreit.

Es geht um Dominanz, um Eigenständigkeit, auch um Anerkennung. Eine faire Streitkultur ist da kaum zu erwarten, eher ein Hauen und Stechen auf Sandkastenlevel. Paare verhalten sich bei Geldstreitereien »irrational, verbissen und kindisch«, klagt Psychologin Lauren Papp von der University of Wisconsin. Da fliegen die Fetzen, mit Gebrüll und Geheule. Haarig wird es, wenn Paare aus unterschiedlichen Milieus kommen. Der eine ist Aldi-Freak, weil seine Familie auf jeden Cent achten musste, der andere ist gewohnt, das Geld mit vollen Händen rauszuschmettern. Da kann der Streit schon mal eskalieren, wenn die teure Markenbutter auf dem Tisch steht statt Billigschmiere vom Discounter. Lächerlich, aber wahr.

Nach meiner Erfahrung kommt ein geschlechtsspezifisches Verhalten hinzu: Bei Männern hört der Spaß beim Geld auf, bei Frauen fängt der Spaß erst an, wenn die Kreditkarte glüht. Mag sein, dass Mütter mit Kindern weniger konsumaffin sind und lieber in die Ausbildung des Nachwuchses investieren. Doch zunächst lieben sie den Genuss: Essen gehen, Klamotten, Schuhe, Urlaub, die schönen Dinge des Lebens. Und die sind vergänglich. Männer dagegen glauben, die Vernunft gepachtet zu haben. Autos, Laptops, Möbel, Lebensversicherung, das sind beständige Werte, behaupten sie. Stimmt natürlich nicht. Autos verlieren bekanntlich rasend schnell an Wert, Laptops sind nach einem Jahr veraltet, Möbel kommen aus der Mode, und Lebensversicherungen sind seit der Finanzkrise ein schwarzes Loch, in das man bloß kein Geld schmeißen sollte. Wie kommt man aus diesem Chaos wieder raus?

{ **Schritt 1:** Tricks ihn beim Shoppen aus! }

Mach dir klar, dass schon ein Paar neuer Pumps deinen Lebensgefährten eventuell zum Scheidungsanwalt treibt. Du stehst als Frau prinzipiell unter Verschwendungsverdacht. Da hilft nur eins: ein eigenes Konto. Und am besten selbst verdientes Geld. Lass dich nicht kontrollieren. Bleib finanziell so weit autark, dass Shoppen dein heimlicher Extremsport bleiben kann. Selbst wenn du wegen der Kinder nicht mehr Vollzeit arbeitest, solltest du einen kleinen Nebenverdienst einbauen. Sonst musst du dich für jedes Buch und jeden Friseurbesuch rechtfertigen, und das ist so was von unwürdig! Und ein Konfliktstoff, der dir das Leben zur Hölle macht. Wenn du kein eigenes Einkommen hast – etwa während der Kinderbetreuung –, besteh auf einem Konto nur für dich, auf das dein Mann jeden Monat eine gewisse Summe überweist. Vielleicht legen ja auch deine Eltern von Zeit zu Zeit ein paar Scheinchen drauf.

Jetzt kann ich mich ja outen: Auch ich war einmal verheiratet. Am Anfang war mein Typ so zuckersüß und großzügig, dass ich ein gemeinsames Konto normal fand. Wir teilten Tisch und Bett – warum nicht auch die Tacken? Ich konnte nicht ahnen, was einige Jahre später passieren würde: Mit verkniffenen Lippen brütete er jeden Sonntagabend über den Kontoauszügen und knurrte: »Zweiundzwanzig Euro bei Parfümerie Douglas. Was war das denn? Musste das sein?« Dabei verdiente ich so viel wie er. Doch er meinte einfach, dass Big Daddy immer die Hosen anhaben müsse, auch beim Geld. Das hat mich fast wahnsinnig gemacht. Da ich mir meine Kohle nicht bar auf die Hand auszahlen lassen konnte, saß ich in der Falle.

Still und heimlich eröffnete ich schließlich mein eigenes Konto und ließ einen Teil meiner Honorare darauf fließen. Das war meine schwarze Kasse. Ein großartiges Gefühl. Wenn ich ein sauteures Kleid kaufte: kein Wort darüber. Fragte er nach, flötete ich: »Schnäppchen! Ausverkauf!« Irgendeine Abbuchung aus einem Kaufhaus musste dann dafür herhalten. Männer schnallen ja sowieso nicht, was anständige Klamotten und Schuhe kosten. Für die sieht alles gleich aus. Warum wir uns für Louboutins verschulden und für Gucci morden würden, werden sie nie verstehen. Also tat ich so, als ob ich nur am Wühltisch zuschlug. Der Trick funktionierte, und es war Ruhe im Karton.

**Wenn's um Geld geht, darfst du Geheimnisse haben.
Das musst du sogar.**

Strenge Zeitgenossen würden jetzt sagen: »Also hör mal, auf so ein Affentheater hätte ich keine Lust.« Ich sehe es praktisch: Das größere Affentheater hat man, wenn man ehrlich zugibt, dass der Besuch bei der Kosmetikerin so viel kostet wie ein Wochenendeinkauf für zwei. Wofür nervtötende Diskussionen riskieren? Und sei sicher: Männer mit offenen Brieftaschen sind seltener als Schneeglöckchen im August.

Geht es um gemeinsame Ausgaben, wird es noch schwieriger. Sternerestaurant oder Frittenbude? Penthouse mit Dachterrasse oder Wohnklo im Souterrain? Luxushotel oder Urlaub zum Billigtarif? Die Entscheidung hat nicht nur mit der tatsächlich vorhandenen Barschaft zu tun, sondern auch mit der Mentalität. Hier musst du kämpfen, sonst bekommst du einen harten Zug um den Mund und Depressionen. Ist sogar wissenschaftlich erwiesen: Männer schreien rum, Frauen fangen an zu weinen und zu leiden, wenn Geld zum Konfliktherd wird. Ein Kompromiss muss drin sein, mit dem beide zufrieden sein können. Sonst ist die Lebensqualität dahin, und deine Beziehung hat ein eingebautes Verfallsdatum.

Belästige ihn nicht mit notorischer Eifersucht

Je länger man zusammen ist, desto inniger wird das Verhältnis und desto größer das Vertrauen. Richtig? Falsch. Eifersucht ist individuell unterschiedlich verteilt, aber Frauen sind da wesentlich findiger. Ein Mann rastet aus, wenn du demonstrativ mit seinem Kollegen rumflirtest. Kurz gebrüllt – und gut. Frauen sind grundsätzlich misstrauisch. Sie neigen zum Schnüffeln und zum Spionieren. Wäre ja auch okay, wenn sie es unauffällig anstellten. Doch meist kommt der Mann irgendwann dahinter, und dann ist Sturm im Turm. Er fühlt sich kontrolliert. Und du weißt ja schon aus der oben zitierten Umfrage, dass ihm das hochgradig missfällt.

Musst du wirklich heimlich sein Handy checken, ob sich eine verdächtige SMS darauf befindet? Ist es lebensnotwendig, dass du seinen E-Mail-Account filzt? Meinst du, es sei zielführend, wenn du ihn zehnmal am Tag anrufst und fragst, was er gerade macht? Eine Hobbyspionin ist für ihn so erfreulich wie Fußpilz. Mit der Zeit fühlt er sich als der letzte Idiot. Er sagt sich: Wieso gehe ich nicht gleich fremd? Mit diesen Stasi-Aktionen stempelt sie mich ja sowieso als potenziellen Ehebrecher ab. Schön blöd, wenn ich brav bleibe. Frei nach dem Motto: Ist der Ruf erst ruiniert, lebt es sich ganz ungeniert.

Deine Kontrollaktionen bewirken das Gegenteil:
Du bringst ihn auf dumme Gedanken.

Da ist diese Restaurantquittung in seiner Jackentasche. Du hast sie listig rausgefingert, sobald er nach Hause gekommen ist. Nun grübelst du los: zwei Gläser Champagner? Eine ganze Flasche Rotwein? Und das soll ein Businesslunch gewesen sein? Ich bin doch nicht blöd! Holla, jetzt stellst du ihn zur Rede. Er beteuert, dass er nun einmal diesen wichtigen Kunden einladen musste, weil ein lukrativer Geschäftsabschluss winkte. Du lachst höhnisch. Ach, nee. Seit wann betankt man sich am helllichten Tag, wenn man all die Zahlen im Kopf behalten muss? Er reagiert giftig, du gibst ihm Saures. Die Nacht verbringt er auf der Couch. Man kann es ihm nicht verdenken.

Die Zeitschrift *Psychologie heute* nennt Zahlen: Kontrollsucht ist in 40 Prozent aller Beziehungen der nervigste Störfaktor. Frag dich einmal, was hinter deiner abartigen Eifersucht steckt. Fühlst du dich vernachlässigt? Fehlt dir gemeinsame Zeit? Bist du enttäuscht, dass eure Beziehung nach dem Honeymoon langweilig geworden ist? Dann projizierst du deine eigene Unzufriedenheit auf ihn. Ohne dass es dir bewusst ist, bist vielleicht du diejenige, die schon im Hinterstübchen auf außereheliche Abwechslung spekuliert. Eingestehen magst du dir das nicht. Dafür haust du auf den Gatten drauf, obwohl der gar nichts verbrochen hat.

{ **Schritt 2:** Praktiziere die Unschuldsvermutung! }

Du siehst überall Anzeichen von Untreue? So kannst du dir fette Probleme einhandeln. Denn wenn du erst einmal in dieser Rille surfst, findest du überall Indizien seiner angeblichen Untreue. Nichts, aber auch gar nichts ist dann noch harmlos. Jeder kleine Blödsinn weckt deinen Argwohn. Da ist doch was! Nee, da ist gar nix. Lass deinen Mann in Ruhe! Wenn er wirklich fremdgehen will, wird er das tun, Kontrolle hin oder her, Schlupflöcher gibt es immer. Kommt es wirklich so weit, hast du dabei kräftig mitgemischt. Entweder ist eure Beziehung nicht im Lack, oder du hast ihn mit deiner Eifersucht aus dem Haus getrieben. Bleib cool und konzentriere dich lieber darauf, eure gemeinsame Zeit nicht mit sinnlosen Auseinandersetzungen zu vergeuden.

Das Bescheuerte an wahnhafter Eifersucht ist ja, dass du Gespenster siehst. Er kauft sich neue Unterhosen? Hast du nicht irgendwo gelesen, dass Männer das nur tun, wenn sie was Frisches am Start haben? Und schon machst du ihm eine hollywoodreife Szene. Er will plötzlich Golf spielen? Bestimmt nur ein Vorwand, den Samstagnachmittag mit der neuen Kollegin zu verbringen, die dauernd mit ihrem phantastischen Handicap angibt. Er trinkt neuerdings Weißwein statt Bier? Ist ja wohl beschlossene Sache, dass er das irgendeiner Tussi zuliebe tut, die ihn auf den Geschmack gebracht hat. Was sie ihm wohl sonst noch alles beibringt?

Vorwürfe und Zwangsverhöre ohne feste Anhaltspunkte befördern deine Beziehung in die Tonne. Das sind Maßnahmen, die die Welt noch ein bisschen hässlicher und dein Verhalten noch ein bisschen teuflischer zu machen. Selbst wenn du aus seinem Internetprotokoll ersiehst, dass er regelmäßig auf Pornoseiten geht, solltest du nicht den Rachedrachen rausholen. Was bringt's? Nix und niente. Mach dich mit der Tatsache vertraut, dass in jeder Ehe und in jeder festen Beziehung Defizite entstehen. Etwas fehlt. Da solltest du lieber mal nachforschen – nicht in seinen Jackentaschen und in seinem Laptop.

Deine Eifersucht ist ein Indikator eures Beziehungsstatus.

Vielleicht brauchst du mehr Bestätigung, mehr Komplimente, mehr Aufmerksamkeit. Das alles kannst du jedoch nicht mit Daumenschrauben erzwingen. Es kommt nur, wenn du es dir verdienst – weil du liebenswert bist und ihn nicht mit besitzergreifenden Marotten in Ketten legst. Mach einen Statuscheck. Was hat sich verändert? Was fehlt? Gibst du dir noch Mühe mit ihm? Oder begrüßt du ihn abends mit Weltuntergangsmiene, weil er ja garantiert durch fremde Betten gestiegen ist?

Probier es mit Nähe ohne Kontrolle. Schlag ihm ein Liebeswochenende zu zweit vor, in einem kleinen, gemütlichen Hotel auf dem Land. Zeig ihm, dass du ihn wertschätzt, indem du dich weiblich und sexy anziehst. Frag ihn, ob ihr zusammen ein neues Hobby ausprobieren wollt. Selbst etwas Simples wie eine gemeinsame Joggingrunde vor dem Abendessen kann euch einander wieder näherbringen. Interessiere dich für seinen Job, aber horch ihn nicht aus. Und vor allem: Sperr ihn nicht ein. Er sollte nach wie vor auch mal was Eigenes unternehmen oder mit seinen Kumpels um die Häuser ziehen. Trotzdem bleibt deine Eifersucht? Okay, dann geh in dich. Zweifelst du an deiner Attraktivität, an deiner Ausstrahlung?

Selbstzweifel sind der Beginn eines Katastrophenmovies.

Woher auch immer deine Selbstzweifel kommen – aus der Kindheit, aus vergangenen Beziehungen –, daran musst du arbeiten. Eifersucht kann nämlich das Ausmaß einer psychischen Krankheit annehmen. In Innsbruck gibt es sogar eine Eifersuchtsambulanz, wo Betroffene psychologische Schützenhilfe erhalten. Heftig, oder? Sehr viel naheliegender ist es, dass du dich in einen Modus reingesteigert hast, der dir nicht guttut. Du kommst einfach nicht wieder runter von dem Trip. Möglicherweise hältst du deine Eifersucht für einen Liebesbeweis. In Maßen stimmt das schon. Ganz ohne – begründete – Eifersucht kann dir nicht mehr viel an deinem Kerl liegen. Ein Hauch Eifersucht ist der Pfeffer im Ragout. Doch was zu viel ist, ist zu viel.

Verfolg lieber einmal eine andere Spur: Hast du dein Eigenleben vernachlässigt? Bist du nur noch auf deinen Partner fixiert? Dann verbringst du viel zu viel Zeit damit, dir die grässlichsten Untreuephantasien auszumalen. Komm mal raus aus dem Knast deiner Zwangsvorstellungen. Unternimm etwas mit Freundinnen, geh zum Sport, absolviere einen Volkshochschulkurs in Business-Englisch. Das macht Spaß und gibt dir wieder Selbstvertrauen. Du brauchst dein eigenes Ding. Das entspannt. Und wenn du beim Yogakurs den Sonnengruß machst, schielst du ja auch nicht permanent irgendwelchen Typen hinterher. Eine gewisse mentale Unabhängigkeit braucht man einfach, um gelassen mit seinem Liebsten umzugehen. Dann erübrigen sich alle Verhöre.

Verflixt und zugenäht! Was Männer wirklich wollen, weißt du mittlerweile: Sex und Bequemlichkeit. Doch nach ein paar Jahren Beziehung könntest du den Eindruck haben, dass du mehr gibst als er. Das fängt schon mit der Rollenaufteilung an. Obwohl ihr euch hoch und heilig geschworen habt, dass ihr die Hausarbeit gerecht teilt: Am Ende stehst du allein mit dem Abwasch da, während er auf der Couch rumlungert und telefoniert. Die Bedienungsanleitung für die Waschmaschine hat er wegen eines akuten Alzheimeranfalls sowieso vergessen. Und vom Staubsaugen kriegt er immer Rückenschmerzen. Du dagegen bist der Engel auf Erden, die Königin der Scheuermilch, die Virtuosin des Bügeleisens. Duldsam und belastbar. Hallo? Das darf doch wohl nicht wahr sein!

Männer gewöhnen sich auffallend schnell daran, dass eine Frau immer verfügbar ist. Da sie ja sonst nichts zu tun hat, kann sie doch mal schnell durchfeudeln. Doch du bist keine Frau fürs Grobe, und du gehörst auch nicht zum Inventar. Echt nicht. Männer wollen Service, weil sie denken, dass sie einen Anspruch darauf haben. Drückt er dir morgens eine Liste in die Hand, mit allem, was du für ihn erledigen sollst? Tut er das? Dann wird es höchste Zeit für einen Streik.

Du bist die Frau an seiner Seite, aber keine Sekretärin und keine persönliche Assistentin.

Kleine Gefälligkeiten sind in Ordnung. Doch die können sich leicht in Zumutungen verwandeln. Für ihn ist es herrlich bequem, wenn du für ihn das Hustensaftrezept einlöst, die Überweisungen wuppst, seinen Termin beim Personal Trainer absagst, seiner Mutter Geburtstagsblumen schickst, seinem Kumpel das geliehene Geld zurückbringst, seine Schuhe besohlen lässt und seinen Chef anrufst, dass die externe Besprechung noch etwas länger dauert. Mal im Ernst: Spinnst du? Oder willst du das? Dann reicht deine Leidensfähigkeit aus, im SM-Studio die devote Zofe zu spielen.

Jahrtausendelang waren Frauen allzeit bereite Dienerinnen. Lerne leiden, ohne zu klagen, hieß ihr Mantra. Aufwachen – 21. Jahrhundert! Die Sklaverei wurde inzwischen abgeschafft! Nur du kriechst noch in den Grauzonen der Selbstaufgabe herum. Weil du dem Manne eine treusorgende Gattin sein willst? Nee, weil du auf eine schräge und absolut inakzeptable Weise auf sein Lob aus bist. Doch das wird immer seltener. Glaub mir, ich weiß, wovon ich spreche. Mein damaliger Mann hatte jeden Tag eine neue Liste für mich, obwohl ich mindestens so viel arbeitete wie er. Wehe, einer der gefühlt 20 Punkte war nicht abgehakt. Da qualmte es bis zur Zimmerdecke. Und ich? Strengte mich noch mehr an. Ich wollte es ihm recht machen. Ich gierte nach Anerkennung.

Manche Frauen suchen unbewusst Bestätigung, indem sie sich unentbehrlich machen.

Fiese Illusion, geht komplett in die falsche Richtung. Sobald du in diesen Zug einsteigst, hast du das Ticket ins Mittelalter. Dieses ganze Gelaber, dass niemand so toll, so perfekt und so zuverlässig wie du seinen Krempel erledigt, ist eine unverfrorene Lüge. Es gibt nämlich jemanden, der das mindestens genauso gut beherrscht: ihn. Aber wieso soll er überhaupt aktiv werden? Er hat ja dich. Und da du dich so herrlich unentbehrlich dabei fühlst, hoffst du, dass ihr immer zusammenbleibt. Eine wie dich kriegt er nie wieder. Super. Aber einen wie den kriegst du an jeder Straßenecke. Denn Männer lieben das. Sie nennen es delegieren – übersetzt in Alltagssprache: Für den Kleinkram sind sie nicht zuständig, denn sie schweben ja in höheren Sphären.

Schon schlitterst du in ein Beziehungsgefälle. Ja, doch, ich habe vieles mit seiner Steinzeitmentalität entschuldigt, doch hier ist Schluss. Bis zur Selbstverleugnung darf sein Dominanzgehabe dich nicht erniedrigen. Eine Frau, die Aufträge aller Art akzeptiert, macht sich außerdem angreifbar. Die Kerle sind so frech, dass sie sich auch noch rausnehmen, dich zu kritisieren. Hm, der Blumenstrauß für seine Mutter war vielleicht etwas zu bunt, sie liebt es doch Ton in Ton. Und als du mit dem Chef telefoniertest, hast du vergessen, dich nach dem Wohlergehen der Frau Gemahlin zu erkundigen. Tja, nobody is perfect, aber schönen Dank auch. Das kannst du doch besser, nicht wahr, Schatz? Eine Frau, die jetzt nicht explodiert, ist antriebsschwach bis zur Duldungsstarre.

{ **Schritt 3:** Sei nicht allzeit bereit für seine Erledigungen! }

Du futterst dir den Frust in XXL-Portionen an, wenn du widerspruchslos auf sein Forderungsmanagement eingehst. Schließlich bist du eine intelligente Frau. Eine Weile kannst du dir vielleicht den Unentbehrlichkeitsquark vormachen, aber das Aufwachen ist umso schmerzhafter – auch für ihn. Dann knallst du ihm seine frisch besohlten Schuhe an den Kopf und die Hustensaftflasche vor den Latz. Mehr als verständlich. Schließlich musst du wieder auf Augenhöhe kommen. Solange du auf Knien rumrutschst, ein Ding der Unmöglichkeit. Entzieh dich! Sei bloß nicht immer verfügbar! Service ist zwar heiß gefragt, macht dich aber langweilig.

Achte mal darauf, wie oft er dir einen Gefallen tut. Äh, nee jetzt, geht nicht, Mister Wichtigheimer hat ja immer so viel zu tun. So what? Du rast ja auch in der Mittagspause los, füllst seinen Tippschein aus, besorgst ihm neue Kugelschreiberminen. Und nach Feierabend rauschst du durch die Feinkostläden, dass sich andere an deinem Fahrtwind erkälten. Schone ihn nicht. Dafür besteht kein Anlass. Nichts, was du vorhast, ist weniger wichtig als seine zeitraubenden Pflichten. Eine Beziehung ist kein Blankoscheck für primitives Ausnutzen. Verfügbar sein ist gleichbedeutend mit Pantoffelfeeling. Passt wie angegossen, ist aber schnarchig. Mach dich besser rar, denn dienstbare Geister sind weder kostbar noch begehrenswert.

Sag ihm bloß nicht, dass du keine Lust auf ein Assistentinnendasein hast. Er würde dich mit Betroffenheit zudonnern und mit den Äuglein blinzeln wie ein waidwundes Rehkitz. Sobald er wieder eine Liste zückt, verhandle besser kühl, wer was übernimmt. Weise ihn darauf hin, dass deine Arbeit, deine Hobbys, deine Stunde Zeitunglesen oder Internetsurfen nicht verhandelbar sind. All das bringst du total freundlich rüber. Lass dich nicht zu einem Streit provozieren. Sonst fahrt ihr bald auf den Felgen. Sicher, er wird über Phantomschmerzen lamentieren. Tut ja sooo weh, dass du ihn im Stich lässt. Ein guter Moment, den Spieß umzudrehen.

Spiegle ihm sein Verhalten!

Liest er deine Liste, fällt er vom Glauben ab. Was? Er soll deine Seidenblusen zur Reinigung bringen? Deine Bücher in der Buchhandlung abholen? Deinen Freundinnen Parfum kaufen? Quer durch die Stadt fahren, um deinen Laptop aus der Reparatur zu holen? Dein breites Lächeln ist die beste Antwort. Erwischt. Das war's dann mit Heinzelmännchen und Konsorten. Und da ihr gerade dabei seid, wird auch der Haushalt neu organisiert. Entweder er saugt mit einem ABC-Pflaster auf dem Rücken Staub, oder ihr engagiert eine professionelle Putzhilfe. Grins. Oder hast du einen anderen Vorschlag, Schatz?

Nie wieder Sklavendienste für den Herrn und Meister – damit wird er sich abfinden müssen. Mürrisch wird er irgendetwas wie »verdammter Feminismus« in seinen Bart murmeln, aber das hältst du locker aus. Denn du weißt: Hast du dich erst einmal aus dem Status des Helferleins befreit, wird er wieder den Respekt aufbringen, der dir zusteht. Du hast dein eigenes Leben, deine eigenen Bedürfnisse, deine eigene Arbeit. Basta. Möglich, dass er sich jetzt sogar wohler fühlt. Er weiß genau, dass sein innerer Schweinehund Oberwasser hatte, als er dich so schuftig rumkommandiert hat. Ein paar Schuldgefühle werden da im Spiel gewesen sein. Die ist er nun los. Na, bitte. Nur wenn euer Geben und Nehmen sich die Waage halten, habt ihr eine Chance auf dauerhafte Harmonie. Lass es nicht zum Froststau kommen, der ist tödlich für eine Beziehung.

Die Psychologin Felicitas Heyne hat ermittelt, dass die Sexfrequenz frühestens nach einem und spätestens nach drei Jahren frappant abnimmt. Alles ganz natürlich, denn wir folgen damit den Rhythmen unserer Nachwuchsmission. Selbst wenn wir gar keinen Nachwuchs haben. »Es ist dann – aus Mutter Naturs Sicht – nicht mehr nötig, dass wir ständig übereinander herfallen, denn die Zeugung hat ja längst stattgefunden«, erklärt die Psychologin. Das Interesse an Begehrlichkeiten erlahmt, vor allem bei Frauen.

In jedem Mann steckt ein Casanova. Manchmal nur im Westentaschenformat, aber immerhin. Leider hast du den Don Juan in ihm arbeitslos gemacht. Im Glück daheim vereint, habt ihr euch gegenseitig zu asexuellen Haustierchen degradiert. Kostprobe gefällig? »Mausilein, gib mir mal bitte die Marmelade.« – »Gern, Hasi.« – »Wie nett von dir, Kätzchen.« – »Keine Ursache, Bärchen.« Brehms Tierleben ist nichts dagegen. Eure Beziehung ist zum Streichelzoo mutiert. Da gibt es Leckerli und Küsschen, aber keinen atemberaubenden Sex. Leidenschaft? Wie denn, wenn Mauseschnäuzchen so treuherzig aus der Wäsche guckt?

Verniedlichungen und Kosenamen sind Erotikcrasher.

Du willst den real existierenden Verbalplüsch in deutschen Schlafzimmern hören? Setz lieber die Ohrenschützer auf. Die Partneragentur Parship hat abstimmen lassen und eine Liste zusammengestellt. Platz eins: »Schatz« – kann man so stehen lassen. Platz zwei klingt schon klebriger: »Schatzi«. Es folgen »Hase«, »Liebling«, »Schnuckel« beziehungsweise »Schnucki«, »Mausi«, »Bärchen« oder »Bärli«. Achtung, ab jetzt wird's peinlich: »Mama«, »Mutti« oder »Muttchen« (!), »Papa«, »Papi«, »Papilein«. Auf Platz zehn schaffte es »Dicker« oder »Dickie«. Ja, muss das denn sein? Wenn man seine Kinder so nennt, geht das noch als liebende Verirrung durch. Aber für den Menschen, mit dem man zusammenlebt, schließt das eine heiße Nummer auf dem Küchentisch weitgehend aus.

Manche greifen sogar mitten rein ins Analvokabular – »Schnuckipupsi« und »Stinker« sind schockierend weit verbreitet, so wie »Hasenfurz«. Bereit für Windeln und Babyöl? Demnächst wischt ihr euch noch gegenseitig den Allerwertesten ab. Vertrauen, Nähe, alles fein, aber so was will doch keiner hören, der an mehr als Toilettengänge denkt, wenn er zwischen seine Beine guckt. Mit Intimität hat das leider nichts zu tun, nur mit dem Aufnahmeritual für den Club der Sexlosen. Das beweist schon der bayerische Exministerpräsident Edmund Stoiber, der seine Gattin »Muschi« nennt. An orale Freuden und hemmungslose Penetration denkt er dabei offensichtlich nicht, sonst hätte er seine Klappe gehalten und diesen »Kosenamen« nicht lauthals rausposaunt. Er und seine Frau liegen offensichtlich im Sexkoma. Daran sollte man sich echt kein Beispiel nehmen.

Ein Nebenbeiflirt erweckt dein Frausein aus dem Dornröschenschlaf.

Zu dämlich aber auch: Du fühlst dich nun einmal nicht mehr so rasend erotisch wie einst. Vage erinnerst du dich noch an die goldene Regel, dass Ausstrahlung von innen kommt. Schön. Und wie soll das funktionieren, wenn in deinem Hirn die seriöse Gattin rumsitzt und dir müde zuwinkt? Phantasie an die Macht! Ja, du darfst dir vorstellen, was der Postbote wohl im heimischen Bett veranstaltet. Du darfst auch dein oberversautes Kopfkino anschmeißen, wenn Brad Pitt auf der Kinoleinwand sein Sixpack knacken lässt. Am besten aber ist es, du übst dich im Flirten so wie damals, als du noch auf den Mann deines Lebens gewartet hast. Erotik braucht Reize, und zwar unbekannte. Das »was wäre wenn« hält deine sexy Reflexe wach. Du hast wieder Lust, mit dem Po zu wackeln und laszive Blicke zu verteilen. Da wird Muttern wieder jung!

Fremdflirten kann bös ins Auge gehen. Auch den Mann, das ultrastarke Wesen, plagen schließlich Eifersuchtsgefühle. Etwas anderes ist es, wenn du ohne ihn harmlose Gelegenheitsflirts hast. Ist gut für die Laune und für den Östrogenoutput, der dir das gewisse Etwas verleiht. In einer Langzeitbeziehung ist Sexybleiben nämlich gar nicht so leicht. Trotz aller Tricks und bester Vorsätze habt ihr den Prickelfaktor von Vollmilch. Ein bisschen läuft noch was, aber gemessen an den rauschhaften Nächten von einst kommt alles etwas lau daher. Solider Beziehungssex. Hat da jemand gegähnt?

Aber, aber. Ist Sex nicht überbewertet?, fragst du jetzt. Wieso ist Erotik so irre wichtig? Kann man nicht auch ohne Sex glücklich sein? Falsche Frage. Man kann nämlich ohne Sex »stabil unglücklich« sein. Gruselig! Julia Berkic vom Bayerischen Staatsinstitut für Frühpädagogik – frag mich nicht, wieso ausgerechnet diese Frau sich mit Sex beschäftigt! – hat die steile These entwickelt. Sie untersuchte zünftige Paare im ländlichen Bayern, die mehr als zwei Jahrzehnte verheiratet waren. Ein Drittel war »stabil unglücklich«: kein Sex, keine Liebe. Als Beziehungskitt mussten gemeinsame Kinder und Projekte wie das Häuslebauen herhalten. Auch »psychische Verstrickungen« kamen vor, die eine Trennung verhinderten. Darauf einen Dujardin. Findest du das etwa erstrebenswert?

{ **Schritt 4:** Erhalte die erotische Spannung! }

Du bist fest gebunden, doch das heißt noch lange nicht, dass du in flachen Gewässern dümpelst. Lass dich nicht zum Kuschelneutrum machen und rede auch deinen Partner nicht so klein, bis er in den Laufstall passt. Ihr seid keine Kindergartenzwerge. Ist eure Beziehung am sexuellen Nullpunkt, gib dir einen Kick durch Fremdflirten. Nach dem Motto: Appetit hole ich mir woanders, gegessen wird zu Hause. Das ist nicht die Lizenz zum Fremdgang, sondern Beziehungscoaching. Das brauchst du, damit du eine Frau mit Sexappeal bleibst. Sonst ist euer Sexleben so aufregend wie Biberbettwäsche.

Beziehungen ohne Sex gibt es zuhauf, sie sind aber riskant. Schon einmal was von Schläfern gehört? So nennt man Agenten, die jahrelang ein unauffälliges Leben führen, bis sie vom Geheimdienst aufgeweckt werden. Dann schnallen sie sich den Patronengürtel um die Hüften und sind wieder voll da. So ähnlich läuft es auch mit dem Sex. Jahrelang denken wir, das hat sich erledigt, doch dann wachen wir auf. Und nun? Ist der Partner nur noch das Knuddeltier, müssen wir eben woanders auf unsere Kosten kommen. Boing – der Anfang vom Ende.

Besser ist der prophylaktische Flirt außer Haus. Glänzende Äuglein und ein rasanter Hüftschwung sind die Sahnehäubchen eines Gelegenheitsgeplänkels. Lass dir dies unverfängliche Triebmittel nicht entgehen. Du tust es ja in höherem Auftrag: deine Beziehung lebendig zu erhalten. Grenzen überschreitest du nicht. Dass Seitensprünge langjährige Beziehungen kicken, ist ein Gerücht. Finger weg! Nur gucken, nicht anfassen! Tun Männer ja auch. Die hält kein Ehevertrag und kein Treuegelöbnis davon ab, ihre Anziehungskraft zu testen. Selbst mit der Wurstfachverkäuferin können sie schäkern, bis sich der Parmaschinken wellt. Als konkurrenzvernarrte Wesen müssen sie das. Sind sie noch so gut wie andere Männer? Haben sie's noch drauf?

Verhindere den Nähekollaps.

Nähe hat eine sedierende Wirkung, ist also ein Beruhigungsmittel, das euch lahmlegen kann. Fremdflirten ist dagegen die Einstiegsdroge für die Wiederbelebung eures Sexlebens – so wie erotische Tagträume und wilde Phantasien. Bleib entfesselbar und hilf nach, wenn nötig. Hast du das Problem spannungsloser Nähe erst einmal erkannt und deine erotischen Reflexe trainiert, kannst du deinen Typen heiß machen. Verabrede dich mit ihm in einer lauen Sommernacht auf der Parkbank. Buch ein Zimmer in einem billigen Hotel. Geh mit ihm auf die Toilette eines Restaurants. Was ihr da macht? Ja, was wohl?

Euer Bett ist momentan kein guter Ort für Sex. Vermutlich ist es eher die Location, wo ihr lest, fernseht, frühstückt, streitet. Raus aus den Federn und rein in die unbekannten Zonen, die noch nicht vom Nähemief verseucht sind! Treibt es an den unmöglichsten Orten, aber tut es! Das macht euch zu Bonnie and Clyde in Liebesdingen. Zum Glück seid ihr vertraut genug, um so ein gewagtes Ding durchzuziehen. Hinterher werdet ihr noch stundenlang kichern. Euch davon erzählen. Und euch neuen Appetit holen. Vermutlich auch fürs Bett.

Verreise ohne ihn

Herrje, was diese Internetseiten alles versprechen: Urlaub ist die schönste Zeit des Jahres. Ab in den Urlaub, hin zu den Traumstränden. Für viele Paare klingt das wie eine Vitaminspritze für die angeknackste Beziehung. Könnte klappen. Manches Versöhnungsbaby wurde schon unter Palmen gezeugt, bei Meeresrauschen und Sangriaschwips. Es kann aber auch ganz anders kommen. Das Portal myFlirt hat nachgefragt: Ungefähr 20 Prozent der deutschen Frauen bekannten, dass ein gemeinsamer Urlaub mit einer Trennung endete, bei den Männern waren es sogar 24 Prozent. Die Gesellschaft für wissenschaftliche Gesprächspsychotherapie schlägt noch lauter Alarm: Jede dritte Scheidung, berichtet sie, wird nach den gemeinsam verbrachten Ferien eingereicht.

Ich vermute, dass die Dunkelziffer weit höher liegt. Schließlich sind die Erwartungen riesig: Endlich mal ganz entspannt faulenzen, weit weg vom grauen Alltag, da kann doch nichts schiefgehen. Tut es aber. So toll der Strand auch ist – oder der Gletscher oder das Alpenglühen –, ein Urlaub kann zum Crashtest werden. 24 Stunden lang hängt ihr aufeinander. 24 Stunden Gelegenheit, sich die Bescherung reinzuziehen: Huch, das ist meiner? Mit dem bin ich zusammen? Hallo, Kellner, könnte ich bitte was anderes haben? Den hier habe ich nicht bestellt! Desillusionierung nennt man das. Oft kippen die letzten Schranken, wenn man zusammen verreist. Brandgefährlich wird es, falls der Urlaub als Problemlöser herhalten soll. Dann kommt es knüppeldick.

Der gemeinsame Urlaub ist keine Paartherapie für kriselnde Beziehungen.

Deine Erwartungen an Instantharmonie unter südlicher Sonne sind nicht nur trügerisch, sie sind auch eine Belastung. Denn obwohl ihr unter Umständen Tausende Kilometer von zu Hause entfernt seid – die Probleme reisen immer mit. Sie sind das unsichtbare Reisegepäck, dass euch im Nacken sitzt wie ein Rucksack voller Wackersteine. Der erste Urlaubstag beginnt mit dem Hasssatz »Wir müssen reden«? Knick den Tag. Knick den Urlaub. So kriegt ihr das niemals hin.

Euren Streit müsst ihr da austragen, wo er entsteht: in der Küche, die er mit Pizzaschachteln vollgemüllt hat, neben seinen muffigen Socken auf dem Couchtisch. Für Grundsatzgespräche eignet sich der Sonntagnachmittag, am besten beim Spaziergang. Da könnt ihr Druck ablassen und gleich am Montag darauf die neuen Regeln umsetzen. Nicht mehr als eine halbe Stunde streiten. Danach kommen nur noch Seitenhiebe und Magenschwinger. Im Urlaub ist jedoch prinzipiell open end. Ihr hockt ja aufeinander. Ihr könnt nicht zum Job spurten oder euch bei Freunden beschweren. Freu dich schon mal auf Panikattacken.

{ **Schritt 5:** Überlege, ob ihr urlaubsreif seid! }

Das meine ich so, wie's da steht. Es könnte nämlich sein, dass ihr in einer langjährigen Beziehung mal einen Break braucht. Einfach kurz die Pausetaste drücken ist sinnvoller, als vierzehn Tage Geschimpf und Gezanke. Trau dich ruhig, ein paar Tage allein zu verreisen. Ob in die Eifel oder nach Malle, ist komplett egal. Ich nenne es therapeutische Distanz. Du erholst dich, kannst den ganzen Tag mit einer Gurkenmaske rumlaufen und deine alten Lieblingsschlager voll aufdrehen. Ja, genau die Heuler, die er für sentimentalen Schwachsinn hält. Und dann führst du ein paar fiktive Gespräche mit ihm. Noch besser: Schreib ihm Briefe. Du musst sie gar nicht abschicken. Pfeffer alles rein, was dir auf der Galle brennt. Nach und nach siehst du dann klarer.

Das Geniale an Soloferien ist der Druckabfall. Ist auch dringend nötig, denn Streit verspannt. Mach Yoga, lauf ein bisschen durch die Pampa, gönn dir gutes Essen, färb dir die Haare um. Die Entkrampfung kommt von ganz allein. Jetzt legen sich auch deine Rachephantasien, und du kommst wieder im grünen Bereich an. Nun frage dich: Was sollte sich ändern? Wunschkonzert! Schreib alles auf, ohne falsche Rücksicht. Dann streich weg, was läppischer Kleinkram ist, und konzentrier dich auf die dicken Klopper. Liste zusammenfalten, rein in die Schublade und zwei Stunden später wieder rausholen. Und? Immer noch alles ganz doll schlimm?

Widersteh der Versuchung, eine Freundin anzurufen. Die ist sowieso grundsätzlich auf deiner Seite und wird kräftig Scheite ins Feuer werfen. Sie meint es gut, doch die Nummer mit der Paarkompetenz vergeigt sie, hundertpro. »Hab ich dir doch gleich gesagt, dass der ein aufgeblasener Heini ist.«; »Knick jetzt nicht ein!«; »Wo bist du überhaupt? Soll ich dich besuchen?« Bloß nicht. Zwei Frauen und ein abwesender Mann, das ist die Lizenz zum Mobben. Therapeutischer Effekt: null. Spaltpilzpotenzial: hoch. Trennungswahrscheinlichkeit: sehr hoch.

Ein Urlaub allein gehört nur dir. Du kannst in dich gehen. Komm nicht zu früh wieder raus.

Das betrifft natürlich auch deinen Mann. Vereinbare mindestens zwei Tage absolute Funkstille. Kein Anruf, keine SMS, keine Mail. Trompete auch nicht auf Facebook raus, was du gerade machst. Ist ja keine Isolationsfolter, nur Selbsterfahrung ohne Gruppe. Stille kann sehr laut sein, ich weiß. Aber nichts ist lauter als ein Streit mit scheppernden Suppentellern. Dir fällt die Decke auf den Kopf? Immer besser. An diesen toten Punkt musst du kommen. Von nun an geht's bergauf. Lausch mal in die Stille rein. Zirpt es in dir »Sehnsucht«? Oder: »Boah, alles viel schöner ohne ihn«? Denkst du: »Eigentlich vermisse ich ihn tierisch?« oder: »Auf eine Beziehung mit der Erlebnisfülle des norddeutschen Flachlands kann ich dankend verzichten«?

Fällt dein Urteil negativ aus, nicht erschrecken. Schlechte Nachrichten sind nur gute Nachrichten, die sich verkleidet haben. Jetzt bloß keine Getränkeforschung betreiben, denn mit Alk in der Birne kommst du nicht weiter. Also – was ist die gute Nachricht? Dass du jetzt weißt, wo es hakt? Nein? Noch einmal von vorn. Nun zähl auf, was stören würde, wenn er da wäre. Sein altkluges Gelaber? Die verpeilte Art, wie er den Tag vergammelt? Seine hektische Betriebsamkeit? Seine Vorliebe für Heavy Metal? Oder wäre schlicht er es, von A bis Z?

Nach deiner Rückkehr nichts überstürzen.
Erst einmal sehen, ob sich was verändert hat.

Vielleicht schnallst du erst deine Sehnsucht nach ihm, wenn er plötzlich auf dem Bahnsteig steht und dich abholt. Oder wenn er auf Tauchgang ist und du eine leere Wohnung vorfindest. Ist sowieso geschickter, wenn ihr euch auf neutralem Terrain trefft. Wart ihr vor der Reise im Beziehungsclinch, hängt der Zoff noch in den Gardinen. Geht lieber einen Kaffee trinken oder spazieren. Es ist verblüffend, was ein bisschen Kontaktsperre ausmacht. Endlich kein gereizter Tonfall mehr. Stattdessen erzählt ihr euch, was ihr so gemacht habt. Oder holst du gleich die Liste raus und überfällst ihn mit deinen neuen Erkenntnissen? Bravo, eine Woche Vorbereitung im Klo runtergespült. Hey, deine Liste, die kann warten.

In 90 Prozent der Fälle – meine private Schätzung – daddelt ihr euch wieder zusammen. Schade für die zehn Prozent, die nach dem Rückzugsurlaub gleich noch ein paar Koffer mehr packen und abhauen. Für den Rest gilt: Wow, da ist ja noch Leben in den Ruinen. Vielleicht entdeckst du auch, dass ein regelmäßiger Alleingang von jetzt an zu deinem Beziehungsprogramm gehört. Er macht dich stärker und unabhängiger. Das bedeutet ja nicht, dass ihr nie mehr zu zweit verreist. Probiert es mit einem Wochenende, nicht gleich mit drei Wochen. Vielleicht klappt es ja diesmal mit der schönsten Zeit des Jahres.

Erweitere deinen Radius

Alles wieder gut? Großartig, Krise überstanden. Gerade noch die Kurve gekriegt. Jetzt musst du ein letztes Mal tapfer sein: Verabschiede dich von deinem Traum, dass ein Mann alle deine Wünsche erfüllen kann. Früher, ja, da meintest du noch: Ich brauche einen Kerl, der aussieht wie George Clooney, das Bett zum Beben bringt wie ein Pornostar, der kocht wie Tim Mälzer und so belesen ist wie Marcel Reich-Ranicki. Wenn du so einen Mann triffst, frag ihn, ob er einen Zwillingsbruder hat. Ich würde auf der Stelle anreisen. Die Wahrheit ist: Wenn es überhaupt solche Männer gibt, dann in unseren kühnsten Träumen.

Freu dich, falls auch nur ein Merkmal hinhaut. Das ist schon was. Darauf kann man aufbauen. Die übrigen Vorzüge musst du dir zusammenpuzzeln. Außer Sex. Sorry. Der ist deiner Beziehung vorbehalten. Bastel dir den virtuellen Patchworkmann. Er besteht aus mehreren Freunden und Freundinnen, die zumindest in einem Punkt annähernd deine Phantasie in Fleisch und Blut verkörpern. Mit anderen Worten: Im Laufe einer längeren Beziehung brauchst du ein Netzwerk für alle Fälle. In deinem alten Freundeskreis wirst du selten fündig. Mit dem hast du die Zeit vor deiner Ehe respektive Beziehung verbracht. Das ist kein Pool für Sonderbedürfnisse. Du hast dich entwickelt. Nur wenige Leute von früher werden sich in dieselbe Richtung entwickelt haben. Gibt es sie, lass die Korken knallen. Wahrscheinlicher ist, dass du ein bisschen fahnden musst.

Je länger du mit einem Mann zusammen bist, desto dringender solltest du dein Umfeld vergrößern.

In der Morgenröte eurer Liebe war dir dein Typ mehr als genug. Jetzt heißt es diversifizieren. Du brauchst natürlich erstens eine echte beste Freundin, die du auch beim Novemberblues anrufen kannst: »Ich hätte gern einen Prosecco und eine Runde Mitleid.« Bei ihr darfst du dich sogar melden, wenn sich dein Kopf wie ein morscher Keks anfühlt. Und zwar, ohne den Spruch zu hören: »Warum suchst du dir nicht jemand anderes zum Vollheulen?« Dein Mann würde deine kleinen Tiefs nicht ertragen. Der hat keinen Sinn für Gefühlsschwankungen und flieht in die nächste Kneipe. Krisenmanagement hat er nur im Job drauf.

Zusätzlich brauchst du eine Freundin, mit der du gern Sport machst. Der wird mit den Jahren immer wichtiger. Ich sage nur: verlangsamter Stoffwechsel! Du kommst nicht drum herum, dagegen anzuhecheln. Zu zweit bleibst du am Ball. Faule Ausreden lässt dir diese Freundin nicht durchgehen. Migräne, Wasserrohrbruch, Magenverstimmung, Familienbesuch: akzeptiert sie nicht. Sei froh, dass sie deinen inneren Schweinehund dressiert, sonst passt du bald nicht mehr in die Duschkabine. Und bis jetzt ist dein Mann auch nicht durch seinen Hang zu korpulenten Frauen aufgefallen.

Dann sollte es jemanden geben, mit dem du all die Dinge tust, zu denen sich dein Mann nur unter Protest mitschleppen lässt: Kino, Theater, Oper, Konzert, Lionel Ritchie. Für die meisten Männer ein Abtörner. Für dich allerdings auch, wenn er einpennt. Ein Spaßbegleiter sieht anders aus. Und du musst dir jedes Mal den Mund fusselig reden, nur weil du ungern allein zu solchen Events gehst. Hinterher gibt's nichts zu besprechen, denn mitgekriegt hat er allenfalls die Hälfte. Dann lieber jemanden mitnehmen, der deine Leidenschaft für Ballett oder Musicals teilt, sei es ein Mann oder eine Frau. Und du musst kein schlechtes Gewissen haben, weil dein Typ sich durch den Abend quält.

{ **Schritt 6:** Bürde deinem Mann nicht die volle Packung auf! }

Jeder Mensch ist eine Kombination aller möglichen Neigungen und Bedürfnisse. Dein Kerl hat das Recht, nicht an jeder deiner Aktivitäten teilnehmen zu wollen. Er darf nein sagen, ohne dass du sauer wirst. So viel Abgeklärtheit muss sein in einer Langzeitbeziehung. Bestehst du auf Zwangsterminen, züchtest du dir einen echten Konfliktherd an. »Sie will schon wieder zu so einer sturzblöden Autorenlesung! Und was das kostet!« Das musst du dir dann noch tagelang anhören. Gut möglich, dass du deshalb deine Neigungen beerdigst, dich auf den Grabstein setzt und heulst. Wäre aber grundfalsch.

So viel gummiartige Anpassungsbereitschaft ist gar nicht nötig. Lebe aus, worauf es dir wirklich ankommt. Für Abende zu zweit bleibt immer noch genug übrig.

Oh, ich kenne diesen angeekelten Blick von Männern, die in einem Melody-Gardot-Konzert sitzen und kaum aus den Augen gucken können vor lauter Langeweile. Ich kenne aber auch den hochgenervten Blick von Frauen, die auf der Terrasse des Tennisclubs stehen und dem hurtig rumhechtenden Gemahl »Mach hinne!« zurufen. Wieso sich gegenseitig das Leben schwermachen? Wer teilt, der bleibt. Das gilt auch für eine gelingende Beziehung. Mach halblang, lehn dich zurück. Der Unterschied zwischen Zweisamkeit und Streckverband ist etwa so groß wie zwischen erotisch und pervers: Erotisch ist es, wenn du ihn mit einer Feder kitzelst, pervers ist, wenn du ein ganzes Huhn dafür nimmst.

Freu dich auf ein abwechslungsreiches Leben. Auf Seriengucken mit deiner Schwester, Bauch-Beine-Po mit deiner Sportfreundin, Opernpremieren mit deinem Klassikwalker und Tangokurse mit diesem Bekannten, der wie Quasimodo aussieht, aber beim Tanzen die Geschmeidigkeit eines Panthers hat. Freu dich auf deine beste, nein, allerbeste Freundin. Sie wird mit dir durch knietiefes Unglück waten und selbst bei deinen besten Glücksmomenten frei von Neid sein. Ach ja, fast vergessen: Und freu dich auf deinen Mann. Du hast ihn so schlau eingefangen wie keine Frau vor dir. Du hast ihn Mann sein lassen und wurdest mit einem echten Kerl belohnt. Ja, du darfst jetzt ein bisschen stolz sein.

{ **CHECKLISTE** KRISENMANAGEMENT }

- Vermeide Streit ums Geld
- Sei nicht grundlos eifersüchtig
- Mutiere nicht zur Servicekraft
- Bleib ein sexuelles Wesen
- Nimm dir eine Auszeit
- Such dir neue Freunde

NACHWORT

Glückwunsch! Jetzt weißt du wirklich alles über Männer. Nun ja, fast alles. Denn natürlich musst du dein ganz persönliches Exemplar schon selbst erforschen. Dies ist eine generelle Bedienungsanleitung, die im Einzelfall variiert werden kann. Im Großen und Ganzen aber wirst du das meiste wiedererkennen. Glaub mir, ich spreche aus Erfahrung ...

Vielleicht hat dich gewundert, dass Männer in diesem Buch bisweilen so simpel und steinzeitmäßig rüberkommen. Es geht jedoch dabei um etwas Grundsätzliches: dass die meisten Frauen Männer falsch einschätzen. Sie schließen von sich aufs andere Geschlecht und meinen, Männer seien genauso souverän wie sie. Stellt sich ein Mann dann dämlich an, gehen sie auf Distanz, um beim nächsten wieder in die gleichen Fallen zu tappen. Das erzeugt Frust, und irgendwann heißt es: Eigentlich brauche ich Männer gar nicht. Die sind mir viel zu blöd. Wenn ich mal Lust auf Sex habe, muss eben ein Fastfood-Lover ran, aber eine Beziehung ist mir echt zu kompliziert. Der Mann, der meine Ansprüche erfüllt, muss erst noch gebacken werden.

Zumindest ständest du mit dieser Meinung nicht allein. Seit längerem streiten Feministinnen darüber, wie das Verhältnis von Männern und Frauen aussehen sollte, wenn sich Frauen konsequent emanzipieren.

Eine These lautet, dass Männer vollkommen überflüssig würden. Jüngstes Beispiel ist das aufsehenerregende Buch »The End of Men« der US-amerikanischen Journalistin Hanna Rosin. Ihre Kronzeugin ist die Romanheldin Lisbeth Salander aus der Millennium-Trilogie von Stieg Larsson, die gnadenlos Rache an ihren Peinigern übt und Männer weder will noch braucht. *Der Spiegel* orakelte denn auch gleich: »Man wird das Gefühl nicht los, dass der Feminismus seine eigenen Kinder frisst. Glaubt man Hanna

Rosin, sind die Frauen auf dem Gipfel der Macht angelangt. Und die Männer liegen am Boden.«

Hanna Rosin erklärt die Männer zum störenden Hindernis, das man getrost ignorieren könne. Sie schreibt: »Wofür brauche ich einen Mann? Ich brauche ihn nicht aus finanziellen Gründen. Ich brauche ihn nicht für Freizeitaktivitäten. Ich habe eine Menge Freunde und Freundinnen. Also vergiss es.« Die Männer verdummten und blieben auf der Strecke, während Frauen immer klüger und mächtiger würden.

Miss Rosin ist nicht die einzige feministische Publizistin, die wenig Gutes am Mann lässt – und das andere Geschlecht als Emanzipationsverlierer abhakt. Ich sehe das anders: Ja, wir Frauen sind oft klüger. Doch wenn unsere Selbständigkeit so weit geht, dass wir keinen Mann mehr wollen – und kein Mann uns mehr will –, läuft etwas komplett schief.

Deshalb möchte ich die Männer nicht fertigmachen, sondern um Verständnis werben: Schwestern, begreift bitte, dass ihre mentale und emotionale Fitness oft nicht Schritt hält mit der rasanten Entwicklung, die wir Frauen inzwischen gemacht haben. Männer sind langsamer. Sie müssen sich ja oft auch in einer Männerwelt behaupten, wo immer noch die alten Machtspiele gespielt werden. Sie glauben noch an Tarzan. Und sie sind noch nicht so weit, klugen, emanzipierten Frauen auf Augenhöhe zu begegnen.

Wäre es nicht großartig, wenn Frauen Frauen und Männer Männer bleiben dürften? Wenn wir zumindest in der privaten Zone weiblich sein und männliches Imponiergehabe großzügig hinnehmen könnten? Falls wir das Muster durchschauen und nicht alles persönlich nehmen, können wir doch wirklich gelassen bleiben.

Solange wir aber den Kerlen dauernd zeigen wollen, wo der Hammer hängt, gehen sie wirklich zu Boden. Deshalb sollten wir sie mit Empathie behandeln. Und eine Waffe einsetzen, die vielen von uns im Geschlechterkampf abhandengekommen ist: Charme. Wir müssen uns nicht verleugnen, nein, wir sollten emanzipiert bleiben. Doch wir sollten auch verstehen, dass viele unserer Verhaltensweisen Männer total abschrecken. Daher plädiere ich für Abrüstung und für Friedensverhandlungen.

Schwestern, nehmt die Männer, wie sie sind. Wenn ihr euch eine Beziehung wünscht und dann tatsächlich eine habt, lasst nicht jeden Alltagsmist zum Machtkampf ausarten. Kleine Kompromisse sind wichtig. Amüsiert euch lieber über das Steinzeitgetue, denn knechten kann euch der Mann nicht mehr. Nur verlassen.

Liebe Leserin, ich wünsche dir ganz viel Erfolg beim Flirten, noch mehr Spaß beim Sex und eine glückliche Hand in deiner Beziehung. Du schaffst das schon. Und wenn's mal ganz dicke kommt, blättere einfach noch mal ein bisschen in diesem Buch.